Religionen übersetzen

*Herausgegeben von
Christoph Bultmann und Antje Linkenbach*

Religionen übersetzen

Klischees und Vorurteile im Religionsdiskurs

Herausgegeben von
Christoph Bultmann und Antje Linkenbach

Vorlesungen
des Interdisziplinären Forums Religion
der Universität Erfurt

Band 11

Gefördert durch Mittel
des Interdisziplinären Forums Religion
der Universität Erfurt

© 2015 Aschendorff Verlag GmbH & Co. KG, Münster

Das Werk ist urheberrechtlich geschützt. Die dadurch begründeten Rechte, insbesondere die der Übersetzung, des Nachdrucks, der Entnahme von Abbildungen, der Funksendung, der Wiedergabe auf fotomechanischem oder ähnlichem Wege und der Speicherung in Datenverarbeitungsanlagen bleiben, auch bei nur auszugsweiser Verwertung, vorbehalten. Die Vergütungsansprüche des § 54, Abs. 2, UrhG werden durch die Verwertungsgesellschaft Wort wahrgenommen.

Printed in Germany

Gedruckt auf säurefreiem, alterungsbeständigem Papier ∞

ISBN 978-3-402-15851-7

Inhalt

Christoph Bultmann, Antje Linkenbach
Einleitung: Religionen übersetzen 7

Martin Fuchs, Jörg Rüpke
Religion: Versuch einer Begriffsbestimmung 17

Antje Linkenbach
Weltreligion Hinduismus: Zur Konstruktion des Indienbildes
in deutschen Schulbüchern 23

Zrinka Štimac
Religiöse Pluralität im Schulbuch. Analyse ausgewählter
Ethikbücher in östlichen und in westlichen Bundesländern 45

Florian Bock
Katholische Kirche und Medien –
verpasste Chancen, neue Herausforderungen 73

Sebastian Rimestad
Der Präsident und der Patriarch.
Deutsche Medien über die Beziehung zwischen Politik
und Religion in Russland 89

Peter Zschunke
In der Stereotypenfalle:
Wenn Medien Religion zum Thema machen 101

Liriam Sponholz
Religion als medialer Konfliktstoff.
Der Islam in den Polemiken von Thilo Sarrazin
und Oriana Fallaci 117

Horst Pöttker
„Sei doch kein Muselman". Was Christen, Muslime und
Religionsferne aus den Medien übereinander erfahren 139

Christoph Bultmann
„Wörtlich nehmen": Wie die Medien über die Auslegung
kanonischer Schriften unterrichten 165

Florian Baab
Das Religionsbild zeitgenössischer Religionskritiker:
Eine Prüfung auf Konsistenz 187

Dietmar Mieth
Die Grundnorm der Wahrhaftigkeit,
ihre ethische Begründbarkeit und ihre Universalität 213

Anmerkungen und Literatur 231

Die Autorinnen und Autoren 257

Die bisherigen Bände der Reihe 259

CHRISTOPH BULTMANN
ANTJE LINKENBACH

Einleitung: Religionen übersetzen

1. Einführung in das Thema

Der vorliegende Band präsentiert die überarbeiteten Beiträge zur Vorlesungsreihe „Religionen übersetzen: Klischees und Vorurteile im Religionsdiskurs", die im Wintersemester 2013/14 an der Universität Erfurt als Veranstaltung des Interdisziplinären Forums Religion durchgeführt wurde.

Die Herausgeber sind sich bewusst, dass sich Titel und Thema von Vorlesung und Aufsatzband dem Rezipienten nicht auf den ersten Blick erschließen, sondern eher Fragen auslösen: Was bedeutet Religionen übersetzen? Heißt das, Religionen sind so etwas wie Fremdsprachen? Was ist der Zusammenhang zwischen Übersetzung und Klischees bzw. Vorurteilen? Wird hier unterstellt, dass Religionen dafür prädestiniert sind, Vorurteile hervorzurufen?

In der gegenwärtigen kommunikativ vernetzten Welt prägt das Thema Religion den öffentlichen Diskurs. Wir alle sind auf vielfältige Weise mit Religion konfrontiert – mit Formen der medialen Berichterstattung über Religionen, der Werbung für und der Kritik von Religionen, und nicht zu vergessen der Darstellung von Religionen in der Schule. Nicht alle Religionen, von denen wir auf diese Weise erfahren, sind uns schon bekannt bzw. gleichermaßen gut bekannt. Da Religionen aber immer schon Teil spezifischer kultureller Kontexte sind, erhalten wir durch und vermittelt über Religionen gleichzeitig auch Kenntnis hinsichtlich weiterer, uns wahrscheinlich ebenso wenig bekannter Aspekte der anderen Lebenswelten und Interpretationshorizonte. Aber *was* erfahren wir als Rezipienten? *Wie* erfahren wir es und *von wem*?

Intensives Kennenlernen, ein Sich-Vertraut-machen mit, oder, im Idealfall, das *Verstehen* von Religionen und Kulturen ist eine Grundvoraussetzung für die Befähigung zu Urteilen und Kritik, für Annäherung und Akzeptanz oder mögliche Distanzierung hinsichtlich dieser Lebens- und Denkformen. Es ist daher geradezu zwingend, den Prozess der Repräsentation und der Vermittlung von Information kritisch zu beleuchten, ebenso wie die Art und Weise der Rezeption. So drängen sich u.a. folgende Fragen auf: Von welcher Art ist das Wissen, das im öffentlichen Religionsdiskurs zugänglich gemacht wird und welche Grundeinstellung kommt dabei zum Tragen? Zeichnet sich der Diskurs durch Neutralität, Toleranz und Offenheit aus, oder eher durch Objektivierung und Grenzziehung? Beruht er auf einer tragfähigen und umfassenden Informationsbasis, oder vermittelt er eher fragmentarisches, fragwürdiges Wissen, und ist geprägt durch Polemik, Klischees und Vorurteile? Auf Basis welcher Einstellung werden Informationen von den jeweiligen Adressaten aufgenommen, selektiert, rezipiert?

Der vorliegende Band will die Prozesse von Repräsentation und Rezeption von Religionen kritisch unter die Lupe nehmen und mit den Konzepten von *Übersetzen* und *Verstehen* zu begreifen versuchen. Verstehen ist ein Schlüsselkonzept im Diskurs der hermeneutischen Wissenschaften, zu denen auch bestimmte Richtungen der Kultur- und Sozialwissenschaften zählen; Übersetzen, so wie es hier Verwendung findet, ist ein Kernkonzept im Feld neuer kulturwissenschaftlicher Ansätze. Zusammenhang und Nützlichkeit beider Konzepte sollen nachstehend diskutiert werden.

1.1 Verstehen und Übersetzen als analytische Kategorien

Das *Verstehen*, als erkenntnistheoretische Leistung, „macht ein Wirkliches oder Mögliches ,transparent' für einen ,Sinn'" (Schaeffler 1974: 1629). Mit dem hermeneutischen Sinnverständnis ist der Begriff der Auslegung eng verknüpft, so wie er in den klassischen Auslegungswissenschaften, nämlich Rechtswissenschaft (Gesetzesauslegung) und Theologie (Bibelexegese), Anwendung findet. Verstehen ist seit Wilhelm Dilthey (1833–1911) auch ein Schlüsselkonzept geistes- und geschichtswissenschaftlicher Hermeneutik (vgl. Habermas 1971), und verschiedene philosophische und sozialwissenschaftliche Theorierichtungen haben es zu einer zentralen Analysekategorie erhoben (historische Soziologie, Phänomenologie, Kulturanthropologie). Verstehen erscheint zwar weiterhin vor allem als eine Leistung im Kontext der Interpretation von Texten, darüber hinaus aber wird Verstehen auch zu einem Aspekt sozialer Interaktion (s. z. B. Paul Ricoeur[1]).

Hans-Georg Gadamer (1990) hat die notwendigen Bedingungen für Verstehen (d. h. Teilhabe am gemeinsamen Sinn) explizit gemacht. Er betont, dass jedes Verstehen, jede Interpretation, nur vor dem Hintergrund eines bestimmten Vorverständnisses möglich ist (hermeneutischer Zirkel); die Überlieferungstradition des Interpreten stellt Deutungsmuster und Sinndimensionen bereit, die es ermöglichen, einen Sinn- (Verstehens-)Zugang zu anderen Welten und Subjekten zu bekommen. Gerade weil die verschiedenen Standorte oder Lebenswelten nicht abgeschlossen, sondern prinzipiell offen sind, sind Menschen jeweils in der Lage, über den Horizont der eigenen Lebenswelt hinauszusehen und anderen Lebenswelten, anderen Horizonten zu begegnen. Gadamer versucht ferner, der hermeneutischen Erfahrung durch eine sprachtheoretische Grundlage eine erweiterte Perspektive zu geben. Indem er die Sprachlichkeit der Welterfahrung postuliert – und damit zugleich die sprachliche Dimension des interpretativen Vorverständnisses betont –, kann er die das Verstehen charakterisierende „Horizontverschmelzung" auch als Leistung der Sprache begreifen: Sprache ist „das universale Medium, in dem sich das Verstehen selber vollzieht" (1990: 392). Damit aber folgt verstehende Aneignung dem Modell der Übersetzung: eine von uns (historisch) entfernte Tradition muss mithilfe der uns vertrauten Sprache interpretiert und verstanden werden, Sinnkonstitution kann nur in unseren sprachlichen Begriffen erfolgen.

Gadamers hermeneutischer Ansatz ist primär auf *Text*-Interpretation bezogen und *vertikal* auf das Verstehen der eigenen, europäischen Geschichte und Kultur ausgerichtet. Allerdings beansprucht er für seinen Ansatz auch grundsätzliche Anwendbarkeit für die Interpretation von *Handeln und Interaktion* auf *horizontaler* Ebene, und das schließt interkulturelle Interaktionszusammenhänge ein. Gadamer selbst hat den Prozess handlungsorientierten und interkulturellen Verstehens nicht explizit thematisiert und analysiert, ebenso wenig wie er den damit notwendig verbundenen Prozess der Übersetzung problematisiert hat.[2] Erstmalig hat Talal Asad (1986) darauf hingewiesen, dass die Übertragung von Ideen und Konzepten von einer Ausgangssprache (einem Ausgangskontext) in eine Zielsprache (Zielkontext) nicht unproblematisch, weil oft mit einer Subsumtion des anderen unter die eigenen Begriffe verbunden sei (wir kommen darauf zurück).

An dieser Stelle dürfte klar werden, warum dieser Vorlesungsband nicht den Titel trägt „Religionen verstehen", sondern „Religionen übersetzen". Der Übersetzungsbegriff erlaubt einen schärferen Blick auf den *Prozess* des interpretativen Verstehens (bzw. der Erzeugung von Sinn), und das heißt vor allem: auf seine Mechanismen und Implikationen. „Jede Übersetzung, und sei sie noch so entstellend oder ‚*biased*', setzt bereits eine Beziehung und ein minimales Vorverständnis voraus. Die

Aufgabe von Übersetzung liegt genau hier, in der Forderung nach Aufklärung des hermeneutischen (Vor-)Verstehensprozesses, in dem Kampf gegen das *Bias* der Interpretation, in der Herstellung einer Offenheit gegenüber dem Anderen, in der Reflexion auf die grundlegende Beziehung zum Anderen" (Fuchs 2012: 4).

Wie aber ist das Konzept der Übersetzung genau definiert? Welches sind seine analytischen Sensoren, die es ermöglichen, die Mechanismen und Implikationen interpretativen Verstehens *in* einer Kultur sowie *zwischen* Kulturen aufzudecken und deutlich zu machen? Um zu begreifen, was genau das Übersetzungskonzept leisten kann, müssen wir kurz auf die Geschichte dieses Konzepts und seines Erklärungspotentials eingehen.

Übersetzen ist ein Begriff aus der Sprachwissenschaft und bezeichnet hier die Übertragung eines (meist schriftlich) fixierten Textes von einer Ausgangssprache in eine Zielsprache. Dieses dualistische Grundmodell begreift Sprache als ein Vehikel, ein Medium, um Inhalte zu transportieren („Transportmodell" der Kommunikation) und basiert auf der Annahme der Trennung von Form und Inhalt. Kritik an diesem Übersetzungskonzept kam aus den Kultur- und Sozialwissenschaften, vor allem mit dem Hinweis, dass Sprachen immer schon eingebettet sind in lebensweltliche Kontexte und somit auf *Kulturen* verweisen. Kulturen sind, um mit Wittgenstein zu sprechen, „Sprachspiele" und von daher stehen mit der Sprache auch „Horizonte und Lebenswelten, Tiefenerfahrungen und ganze Kulturwelten" zur Übersetzung an (Stenger 2002: 114–15).

Unter Einfluss postkolonialer Studien und im Zuge einer Revision des Kulturbegriffs[3] formierte sich in den Kultur- und Sozialwissenschaften ein neues Übersetzungskonzept, das sich zunächst bewusst den Fragen und Problemfeldern *interkulturellen* Übersetzens stellt. Zugrunde liegt die Einsicht, dass Übersetzung tief verwurzelt ist in Hegemoniegeschichte und europäischer Repräsentationspraxis und somit unweigerlich ein Machtgefälle impliziert. Bereits der Philosoph und Kulturkritiker Walter Benjamin hat auf die Asymmetrie im Übersetzungsprozess hingewiesen, wenn er von der Gefahr spricht, dass man nicht über-setzt, sondern über-herrscht oder nivelliert (s. Stenger 2002: 94). Es stellt sich damit die grundsätzliche Frage, wie denn Übersetzung stattfinden kann, ohne auf Kosten eines Partners zu gehen, aber auch ohne Konfrontationen, in denen sich Welten unversöhnlich gegenüberstehen. Was Übersetzen letztendlich zu leisten hätte, wäre die gleichzeitige Anerkennung von Identität und Differenz, oder wie es P. Stenger formuliert hat: Übersetzen ist „Arbeit am Widerstreit von Identität und Differenz, von Verbundensein und Getrenntsein" (2002: 97).

Die kulturwissenschaftliche Bedeutung des Übersetzungskonzepts geht aber deutlich über die Problematik interkulturellen Übersetzens hinaus. Kultur selbst wird als ein Prozess des Übersetzens gefasst (Bachmann-Medick 2006: 245ff.). Dieses dynamische, nicht-holistische Kulturkonzept begreift Kultur nicht mehr als reinen, originalen und authentischen gesellschaftlichen Zusammenhang, sondern als einen hybriden und vermischten. Das mit diesem Kulturverständnis verbundene Übersetzungsmodell geht nicht mehr von gegensätzlichen (binären) Polen aus, sondern von hybriden „Zuständen[n] des Immer-Schon-Übersetztseins". Übersetzen wird zu einer lebensweltlichen Realität, zu einer Form sozialen Handelns; dies vor allem in Situationen von Migration und Transnationalität, in denen ein „Sich-selbst-Übersetzen" von Menschen unvermeidlich ist (Bachmann-Medick 2006: 276).[4]

Zusammenfassend ist das Übersetzungskonzept in seiner neuen Form als intra- und interkultureller Versuch lebensweltlichen Verstehens und Handelns mit dem gleichzeitigen Ziel der Anerkennung und Überwindung von Differenz zu definieren. Die Herausgeber haben die These aufgestellt, dass ein solches Übersetzungskonzept erlaubt, die Schwierigkeiten besser erkennen zu können, die mit dem Prozess der Vermittlung von Religionen und des Versuchs, Religionen verstehen zu wollen, verbunden sind. Es sind drei Aspekte, auf die wir hinweisen möchten.

(1) Dieses (neue) Übersetzungskonzept fordert uns auf, einerseits die Vorstellung eines problemlosen Gelingens von Übersetzung, als eines „harmonischen Brückenschlagens" (Bachmann-Medick), aufzugeben; anderseits verlangt es aber auch Abstand zu nehmen von der Idee von Übersetzung als Verlust, Deformation, Entropie. Übersetzen ist vielmehr eine kreative Leistung, als deren Resultat sich immer etwas verändert, etwas Neues entsteht.

(2) Da sich im Prozess der Übersetzung ein Text oder eine Handlung in eine andere Sprache, in einen anderen Diskurs- und/oder Handlungskontext, in eine andere Kultur bewegt und sich dadurch verändert, muss diese Veränderung genau in den Blick genommen werden. Etwas geht verloren, etwas wird umgedeutet, etwas wird hinzugewonnen. Dies gilt es herauszuarbeiten. Es gilt, nach Brüchen, Dissonanzen, Konflikten zu suchen und sie sichtbar zu machen, wie auch auf die Potentiale, Gewinne und die Möglichkeiten zur kreativen Transformation aufmerksam zu machen.

(3) Einzubeziehen in einen solchen Problemhorizont sind dann auch Fragen nach den unterschiedlichen Qualitäten und Formen von Übersetzung (sensibel *versus* subsumierend), nach den Absichten der Übersetzung, sowie nach den Rezeptionsstrukturen und der Rezeptionsbereitschaft der Zuhörerschaften.

1.2 Ein Leitfaden zur kritischen Betrachtung von Repräsentationen von Religion
Eine Sensibilisierung für Übersetzungsprozesse und ihre Problematiken lässt sowohl die Produzenten von Repräsentationen (Texte, Bilder, Narrationen) wie auch deren Rezipienten danach fragen, wie denn problematische Darstellungen zu vermeiden bzw. zu entdecken seien, aber auch, wie Übersetzungsprozesse anderen Religionen und Kulturen am ehesten gerecht werden können. Ein begriffliches Instrumentarium soll bei dieser Aufgabe helfen. Wir schlagen sechs Analysekategorien vor, die sich zum Teil überlappen: Leitthema (Überschrift), Rhetorik, Wertungen, Sachinformation, Bildauswahl und Konsistenz der Darstellung.[5]

Leitthema: Welche Themen sind es, die zur Darstellung ausgewählt werden bzw. auf die der Rezipient achtet? Mit welcher Überschrift werden sie versehen? Wird eine Religion, Kultur unter eher negativen Inhalten dargestellt und wahrgenommen (z. B. Islam > Terrorismus, Gewalt, Unterdrückung der Frau) oder versucht man eher neutrale und positiv besetzte Themenstellungen zu finden?

Rhetorik: Welche sprachlichen Mittel werden verwendet? Zu achten wäre auf mögliche Essentialisierungen und Generalisierungen und damit auf Stereotypenbildung; auf eine sprachliche Wahl, die innere Blockaden aufbaut; auf Ausdrücke und Beschreibungen, die Orientalismus bzw. Exotismus und damit Fremdheit transportieren.

Wertungen: Neben offen ausgesprochenen Wertungen hinsichtlich Glaubens- und Kulturvorstellungen und -praktiken, werden oft implizite Wertungen eingeschleust durch Rhetorik, Themen- und Bildauswahl.

Sachinformation: Ist die Information sachlich richtig, umfassend und kontextsensitiv? Beruht sie auf solider Recherche bzw. Forschung? Allzu oft ist die Information fehlerhaft, oberflächlich, lückenhaft. Was nicht gesagt wird (Auslassung) ist für das Bild einer bestimmten Religion ebenso bedeutsam wie das, was gesagt wird.

Bildauswahl: Bilder sind Verstärker im Kontext der Übersetzung. Die bisher erwähnten Probleme wie Unsachlichkeit, Realitätsverzerrung, Orientalismus, Stereotypenbildung, implizite Wertungen können mit Bildern untermauert und noch eingängiger gemacht werden.

Konsistenz: Irritationen können erzeugt werden, indem Informationen und Darstellungen Widersprüche aufweisen. Oft stehen (vor allem in Schulbuchtexten zu Religionen) sensible und um Korrektheit bemühte Informationen neben klischeehaften und abwertenden Passagen. Versuche von Rezipienten, sich einer Religion und Kultur unvoreingenommen zu öffnen, können durch gegenteilige Darstellungsmomente leicht wieder konterkariert werden.

2. Vorblick auf die Beiträge

Der Band beginnt mit einer programmatischen Problemanzeige der Religionswissenschaftler *Martin Fuchs* und *Jörg Rüpke* zum Begriff der „Religion". Die Autoren entwerfen ein Modell, nach dem Religion als ein Orientierungssystem durch vier besondere Merkmale ausgezeichnet ist und nur in einer entsprechend komplexen Wahrnehmung zum Gegenstand „kontextsensitiver Übersetzungsprozesse" werden kann. An den einleitenden Versuch einer Begriffsbestimmung schließen zwei Beiträge an, die sich auf dasjenige Medium beziehen, in dem ein Eingehen auf die Pluralität von Religionen unverzichtbar ist, durch das potentiell jedoch auch die hartnäckigsten Klischees und Vorurteile erzeugt werden: das Schulbuch. *Antje Linkenbach* knüpft an die theoretische Diskussion in der Religionswissenschaft an, um das Problem möglicher Verzeichnungen in der Kommunikation über eine Religion, den Hinduismus, zu diskutieren, dessen „Übersetzung" in den europäischen Vorstellungshorizont eine besondere Herausforderung darstellt. *Zrinka Štimac* erläutert aus dem Kontext der Forschungspraxis am Georg-Eckert-Institut für Schulbuchforschung heraus, auf was für Wegen Verfasser von Schulbüchern für das Unterrichtsfach Ethik auf die Pluralisierung der Religionskultur in Europa zu reagieren versuchen.

Die Beiträge von *Florian Bock* und *Sebastian Rimestad* gehen direkt auf die christlichen Kirchen im Religionsdiskurs ein. Bei Bock geht es aus der Perspektive kirchlicher Zeitgeschichte um die Römisch-Katholische Kirche und die Tatsache, dass die Kirche ja auch selbst ein Akteur in der Medienszene ist und von innen her ihre in einer Glaubenswelt verwurzelten Überzeugungen für andere „übersetzen" muss. Bei Rimestad geht es aus religionswissenschaftlicher Perspektive um die Russisch-Orthodoxe Kirche und die zu allen Zeiten aktuelle Frage, wie politiknah und apologetisch eine Kirche eigentlich ist. In beiden Fällen zeigt sich, inwiefern religiöse Institutionen oft vor der Wahl stehen, Vorurteile zu bestärken oder zu entkräften.

Da interdisziplinäre Arbeit immer wieder auch an ihre Grenzen stößt, sind die Herausgeber froh, mit den Beiträgen von *Peter Zschunke*, *Liriam Sponholz* und *Horst Pöttker* drei erfahrene Journalisten bzw. Medienwissenschaftler zu Wort kommen zu sehen. Zschunke beschäftigt sich mit dem Begriff des Stereotyps und den entlastenden ebenso wie den belastenden Charakteristiken des mit diesem Begriff bezeichneten Phänomens. Er illustriert seine Beobachtungen mit einer Anzahl sprechender Beispiele und zeigt zugleich, wie der „Aufmerksamkeitsfilter der Medien" so wirkt, dass schon die Entscheidungen bei der Frage des Nachrichtenwertes eine Überprüfung von Stereotypen stark einschränken. Sponholz beschäftigt sich mit dem Begriff des *Commonsense*, um unter diesem Vorzeichen die Funktion und die medialen Verfahren sozialer Repräsentation zu untersuchen. In ihren Fallstudien kann sie sogar bei der sog. Sarrazin-Debatte von 2009/2010 einen weithin unbekannten Aspekt freilegen: hier wurde zu einem klischeebeherrschten Religionsdiskurs, was nicht zum Religionsdiskurs hätte werden sollen (und selbst als Migrationsdiskurs manipuliert war). Pöttker mahnt eine Versachlichung des Strebens nach einem Erkenntnisgewinn durch mediale Religionsberichterstattung an; der Journalist, die Journalistin können erst dann leisten, was sie leisten sollten, wenn sie sich um eine kompetente Orientierung über ihren Berichtsgegenstand bemüht haben. In diesem Zusammenhang geht es nicht zuletzt um die Frage, ob das Berichten über Karikaturen, die das religiöse Empfinden anderer bewusst verletzen, in differenzierender Weise als medienethisch verantwortbare Entscheidung befürwortet werden kann oder nicht. Mit einer Fallstudie, die durch die Aufmerksamkeit eines Bibelwissenschaftlers auf den Gebrauch der Formel „wörtlich nehmen" bedingt ist, wenn dabei „die Bibel" oder „der Koran" als Objekte eines solchen „Wörtlichnehmens" gemeint sind, versucht *Christoph Bultmann* einen medienkritischen Akzent zu setzen, denn im Journalismus wird durch diese Sprachkonvention gleichzeitig ein suggestiver Anspruch auf Autorität unterstützt und die Diffamierung der gemeinten Schriften befördert.

Eine nicht unerhebliche Rolle spielen im Religionsdiskurs Autoren, nach deren Auffassung es Religion sowieso nicht mehr geben sollte, etwa weil die Evolutionsbiologie als Generalschlüssel zur Welterklärung genommen wird. Zwar werden aus gesellschaftspolitischen Gründen die christlichen Kirchen und aus historischen Gründen das Judentum nicht allzu oft von dieser fundamental-religionskritischen Position aus zum Thema gemacht, doch umso mehr Interesse findet hier der Islam, der mit resonanzstarken Formeln wie „die Scharia einführen" für eine im Hinblick auf das Gewicht fanatischer Exponenten dieser Religion im europäischen Kontext disproportionale Erregung empfohlen wird. *Florian Baab* unternimmt als Religionsphilosoph in seinem Beitrag den Versuch, unabhängig von der Medienpraxis zwei populäre neuere Basistexte solcher Religionskritik zu analysieren und die Rhetorik der Bipolarität von Aufklärung *versus* Religion kritisch zur Diskussion zu stellen.

Der Grundton der Vorlesungsreihe war die Analyse, nicht das Lamento. Auf vielen Seiten weckt jedoch das Religionsthema starke Emotionen, und der Religionsdiskurs schlägt in Behauptung und Bestreitung leicht in Extreme aus. Es stellt sich deshalb mit besonderer Schärfe das Problem der Medienethik. Um diese wichtige Dimension des Themas genauer zu erfassen, haben die Herausgeber einen klassischen Text von 1994 aufgenommen und danken *Dietmar Mieth*, der ursprünglich mit einem anderen Beitrag an der Ringvorlesung beteiligt war, für die Zustimmung zum Nachdruck seines Aufsatzes „Die Grundnorm der Wahrhaftigkeit, ihre ethische Begründbarkeit und ihre Universalität". Wem der Begriff der „Wahrhaftigkeit", der durchaus noch im Pressekodex des Deutschen Presserats (Ziffer 1) enthalten ist, allzu altmodisch klingt, der sei auf die frische Prägnanz der Begriffe im *Code of Ethics* der amerikanischen *Society of Professional Journalists* verwiesen, in dem als erstes Prinzip aufgestellt wird: „Seek truth and report it." In die Liste von Empfehlungen für die journalistische Berufspraxis, die sich aus diesem Prinzip ergeben, sei hier ergänzend nur ein erster Einblick geboten: „Ethical journalism should be accurate and fair. Journalists should be honest and courageous in gathering, reporting and interpreting information. Journalists should[:] Take responsibility for the accuracy of their work. Verify information before releasing it. Use original sources whenever possible. Remember that neither speed nor format excuses inaccuracy." (http://www.spj.org/pdf/spj-code-of-ethics.pdf)

In einer idealen Welt des Journalismus würden Klischees und Vorurteile keine Rolle spielen, von anderen Verstößen gegen die Gebote von ‚*accuracy and fairness*' ganz zu schweigen. Doch machen die Einleitung in den Band und die folgenden Beiträge der Ringvorlesung deutlich, wie sehr für den Religionsdiskurs selbst in einer solchen idealen Welt das „Religionen übersetzen" ein bleibendes und gewichtiges Problem darstellen wird.

MARTIN FUCHS
JÖRG RÜPKE

Religion: Versuch einer Begriffsbestimmung

1. Ein Vorschlag

Was sind die „Religionen", die Gegenstand von Übersetzungsprozessen sind? Wenn Situationen, Praktiken, institutionelle Formen und Autoritätsstrukturen, Lehren, Motive religiöser Kommunikation oder Symbole von Religion und in Religionen im Zentrum dieses Bandes stehen, ist dieser mit den Begriffen „Religion" und „Religionen" umschriebene Gegenstandsbereich näher zu bestimmen. Für einen Zugriff, der Religionen in ihrer Historizität von der Vormoderne bis in die Neuzeit, von West- und Osteuropa bis in den vorderasiatisch-indischen Raum, von christlichen Großorganisationen über religiös-plurale Kontexte bis zu diffuser Religiosität, von Tempelritual bis zu akademischer Theologie in den Blick nehmen und vergleichen will, bedarf es eines weiten Religionsbegriffes als Arbeitsinstrument. „Weit" heißt dabei nicht, möglichst viele oder möglichst wenige der üblichen Topoi in Religionsdefinitionen versammeln zu können, sondern einen größtmöglichen Bereich von Phänomenen in unterschiedlichen Kulturen einzuschließen: Als Vergleichsgegenstand ist „Religion" dabei unter den wechselnden Vergleichsinteressen für unterschiedliche Epochen und Kulturen je neu zu bestimmen.

Der als „Religion" gefasste Gegenstand solcher kontextsensitiver Übersetzungsprozesse wird im Rahmen dieses Ansatzes verstanden als ein (in der kulturinternen Systematik) besonderes Orientierungssystem,

- das inhaltlich Bezug auf eine Transzendenz, zumindest auf etwas „Spezielles" nimmt, das häufig in Gestalt personaler Götter oder eines personalen Gottes, aber auch in vielen Abstufungen des Übernatürlichen auftritt;
- in dem die Kommunikation über diese Orientierung typischerweise in einem breiten medialen Spektrum erfolgt, in dem Rituale, eigene („heilige") Objekte, Erzählungen oder Musik und Gesang eine herausragende Rolle spielen, in dem aber auch Systematisierungen in Form von „Lehre" auftreten können;

– das Handlungsorientierung – im Einklang mit oder in Konkurrenz zu „säkularen" Alternativen – sowohl in der Form von Normen, exemplarischen Lebensläufen und Kollektiverlebnissen wie in der Form von Weltbildern und Geschichtskonstruktionen liefert und erst mit Blick auf die individuelle Aneignung (und die damit einhergehenden Modifikationen) in seinem Funktionieren und seinen Folgen verständlich wird;
– das schließlich institutionelle Verdichtungen unterschiedlicher Formen annehmen und Autoritätsstrukturen erzeugen kann, die von individuellen charismatischen „Anbietern" über „Laienverbände" und Mitgliedschaftskonzepte bis hin zu religiösen Eliten und totalen Organisationen religiöser Virtuosen reichen können.

Insofern sich unser Ansatz in den weiten Rahmen einer handlungs- und subjektorientierten Kulturwissenschaft stellt, liegt es nahe, die Orientierungsleistung religiöser Vergangenheitsbezüge in Praktiken und Vorstellungen zum Ausgangspunkt zu nehmen und näher zu bestimmen. Ein solcher Ausgangspunkt geht hermeneutisch von heutigen Fragen nach individueller Bedeutung von Religion aus, verkennt aber nicht, dass die Subjektzentrierung des Religiösen selbst – in Europa wie in Asien, in der Moderne wie in vormodernen Kontexten – ein jeweils historisch kontingentes Phänomen ist (Proudfoot 1985). Mit dem Begriff des Orientierungs-Systems wird gerade auf das Problem der Verhältnisbestimmung individuellen Handelns und kultureller Formationen hingewiesen.

2. Entfaltung

Die vier Punkte seien kurz erläutert. Gerade im Blick auf Religionen jenseits der Trias von Judentum, Christentum und Islam, aber auch im Blick auf die umfangreiche religiöse Kommunikation und die vielfältigen religiösen Praktiken innerhalb dieser Traditionen, die sich nicht unbedingt unmittelbar auf (einen) Gott, sondern auch auf Heilige, Institutionen und Gesellschaft beziehen, ist die methodische Forderung zentral, die Grenzen und Alternativen theistischer Rede innerhalb von Religion zu thematisieren – so wie es Lambek (2008) mit seiner Redewendung „provincializing god" gefordert hat. Entsprechend darf das Erscheinen oder Fehlen von göttlichen Akteuren in kulturellen Narrationen und Konzeptualisierungen auch nicht als hinreichender Indikator für die

Abgrenzung religiöser von säkularer Geschichtsschreibung (um eine der Narrationsformen zu benennen) betrachtet werden. Gerade wenn man auch nichttheistische (im indischen Buddhismus) und transtheistische (im hinduistischen Monismus) Konzeptionen ebenso wie Darstellungen polytheistischer, aber wenig personalisierter Götter in die Arbeit einbeziehen und dadurch einen völlig neuen Vergleichshorizont religiöser und Traditionen etablierender Praktiken erschließen will, ist das wichtig. Die Bestimmung von Religion als Kommunikation und die Betonung ihrer ästhetischen Gestalt und medialen Praxis hat in den vergangenen Jahren ein großes Forschungsfeld eröffnet. Auch die Übersetzungsdiskussion muss hier ihren Ort finden.

In vielen, gerade auch vergleichenden Untersuchungen (z. B. die European Values Study; Ashford, Timms 1992; Lassander 2014) stehen Religionen als Produzenten und Tradenten von Normen im Fokus – das gilt für Fragen gesellschaftlicher Kohärenz und Kooperation wie für Fragen individueller Auslegung und Devianz. Daneben wird die kognitive Dimension häufig übersehen, die weite Teile intellektueller und (nicht nur in der europäischen Moderne) öffentlicher Kommunikation über Religion prägte und prägt und in verschiedenen religiösen Traditionen unter anderem „Systematische Theologien" oder „Religionsphilosophien" sowie Religionsgeschichtsschreibung in ihren unterschiedlichen Formen – als durchlaufende historische Erzählungen, als Genealogien oder als Hagiographien – hervorgebracht hat. In solchen Formen der Kommunikation zeigt es sich, dass soziale Subjekte dazu tendieren, bestimmten Erfahrungen, Normen und (historisierenden) Selbstvergewisserungen die Qualität „religiös" (oder allgemeiner: spirituelle, transzendente, spezielle Qualitäten) zuzuschreiben. Das erlaubt dann sowohl die umfassende individuelle Deutung als auch die gezielte öffentliche Kommunikation, die der Etablierung religiöser Grenzen in Ausgrenzungsgeschichten wie deren Modifizierung in Anfangsgeschichten oder auch der Identifizierung von grenztranszendierenden Gemeinsamkeiten unterschiedlicher religiöser Traditionen dienen kann.

Religiöse Zuschreibungen und Kommunikationen lassen sich schließlich vom intrapersonalen über den interpersonellen und den gruppeninternen bis hin zum interreligiösen und öffentlichen Bereich verfolgen. Die zu beobachtenden institutionellen Verdichtungen nehmen sehr unterschiedliche Formen an, die obendrein epochenspezifisch und regional stark variieren können. Bei der Betrachtung der unterschiedlichen Formen, in denen sich religiöse Traditionen formieren und reformieren, ist daher ebenso nach den beteiligten Akteuren (bis hin zu religiösen Experten) und ihren Machtpositionen, ihren „Orten" und Strategien, zu fragen wie nach Institutionslogiken und Institutionalisierungsstilen. Soweit in Quellen fassbar, sind diesen Aspekten immer auch die unterschiedlichen Rezeptionen von Überlieferungen – dabei kann es um Reaktionen auf die Lektüre von Texten oder um unterschiedliches Mitgestalten und Deuten gehen – sowie auch ritualisierte Formen der Erzeugung von historischer Präsenz an die Seite zu stellen.

Für die Handhabung des bislang entfalteten Religionsbegriffs ist es wichtig festzuhalten, dass mit den einzelnen Bestimmungen auch innerhalb einer Religion durchaus konfligierende Haltungen, Handlungsweisen und Entwicklungen korrelieren können, wie Charles Taylor (2009) für die Felder Frömmigkeit, politisch-religiöse Identität und moralische Ordnung gezeigt hat. Unsere hier vorgeschlagene Definition verfolgt das Ziel, Religion zwar nicht als menschliche Universalie zu behaupten, wohl aber als eine kultur- oder historisch-anthropologische Kategorie zu heuristischen Zwecken zu verwenden. Dabei kommt mit Religion ein Begriff zur Anwendung, der eine lange Geschichte hinter sich hat (Asad 1993), und zunächst in der mediterranen Spätantike und schließlich europäischen Frühen Neuzeit jene Form gefunden hat, die Religion als allgemeines Phänomen („natürliche Religion") von Religionen als konkreten Ausformungen („positive Religionen") unterscheidet. Es ist dies ein Begriff, der den Zugang zu (scheinbar) vergleichbaren Phänomenen in anderen Kulturkontexten wie die prinzipielle Möglichkeit des transkontextuellen und transreligiösen kommunikativen Austauschs eröffnete und der schließlich über den Begriff der „Weltreligionen" im neunzehnten Jahrhundert deren Vergleichbarkeit nach europäischen Standards konstruierte (Masuzawa 2005).

Trotz der entscheidenden Bedeutung, die römisches Recht und christliche Selbstreflexion für die geschichtliche Entfaltung dieses Religionsbegriffs besitzen, gibt es kein europäisches Monopol auf diesen Begriff: Der frühe Islam bildet sich gerade in Auseinandersetzung mit einer durch diesen Begriff geprägten religiösen Kultur, und seit dem neunzehnten Jahrhundert wird der Religionsbegriff auch im Rahmen von Modernisierungsprozessen in außereuropäischen Kulturen rezipiert (etwa im Zuge der Formierung des modernen Hinduismus). Auf der anderen Seite verdrängt die Übernahme des Religionsbegriffs in den einzelnen außerwestlichen Kontexten die bisherigen, anderen Konzeptualisierungen von Phänomenen und Dimensionen spiritueller, sakraler, metaphysischer oder philosophischer Art und von rituellen, devotionalen oder meditativen Praktiken nicht vollständig. Häufig zeigt sich vielmehr, dass die Handhabung und damit das Verständnis den Religionsbegriff kontextuell an die vorhandenen eigenen Begrifflichkeiten adaptiert, der Religionsbegriff also in die eigene Begriffs- und Praxiswelt übersetzt wird. Ein Beispiel aus dem indischen Kontext wäre die schwierige Wechselbeziehung der so unterschiedlich konstituierten Begriffe wie Religion und *dharma*, dessen Bedeutungsspektrum von Pflicht über Recht und Religion bis zu Moral reicht, dabei statusmäßig differenziert und kosmische wie soziale Konnotationen hat (neben *dharma* spielen im indischen Kontext zudem noch weitere Begriffe wie *darsana*, *marga* oder *sampradaya* eine Rolle, die sich ebenfalls mit Aspekten unseres Religionsbegriffs überlappen; Stietencron 1997). Es bleibt ein Desiderat der künftigen Forschung, die Übersetzung zwischen dem aus westlichen Kontexten erwachsenen, verallgemeinerten Religionsbegriff und anderen, insbesondere nicht-westlichen Begriffs- und Praxiswelten in beiden Richtungen genauer zu verstehen und die Allgemeinheitsansprüche auch der anderen Begrifflichkeiten gegenüber dem Religionsbegriff nachzuzeichnen und zu respektieren.

Für unsere Arbeit bleibt „Religion" gleichwohl ein analytischer Begriff, den wir in vielen der untersuchten Räume und Epochen *von außen* auf die Gegenstände anwenden. Weder im europäischen Spätmittelalter noch im indischen Raum oder im osteuropäischen Christentum dient dieser oder ein ähnlicher Begriff auf vergleichbare Weise der eigenen Selbstbeschreibung. Daher ist Übersetzung immer schon konstitutionell in den Religionsbegriff eingebaut, wir müssen uns dies nur bewusst machen. Für die mediale wie die akademische Öffentlichkeit in unserem eigenen Lebenskontext bleibt die Schwierigkeit, die Unterschiedlichkeit verschiedener Begriffs- und Praxiswelten zu erkennen und zu akzeptieren und doch gleichzeitig die Ähnlichkeiten, Berührungspunkte und Überlappungen zwischen ihnen nicht weg zu interpretieren. Der Religionsbegriff erlaubt keinen Abschluss, er verlangt ein beständiges Weitertreiben der Verstehens- und Übersetzungsprozesse.

Antje Linkenbach

Weltreligion Hinduismus: Zur Konstruktion des Indienbildes in deutschen Schulbüchern

Auch wenn schulisches Lehr- und Lernmaterial für Jugendliche nur eine Informationsquelle unter vielen darstellt, so prägt es dennoch ihr Bild von geografischen Räumen, Kulturen und Religionen in entscheidender Weise mit. Der vorliegende Beitrag ist dem Thema Weltreligion Hinduismus und der Analyse von Schulbüchern gewidmet, die diesen Religionskomplex für den Religionsunterricht bzw. Religions-, Philosophie- oder Ethikunterricht (vor allem der Sekundarstufe I und II) aufbereiten und präsentieren. Ich möchte hier die These vertreten, dass sich die Darstellung des Hinduismus im Schulbuch seit den 1970–80er Jahren gewandelt hat: eine eher eurozentrisch-abwertende Grundeinstellung wurde von einer Haltung abgelöst, die tendenziell andere Religionen in ihrer Eigenart anerkennt und respektiert.

Der Artikel gliedert sich in zwei Teile. Der erste Teil enthält Überlegungen zur Bedeutung interkulturellen Lernens, zum Stellenwert des Schulbuchs in diesem Prozess und den Konstruktionsmustern der Repräsentation des Anderen. Danach folgt im zweiten Teil eine kritische Betrachtung ausgewählter Lehr- und Lernmaterialien zum Thema Hinduismus und deren Veränderung.

1. Interkulturelles Lernen: Warum sollten wir andere Religionen / Kulturen kennen- und verstehen lernen?

„Die Schule hat eine wichtige und unverzichtbare Sozialisationsfunktion in der einen durch zahlreiche Verflechtungen verbundenen gleichzeitig aber tief zerspaltenen Welt. Es herrscht ein internationaler Konsens darüber, dass Schulsysteme Institutionen kontrollierter und veranstalteter Sozialisation sind." (Dias 1992: 77)

Diese These von Patrick Dias, damals Professor für „Erziehung und Entwicklungsprozesse in der ‚Dritten Welt'" an der Universität Frankfurt, zeigt, dass man sich in den 1980–90er Jahren über die Bedeutung der Schule und die Rolle der schulischen Sozialisation bei der Vermittlung von Wissen in einer sich zunehmend globalisierenden Welt bewusst zu werden begann. Interkulturelles Lernen und interkulturelle Bewusstseinsbildung wurden zum ernsthaften Anliegen politisch engagierter Pädagogen und Sozialwissenschaftler. Zu diesem Prozess beigetragen hat nicht nur die postkoloniale Kritik an den internationalen politisch-ökonomischen Machtverhältnissen sowie den Repräsentationspraktiken des Westens gegenüber Ländern der sog. Dritten Welt, sondern ganz besonders auch die immer spürbarer werdende Pluralisierung westlicher Gesellschaften in der Folge von freiwilliger und erzwungener Migration und der daraus erwachsenden Notwendigkeit zu interkulturellem Dialog. Damit sich Menschen offen, vorurteilslos und auf Augenhöhe begegnen und einen respektvollen Umgang miteinander erlernen können, müssen sie schon früh entsprechend sozialisiert werden, müssen bereits in der Schule die Voraussetzungen für ein gegenseitiges Verständnis geschaffen werden. So erscheint es unabdingbar, dass die Heranwachsenden erstens einen Einblick bekommen in die globalen Hierarchien, dass sie zweitens lernen, die eigene Gesellschaft zu relativieren, d. h. sie als nur eine mögliche kulturelle und lebensweltliche Option wahrzunehmen; und drittens die Gelegenheit erhalten, gute und intensive Kenntnisse über andere kulturelle Kontexte zu erwerben. Vor dem Hintergrund dieser Zielsetzung begann sich die interkulturelle Pädagogik explizit Gedanken zu machen über die Inhalte des zu vermittelnden Wissens, aber auch über die Art und Weise wie dieses Wissen vermittelt werden sollte.

Im Kontext dieser Überlegungen begann man auch existierendes Lehrmaterial kritisch zu evaluieren (s. dazu Dias und Linkenbach 1992); sehr schnell stellte man Unzulänglichkeiten in der bisherigen schulischen Vermittlungspraxis fest, oder mit den Worten von Dias: wir stellten fest, „das diese Weltoffenheit beabsichtigende Sozialisation viele Lücken, Brüche und Widersprüche ausweist." (1992: 78) Die Analyse der fachbezogenen Behandlung einzelner Themenbereiche, z. B. die Situation der Entwicklungsländer (in der Geografie) oder die nicht-christlichen Weltreligionen (im Religionsunterricht), legte deutliche inhaltliche Mängel, aber vor allem problematische Perspektiven auf das Material offen. Die Darstellung erwies sich häufig als

selektiv-einseitig: ausgehend von einer ethnozentrischen Perspektive der westlichen Industrieländer werden vor allem Defizite der „Anderen" hervorgehoben;

kontrastiv: die „Anderen" erscheinen als idealtypischer Gegensatz, als Anfangs- oder frühes Stadium eines evolutionären Kontinuums;

paternalistisch: die Diktion der Beschreibung spiegelt den Standpunkt der Überlegenheit gegenüber angeblich weniger weit fortgeschrittenen Kulturen;

respekt-mangelnd: anderen kulturellen Lebensäußerungen wird umfassende Anerkennung verweigert;

objektivierend: die „Anderen" erscheinen als passiver Gegenstand. Sie werden nicht als soziale Akteure und Subjekte ihrer eigenen Geschichte dargestellt, Veränderungen können nur von außen kommen (z. B. ihre Gesellschaft ist von Stagnation geprägt, daher erscheint der Kolonialismus als notwendig für ihre Entwicklung).

Nun könnte jemand fragen, warum ist das denn so problematisch? Wir haben es ja nur mit einer Darstellung im Schulbuch zu tun. Auf diese Frage gibt es eine klare Antwort: Angesichts der wichtigen Sozialisationsfunktion der Schule sollte man das Schulbuch als ein zentrales Medium dieses Sozialisationsprozesses besonders kritisch überprüfen.

2. Das Schulbuch: Warum ist es besonders problematisch, wenn hier Themen zu anderen Kulturen aus einer ethnozentrischen Sichtweise behandelt werden?

Zur Beantwortung dieser Frage müssen wir uns zunächst klar machen, welchen Status das Schulbuch unter allen anderen Kommunikationsangeboten genießt.

Schulbücher sind Texte. Sie unterscheiden sich auf dieser formalen Ebene nicht von akademisch-wissenschaftlichen Ausführungen oder von populären Artikeln in Printmedien. Texte sind aber keine „wertfreien" und „objektiven" Darstellungen von Wirklichkeit; sie sind vielmehr Repräsentationen oder Konstruktionen, die ein bestimmtes Bild von Wirklichkeit vermitteln wollen. Ihnen liegt von daher immer eine bestimmte Perspektive sowie ein spezifisches Erkenntnis- und Vermittlungsinteresse zugrunde. Texte sind Kommunikationsangebote an den Leser. Sie bedürfen einer (hermeneutischen) Interpretation und einer (ideologie-)kritischen Betrachtung, sowohl im Alltag wie auch im wissenschaftlichen Kontext. Nur so gelingt es, mögliche Klischees, Vorurteile, Verzerrungen oder sonstige problematische Konstruktionselemente aufzudecken. Die Hinterfragung von Texten und der in ihnen vermittelten Inhalte erfordert folglich eine kritisch-reflexive Grundhaltung, die aber im schulischen Kontext selten anzutreffen ist und auch nicht unbedingt (und von jedem Lehrer) gefördert wird.

Unter den Texten hat das Schulbuch eine Sonderstellung. Im Unterschied zu anderen Texten ist es gegen kritisch-reflexive Hinterfragung weitgehend immunisiert und ermöglicht dadurch auch kaum die Förderung von Kritikfähigkeit. Dafür gibt es drei wesentliche Gründe: Erstens, die Inhalte, die in Schulbüchern vermittelt werden, sind von höchster, kultusbürokratischer Stelle legitimiert und autorisiert. Sie erscheinen daher für viele Rezipienten als „Wahrheit" und entziehen sich der Kritik. Zweitens, das Schulbuch ist Pflichtlektüre; während es außerhalb des schulischen Kontextes jedem selbst überlassen ist, welche Quellen er oder sie zur Informationsgewinnung heranzieht, bleiben dem Schüler und auch dem Lehrer keine oder nur geringe Wahlfreiheit. Der Lehrer ist weitgehend angehalten, das autorisierte Material zu verwenden, nicht alle Lehrer nehmen die Mühe auf sich und beschaffen für ihre Schüler zusätzliches Material. Drittens, im Schulbuch geschieht Reduktion von Komplexität; d. h. komplexe Sachverhalte werden oft extrem vereinfacht dargestellt, Ideen- und Meinungsvielfalt erfährt keine angemessene Beachtung oder wird gleich ganz ignoriert. Meist konzentriert sich das Schulbuch auf hegemoniale („politisch korrekte") Ansichten und Meinungen.

Nimmt man die Bedeutung von Schulbüchern ernsthaft zur Kenntnis, so ergibt sich eine klare Forderung: Für die Darstellung oder Repräsentation „fremder" Kulturen und Religionen im Schulbuch (wie auch in andern Texten), sollte man sich diesen Kulturen und Religionen unvoreingenommen und mit Neugier nähern, man sollte versuchen, die anderen Denk- und Lebensweisen zu verstehen und sie dann auch für andere möglichst adäquat verständlich zu machen, sie zu „übersetzen".[1] Wie bereits angedeutet, tritt aber allzu oft an die Stelle unvoreingenommener Auseinandersetzung mit anderen Menschen und Kulturen eine Reifizierung des Anderen, die mit einer Stilisierung und sogar Verabsolutierung von Differenzen einhergeht (vgl. Fuchs 2012). So treffen wir häufig auf eine ganz spezifische Form des „Othering", auf einen spezifischen Übersetzungs- und Repräsentations-Modus: den Orientalismus.

3. Übersetzung von Kulturen und Religionen: Die Repräsentation des Anderen in Texten und der Orientalismus als Konstruktionsmuster

Der Begriff der Übersetzung – und hier nehme ich Bezug auf die Einleitung zu diesem Band – wurde im Kontext der Kultur- und Geisteswissenschaften aus dem engen linguistischen Bereich herausgelöst und hat dort mittlerweile den Status eines methodischen und theoretischen Konzepts erlangt, nicht nur für die Analyse interkultureller Zusammenhänge. Übersetzen ist vielmehr Teil unserer gesamten sozialen Praxis, wir übersetzen zwischen verschiedenen kulturellen Kontexten, aber auch zwischen verschiedenen lebensweltlichen Ausformungen innerhalb eines kulturellen Kontextes. Im Prozess des Übersetzens müssen wir versuchen, uns für andere Denkformen und Praktiken zu öffnen, um sie zu verstehen, und darüber hinaus unsere Sprache zu erweitern, um diese anderen Dimensionen zu übersetzen, d. h. anderen verständlich zu machen. Aber dennoch merken wir oft genug, dass sich nicht alles problemlos verstehen und übersetzen lässt; wir begegnen Schwierigkeiten. Gerade jetzt wäre es wichtig, deutlich aufzuzeigen, was genau diese Schwierigkeiten sind, wo und warum unsere Übersetzung an ihre Grenze stößt. Was leider oft passiert – und was wir eigentlich vermeiden sollten – ist der Versuch, das schwer Erfassbare schnell unter unsere Kategorien zu subsumieren. Wir versuchen, es mit den uns vertrauten Begriffen und Konzepten zu beschreiben, um es so anzuzeigen, verstehbar und beherrschbar zu machen. Damit aber können entscheidende Nuancen und Perspektiven verloren gehen.

Hier sind wir bei einem wichtigen Punkt angekommen: Den Machtverhältnissen, die in jeder interkulturellen Übersetzung verborgen sind (auch dazu s. die Einführung zu diesem Band). Jede Übersetzung geht einher mit einem Bild des Anderen, mit seiner Konstruktion. Der Literaturwissenschaftler Edward Said hat diese Konstruktions- und Repräsentationspraxis anhand der literarischen Darstellungen von Ländern des Nahen und Mittleren Ostens – des „Orients" – bei westlichen Autoren aufgezeigt und dafür den Begriff des Orientalismus geprägt. Orientalismus ist nach der Definition von Said „a Western style for dominating, restructuring and having authority over the Orient" (Said 1978: 3). Said stellt Macht und Dominanz über die Anderen als das zentrale Interesse der Europäer in den Mittelpunkt. Die Geschichte der europäischen Konfrontation mit den Ländern des Orients ist eine Geschichte der Herrschaft. Herrschaft impliziert neben der praktischen (kolonialen, imperialen) Aneignung aber immer auch die kognitive und intellektuelle Aneignung des Anderen.

Ausgehend von Said sind als zentrale Grundmuster des Orientalismus zu nennen:

Eine spezifische *Dialektik von Distanzierung und Aneignung des Anderen* durch seine Definition als Gegenpol zur europäischen Kultur und Lebensform;

Substantialisierung / Essentialisierung sozialer Phänomene zu überhistorischen Wesensmerkmalen eines kulturellen Kontexts;

Stützung auf solche Weltvorstellungen und -interpretationen, die in *Texten* niedergelegt und von intellektuellen und politischen *Eliten* verfasst wurden; Vernachlässigung der Weltdeutungen anderer sozialer Gruppen und Schichten;

In Texten niedergelegte *idealtypische Verhaltensweisen und normative Regeln* werden unhinterfragt als *verbindliche Handlungsanweisungen* begriffen.

Solche Repräsentationen implizieren a) die Nivellierung regionaler, kultureller und historischer Unterschiede innerhalb eines gesellschaftlich-kulturellen Kontexts; b) die Ausblendung von Geschichte und Wandelbarkeit von Institutionen. Sie führen c) zu einem Bild von historischer Stagnation; sowie d) zur Konstruktion eines hierarchischen Menschenbildes, das zwischen Eliten und Nicht-Eliten streng unterscheidet und letzteren Handlungsfähigkeit, Handlungswille und Handlungsrationalität weitestgehend abspricht.

4. Der konkrete Fall: Weltreligion Hinduismus

4.1 Indien: Land und Religionen im geschichtlichen Überblick

Vor einer sinnvollen Beschäftigung mit den hinduistischen Traditionen erscheint es notwendig, die Geschichte der Kultur-Region Indien kurz vorzustellen.

Die Indische Union ist mit einer Gesamtfläche von über drei Millionen Quadratkilometern (3.287.590 qkm) das siebtgrößte Land der Erde. Seine Ausdehnung von Süd nach Nord beträgt ca. 3200 km, von Ost nach West bis zu 3000 km. Indien besitzt eine Vielfalt an geographischen Räumen und Landschaften – Küstengebiete und fruchtbare Flussdeltas, Hoch- und Mittelgebirgsregionen, karge aber auch fruchtbare Hochebenen, sowie Waldgebiete. Neben der geografischen Diversität weist Indien auch eine große kulturelle Diversität auf, nicht zuletzt weil im Laufe der Geschichte immer wieder Einwanderer aus dem Norden und Nordwesten nach Indien gekommen sind. Indien ist heute ein Land von beeindruckender religiöser und sprachlich-ethnischer Pluralität.²

Indiens Geschichte³ – auf die Frühgeschichte gehe ich hier nicht ein – beginnt mit der Indus-Zivilisation (ca. 2300–1700 v.u.Z.), einer im Nordwesten des Landes zeitgleich mit der sumerisch-babylonischen Zivilisation entstandenen Hochkultur mit weitreichenden Handelsbeziehungen und hohem Urbanisierungsgrad. Eine für die weitere Entwicklung Indiens zentrale Periode war die sog. vedische Zeit (etwa 1500–500 v.u.Z.), in der von Norden einwandernde Gruppen aus dem indoeuropäischen Sprachraum zusammen mit der lokalen Bevölkerung neue kulturelle und religiöse Formen entwickelten. In diesem Zeitraum entstanden die frühen Textschichten der Veden, eine zunächst mündlich überlieferte, später schriftlich fixierte Sammlung religiöser Texte, die für viele Strömungen des Hinduismus bis heute bedeutend sind.⁴ Für orthodoxe Hindus ist die Kastenordnung in den vedischen Texten religiös begründet.⁵

In der Zeit vom 6. bis 3. Jahrhundert v.u.Z. erlebte Indien den Aufstieg des ersten Großreichs – des Magadha- oder Mauryareiches mit Zentrum im heutigen Bihar. Es erlangte unter dem Herrscher Ashoka seine größte territoriale Ausdehnung und umfasste nahezu den gesamten Subkontinent. In diese Zeitspanne fielen auch Entstehung und Entfaltung des Buddhismus und Jainismus sowie die Abfassung neuer hinduistischer Texte und, damit verbunden, die Etablierung neuer religiöser und philosophischer Traditionen; es entstanden die Epen (Mahabharata, Ramayana) sowie die Bhagavadgita und die Upanishaden.

Das Christentum soll der Legende nach bereits im 1. Jh. u.Z. durch den Apostel Thomas nach Südwestindien gekommen sein. Historisch belegt ist, dass zwischen dem 3. und 6. Jh. erste Konversionen stattgefunden haben.

Im Norden Indiens begann um die Zeitenwende eine historische Periode, in der wechselnde Dynastien zentralasiatischer Herkunft aufeinander folgten; im 4. Jh. gelangten die Guptas an die Macht und etablierte ein neues Großreich. Nach dessen Zerfall – verursacht u.a. durch wiederholte Einfälle der Hunnen – begann im 7. Jh. u.Z. die Periode der Regionalreiche. Mit Blick auf die Religion ist zu sagen, dass mit der Ausbildung der hinduistischen Gottheiten und der Abfassung der Puranas nun theistische hinduistische Strömungen in den Vordergrund traten. Weiterhin begann von Süden her die Ausbreitung der Bhakti, als deren

Hauptmerkmal die persönliche Verehrung und Hingabe an einen Gott und die Suche nach seiner Gnade gilt. Im 8. Jh. etablierte sich eine weitere Religion in Indien: aus Iran kamen Anhänger der Religion des Zarathustra nach Westindien und wurden bekannt als Parsen.

Ein neues Blatt in der Geschichte Indiens wurde mit dem Eintreffen muslimischer Eroberer aufgeschlagen, die den Islam als Religion in Indien einführten. Zum ersten Mal tauchten 712 u.Z. arabische Truppen am südlichen Indus auf, sie scheiterten aber am Widerstand der dortigen Regionalmacht. Die dauerhafte muslimische Herrschaft in Indien begann mit der Gründung des Delhi-Sultanats 1207 durch die afghanische Ghuriden-Dynastie. Als Blütezeit islamischer Herrschaft und Kultur in Indien aber gilt bis heute das Mogulreich, das 1526 mit der Thronbesteigung Baburs, einem Nachfahren des Mongolen Timur, etabliert wurde. Die Mogulperiode ist bekannt für die Schaffung eines effizienten Verwaltungs- und Staatswesens, für Malerei, Kunsthandwerk und Architektur, aber auch für ausgedehnte Handelsbeziehungen. Vor allem die Regierungszeit Akbars (1556–1605 u.Z.) war von religiöser Offenheit und Toleranz geprägt. Islam und hinduistische Religionen haben sich gegenseitig beeinflusst und auch synkretistische Formen hervorgebracht.

Im 15. Jh. diversifizierte sich die religöse Landschaft weiter: In Nordindien entstanden Strömungen der Sant-bhakti, deren Anhänger den Aspekt der Gleichheit aller Menschen betonen und sich somit im Prinzip gegen die Kastenordnung aussprechen. Am bekanntesten darunter ist der Sikhismus, gegründet von Guru Nanak Dev (1469–1539 u.Z.).

Der koloniale Einfluss in Indien begann ab dem Jahre 1505 mit der Errichtung portugiesischer und später auch französischer und dänischer Handelsstützpunkte an den Küsten. Zur dominanten Kolonialmacht entwickelte sich jedoch Großbritannien.

Über die Kolonialzeit insgesamt sei nur gesagt, dass sie eine tiefgreifende Veränderung der wirtschaftlichen, politischen, rechtlichen und sozialen Verhältnisse in Indien bedeutete. Die indische Bevölkerung musste sich nicht nur der Fremdherrschaft beugen, sie sah sich vor allem konfrontiert mit der systematischen Ausbeutung natürlicher Ressourcen, der Umstrukturierung der Landwirtschaft mit dem Ziel der Einziehung von Steuern und dem Anbau von Rohstoffen für den Export, sowie der Zerstörung der einheimischen Manufakturen. Aber auch im rechtlichen und sozialen Bereich waren die Eingriffe folgenreich. Die Briten versuchten nicht nur ihr Erziehungs- und Bildungssystem durchzusetzen und – oft Hand in Hand mit indischen Sozialreformern – „Aberglauben" und „barbarischen Sitten" (wie Witwenverbrennung, Polygamie, Kinderheirat) ein Ende zu setzen, sie veränderten auch die Rechts-, Religions- sowie Kastenlandschaft grundlegend.

Indien wurde am 15. August 1947 unabhängig, erster Premierminister war Jawaharlal Nehru. Der Preis für die Freiheit war die Teilung des Landes *(Partition)* in einen Staat mit hinduistischer Mehrheit (Bharat – die Republik Indien) und einen separaten islamischen Staat (Pakistan; zunächst inklusive des heutigen Bangla Desh). Das nachkoloniale Indien ist gemäß der Verfassung von 1950 eine föderalstaatlich organisierte parlamentarische Demokratie, die dem Prinzip des Säkularismus folgt.

4.2. Ist Hinduismus eine Weltreligion bzw. Ist Hinduismus überhaupt eindeutig als Religion zu bezeichnen?
Kriterien für die Einordnung einer Religion als Weltreligion sind die Zahl der religiösen Anhängerschaft, die überregionale Bedeutung einer Religion und/oder ihr universaler Anspruch.[6] Der Hinduismus (etwa 900 Mio. Anhänger) gilt ebenso wie Christentum (2,26 Mrd. Anhänger), Islam (1,57 Mrd.), Buddhismus (377 Mio.) und Judentum (15 Mio.) als Weltreligion – er ist die drittgrößte Religion der Welt und hatte schon immer überregionale Verbreitung, z. B. war er in Südostasien anzutreffen. Weniger eindeutig ist das (nicht unbedingt additive) Kriterium des universalen Anspruchs. Vor allem wenn man dieses Kriterium an einen missionarischen Auftrag gebunden sieht, so trifft es nur auf Islam und Christentum zu.

Rechnet man den Hinduismus zu den Weltreligionen, so impliziert das natürlich, dass er auch als Religion klassifiziert wird. Eine solche Einordnung ist aber im religionswissenschaftlichen Diskurs sowie unter kritischen Sozialwissenschaftlern nicht unumstritten. „Religion" wird in unserem westlichen, christlich geprägten Verständnis und Sprachgebrauch für Glaubenssysteme benutzt, die eine eindeutige Grenzziehung erlauben. Paradigmatisch gilt dies für die abrahamitischen, in Indien als semitisch bezeichneten Religionen: Christentum, Islam und Judentum. Diese Religionen gehen auf identifizierbare Gründungspropheten zurück, sie haben ein heiliges Buch, eine einheitliche Glaubenslehre, sie sind monotheistisch und die Gottesverehrung geschieht in der (Kirchen-)Gemeinde.

All dies ist im sog. Hinduismus nicht der Fall. Die hinduistischen Traditionen unterscheiden sich hinsichtlich ihrer Gottheiten und Praktiken; sie weisen deutliche regionale Varianten auf; es gibt keine Lehre und auch kein Buch, das von allen akzeptiert wird; die Zugehörigkeit zu einer Denomination ist offen und die Grenzen zu anderen religiösen Traditionen (innerhalb des hinduistischen Spektrums sowie nach außen) sind fließend (Stichworte: Inklusivismus, Synkretismus, Interreligiosität); religiöse Formen sind zum Teil eng verbunden mit kulturellen und sozialen Phänomenen wie der Kastenordnung. Der Indologe Heinrich von Stietencron fragt: „Why is 'Hinduism' so difficult to define?" Und er gibt die Antwort: „It is because we always try to see it as one 'religion'. Our problems would vanish if we took 'Hinduism' to denote a socio-cultural unit or civilization which contains a plurality of distinct religions" (Stietencron 1989: 11).

Des Weiteren gilt es zu beachten, dass die Begriffe Hindu sowie Hinduismus keineswegs einheimische (emische) Begriffe sind. Erstens: Die Anhänger hinduistischer Traditionen haben sich selbst weder über den Begriff Religion noch über den des Hinduismus definiert. Statt Religion benutzen viele die Begriffe *dharma*, *sanatana dharma* oder *arya dharma* (Frykenberg 1989: 31). Damit bezeichnen sie das „ewige Recht", das den Einzelnen zum richtigen Leben gemäß seiner sozialen Stellung verpflichtet. Zweitens: Abgeleitet von dem persischen Sindhu = Indus, war Hindu ursprünglich ein geografisch definierter Begriff und bezog sich auf die Menschen jenseits des Indus. Später, in der Zeit der islamischen Herrschaft wurden als Hindu alle diejenigen bezeichnet, die nicht Muslime waren; die Kolonialmächte benutzten zunächst das Wort *gentoo* – Heiden, um diejenigen Bewohner Indiens zu benennen, die weder Christentum noch Islam angehörten; gentoo wurde von den Briten später durch Hindu ersetzt, die vielfältigen religiösen Praktiken und Glaubensformen der Hindus wurden einheitlich unter die Bezeichnung Hinduismus subsumiert.

Die Essentialisierung religiöser Formen geschah aber nicht nur durch britisches Eingreifen, auch indische, vornehmlich brahmanische intellektuelle Eliten bemühten sich im 19. Jh. zunehmend um Abgrenzung und Bestimmung des Hinduismus. Dies zum einen, da sie eine vereinigende Klammer gegenüber der Kolonialmacht und dem Christentum (später auch dem Islam) suchten, zum anderen, um Sozialreformen durchzusetzen und religiös begründete Traditionen zu modernisieren. Die Folge war eine von Brahmanen durchgeführte religiöse Transformation und Anpassung, die einen auf Gemeinsamkeiten basierenden Hinduismus „konstruierte" (s. dazu Shulmann 1989: 9).

4.3 Darstellung des Hinduismus in Schulbüchern

Die verschiedenen Versuche, das Bild Indiens, seiner Religionen, Kulturen und Menschen in Schulbüchern zu analysieren und zu korrigieren, begannen in den 1980er Jahren.[7] Im Folgenden werde ich einige Beispiele aus meinen früheren Analysen von Schulbüchern zum Thema „Hinduismus" vorstellen[8] und sie dann mit heutigen Schulbuchinhalten und Darstellungen kontrastieren. Dabei lässt sich nachweisen, dass die neuen Schulmaterialien für den Religionsunterricht eine deutlich positivere und offenere Einstellung gegenüber anderen Religionen kommunizieren.

Die „Weltreligionen" (und damit in der Regel auch „der Hinduismus") sind heute in allen Bundesländern Thema des Religions- wie des Ethikunterrichts. Das Schulfach Ethik wurde ab der zweiten Hälfte der 1970er Jahre in den damaligen Bundesländern der BRD etabliert, die Entwicklung von Lehrplänen erfolgte erst in den 1980er Jahren. Es gilt also zu beachten, dass die älteren Schulbücher, die den Hinduismus behandeln, für den konfessionsbezogenen Religionsunterricht gedacht waren und dementsprechend das Informationsmaterial auch zu den nicht-christlichen Weltreligionen von den Kirchen bereitgestellt wurde. In diesem Kontext aber wurden die Religionen Asiens sehr randständig behandelt (Judentum und Islam erfuhren dagegen vergleichsweise hohe Aufmerksamkeit). Sebastian Murken, der 1988 die erste Schulbuchanalyse zum Hinduismus vorgelegt hat, schreibt, dass „der Hinduismus im Material der Religionspädagogen bisher nahezu völlig vernachlässigt wird". Es gebe „nur wenige Unterrichtsentwürfe und Materialien und diese [seien] zum Teil von sehr geringer Brauchbarkeit" (Murken 1988: 17). Die im Folgenden vorgeführten Aspekte der Hinduismus-Darstellung in Büchern für den Religionsunterricht bestätigen diese These.

4.3.1 Hinduismus-Darstellungen in älteren Religions-Schulbüchern

A) Grundverständnis:
Der Religionsunterricht ist keine neutrale Religionskunde

In einer gemeinsamen Broschüre der evangelischen und katholischen Kirche zur Auseinandersetzung mit den Fremdreligionen im christlichen Religionsunterricht[9] heißt es:

„Religionsunterricht über die Weltreligionen darf keine neutrale Religionskunde sein. Als Christen sehen Lehrer wie Schüler die anderen Religionen. Dieses Sehen wird zum Dialog, denn der Glaube der anderen ist eine Rückfrage an meinen Glauben." (Zitiert in Murken 1988: 15)

Die Wahrheitsfrage ist (oder war) im Religionsunterricht also stets präsent; von vornherein werden die Schüler zu einem Gegensatzdenken angehalten – christlich vs. nicht-christlich oder heidnisch; richtig vs. falsch. Eine solche Hintergrundeinstellung unterbindet jeden Versuch einer offenen und unbefangenen Auseinandersetzung mit anderen Religionen und somit auch mit dem Hinduismus.

B) Der Hinduismus ist „die" Religion Indiens und ein verwirrendes Gebilde
In den Schulbüchern wird „der Hinduismus" als „die Religion Indiens" dargestellt. Allerdings ist diese Einheit prekär, denn „keine andere Religion der Welt läßt bei sich so viele Unterschiede und Gegensätze zu wie der Hinduismus". Er ist in „zahllose Sekten und Gruppen aufgespalten", „die Hindus haben keine einheitliche Lehre ... selbst ihre Gottesvorstellungen sind außerordentlich verschieden". Diese Form der Repräsentation suggeriert durch die Wortwahl, dass „der" Hinduismus als „eine" Religion eigentlich konsistent zu sein hätte, es aber aufgrund widerstreitender Tendenzen nicht schafft. Es wird der hinduistischen Lehre ein Mangel an Ordnung und Stringenz unterstellt, was dann zu der Schlussfolgerung führt: „Darum ist es so schwer, den Hinduismus richtig zu verstehen." (Alle Zitate aus Zeichen der Hoffnung – Religion Sek I, 1978: 223). Ein anderes Lehrbuch erzeugt eine ähnliche Vorstellung von Diffusität und Inkonsistenz durch die Charakterisierung „des" Hinduismus als „verwirrendes Gebilde von verschiedenen Richtungen, Sitten und Gebräuchen." (Mitten unter Euch, 9. Jahrgangsstufe, 1984: 151)

C) „Reduktion von Komplexität" – Die verwirrende Vielfalt wird griffig und überschaubar zusammengefasst
Der Hinduismus, so der Schulbuchtext, lässt sich in seiner Lehre auf vier Grundkonzepte reduzieren (alle folgenden Zitate aus Mitten unter Euch, 9. Jahrgangsstufe, 1984: 155ff):

„Gottesvorstellung: Göttliche Wesen werden unter einer Vielzahl von Namen und Bildern angerufen. Dennoch steht hinter allem letztlich nur ein göttliches Wesen (Brahman), mit dem eins zu werden, Ziel des Menschen sein muss.

Der Mensch steht unter dem Gesetz des Karma, der Wiedervergeltung alles Guten und Bösen in der künftigen Wiederverkörperung („Seelenwanderung"). Das ist ein unendlicher Kreislauf (Samsara). Der Mensch soll vom Irrtum und Wahn dieser Welt frei werden und Erlösung finden.

Die Welt ist die Quelle viele Begierden, Lüste und Irrtümer. Es gilt, sich von ihr durch Askese oder Meditation und durch liebende Hingabe an Gott zu befreien.

Der Tod: Auf den Tod erfolgt entweder die Wiederverkörperung als höheres oder niederes Lebewesen oder die Befreiung von dem ewigen Kreislauf der Wiedergeburten, des Samsara."

Der Hinduismus ist nicht nur eine einheitliche Religion sondern er definiert auch eine alles prägende einheitliche Sozialordnung und schreibt eine „hinduistische Lebensweise" vor.

„Es gibt vier Ziele des Menschen: Genuß, Wohlfahrt, Erfüllung der religiösen und sozialen Gesetze (dharma), Erlösung."

„Es gibt vier Lebensphasen des Menschen:
- Der *„Schüler"* [Brahmancarya] (von acht bis zu 25 Jahren): Seine Aufgabe ist die Aneignung religiösen Wissens, Charakterbildung, Gehorsam gegenüber seinem Lehrer (Guru).
- Der *„Hausvater"* [Grihasta]: Jeder muss dann Verantwortung in der Gesellschaft übernehmen. In der Einehe, die als Pflicht gilt, ist die gehorsame Mitarbeit der Frau unentbehrlich.
- Der *„Klausner in den Wäldern"* [Varnaprastha]: Ganz dem geistlichen Leben zugewandt, kann der erfahrene Mensch durch seine Weisheit der Gemeinschaft dienen.
- Der *„herumwandernde Asket"* [Sannyasa]: In einer eventuellen letzten Phase darf der Mensch sich in Einsamkeit ganz der Aufgabe widmen, für sich die Erlösung zu erreichen."

„Es gibt die vier Stände (= die Hauptkasten, die sich in sehr viele Unterkasten gliedern):
- Der *Brahmane* muß studieren, unterweisen, Opfer darbringen und Liebestätigkeit üben.
- Der *Ritter* [ksatriya] muß die Untertanen schützen, Liebestätigkeit üben und sich vom sinnlichen Genuß freihalten.
- Der *Bauer und Händler* [vaisya] muß Viehzucht, Ackerbau und Handel betreiben und wiederum Liebestätigkeit üben.
- Der *Diener oder Sklave* [sudra] hat die Pflicht, den höheren drei Ständen zu dienen".[10]

Es wird angedeutet, dass diese starre Ordnung zwar früher die gesellschaftlichen Verhältnisse bestimmte, aber heute vielleicht doch nicht mehr dieselbe Gültigkeit besitzt. Damit wird eine Tradition-Moderne-Dichotomie aufgebaut, die implizit die gesellschaftliche Dynamik modernen (d. h. externen) Einflüssen zuschreibt.

„Die alten Regeln der Hindus lassen sich in einem Satz zusammenfassen: Die Pflicht eines Menschen bestimmt sich nach dem Platz, den er in Leben und Gesellschaft einnimmt. In der Neuzeit versuchen die Hindus, das überlieferte starre Kastensystem aufzulösen."

D) Welche Hauptprobleme charakterisieren die älteren Hinduismus-Darstellungen?

Die Darstellung der indischen Kultur und Religion in Schulbüchern präsentiert sich als ein Paradebeispiel der Exotisierung und Orientalisierung „fremder" Lebensformen, so wie ich sie im ersten Teil dieses Artikels erläutert habe.

Erstens: Der Hinduismus wird als *eine* Religion gesehen. Die Vielfalt religiöser Traditionen und Glaubensäußerungen – vedische Opferreligiosität, monotheistische Religionen, Bhakti-Strömungen – erscheinen als Abweichungen, Sekten, innerhalb eines einheitlichen Konstrukts.

Zweitens: Der Hinduismus erscheint als die indische Religion per se; als eine Religion, die über Jahrtausende existierte und als ein fait social total (Mauss) die Sozialordnung, das Denken, Leben und Handeln aller Menschen in Indien determiniert. Damit werden alle anderen nicht-hinduistischen Religionsformen mit ihren Vorstellungen von Sein und sozialem Leben als randständig erklärt (Buddhismus, Jainismus, Sikhismus, und auch der Islam) Ausgeblendet werden auch Alternativentwürfe innerhalb der hinduistischen Traditionen.

Drittens: Der Hinduismus wird auf überhistorische Grunddimensionen reduziert und damit sein Wesen, seine Essenz bestimmt (Kastenwesen als unveränderbares Korsett der Menschen; Pflichterfüllung und Schicksalsergebenheit aufgrund der Vergeltungs- und Wiedergeburtslehre, Lebensstadien und Suche nach Erlösung als Endziel jedes Menschen – der im übrigen primär als Mann gesehen wird!)

Viertens: Das Bild der hinduistischen Religion und Lebensform reproduziert das brahmanische Weltbild, so wie es in den Sanskrit-Texten – als Herrschaftswissen der Eliten –niedergelegt ist. Textwissen wird als handlungsleitend für alle angesehen; es wird von Texten auf das Alltagshandeln, das tatsächliche Handeln extrapoliert.

Fünftens: Es wird ein Kultur- und Menschenbild geschaffen, das dem Einzelnen Subjektivität, Handlungs- und Entscheidungsfähigkeit aberkennt und ihn nur als Träger und folgsamen Agenten innerhalb des alles bestimmenden kulturell-religiösen Systems sieht.

4.3.2 Darstellung des Hinduismus – heute

Haben Schulbuchautoren (u.a. Werner Trutwin) früher den Hinduismus als eine verwirrende, schwer zu begreifende und uns fremde Religion dargestellt (und damit implizit dem Schüler signalisiert, dass es keinen Zweck habe, sich um ein Verständnis zu bemühen), so schlägt man in späteren Jahren deutlich andere Töne an. Ich nehme als hauptsächliches Beispiel das 1998 publizierte Schulbuch „Hinduismus" von Werner Trutwin (aus der Reihe: Die Weltreligionen, für die Sekundarstufe II Religion, Philosophie, Ethik), da sich hieran der Wandel am besten aufzeigen lässt. Die neue Version dieses Buches von 2011 unterscheidet sich von der Ausgabe von 1998[11] vor allem durch zusätzliche und detailliertere Informationen und mehr Bildmaterial. Insgesamt ist die Darstellung des Hinduismus wertfreier, offener und erheblich differenzierter geworden.

Zwar wird in der Ausgabe von 1998 in den einleitenden Worten an die Schülerinnen und Schüler (S. 4–5) immer noch auf die Fremdheit des Hinduismus und möglichen Verständnisschwierigkeiten hingewiesen[12], die Diktion besitzt aber eher den Stil einer Herausforderung. Die Schüler sollen sich intensiv mit diesem Religionskomplex auseinandersetzen, denn er bestimmt „heute das Leben, Fühlen und Denken von vielen Millionen Menschen vor allem auf dem indischen Subkontinent", und ohne ihn „kann man wichtige Bereiche der Weltpolitik nicht verstehen". Viele religiöse Phänomene lassen sich an ihm studieren, z. B. Facettenreichtum und Vielfalt („sein religiöses Panorama ist unübertroffen"); andere Grundvorstellungen von Mensch, Welt und Geschichte, die unsere „in aufregender Weise" in Frage stellen; der Hinduismus hat eine „imponierende Philosophie, ein eigenes Ethos und eine vielgestaltige Kunst hervorgebracht"; der neuere Hinduismus vertritt Ideen wie „Toleranz, Gewaltlosigkeit, Harmonie mit der Natur, Achtung vor allem Leben, Ablehnung aller religiösen Absolutheitsansprüche", Ideen also, die „für die Zukunft der Menschheit große Bedeutung haben". In den „Anregungen für die Arbeit" (S. 6–7) fordert Trutwin: Wenn Weltreligionen gelehrt werden, sei es im Religions- Philosophie- oder Ethikunterricht, oder auch im fächerverbindenden Projektunterricht, muss aller Arbeit gemeinsam sein, „dass sie sich immer (1) um verläßliche Information, (2) um engagierte Würdigung und (3) um Einübung einer kritischen Toleranz bemüht".

Zu Beginn der eigentlichen Hinduismus-Darstellung (S. 12) wird das Problem des „Verstehens" angesprochen, in dem die SchülerInnen mit Reisenden verglichen werden, die Neues entdecken wollen, denen auf dieser Reise Vertrautes und Unverständliches begegnet. Wichtig auf dieser Reise ist es, dem Fremden nahezukommen, es zu verstehen. Verstehen wollen aber bedeutet, sich bemühen müssen – und Mühe zahlt sich aus, denn man gewinnt etwas für sich, für sein weiteres Leben. Abgerundet wird diese Aufforderung zum Erkunden und Lernen mit einem Hinweis auf die „Notwendigkeit des interreligiösen Dialogs" in der heutigen globalen Welt.

Auch wenn Trutwin immer noch generalisierend von „dem" Hinduismus spricht, so stellt er diese Bezeichnung selbst infrage, wenn er gleich am Anfang seiner Darstellung über den „Namen" reflektiert:

„Wenn im Konzert der Weltreligionen vom ‚Hinduismus' gesprochen wird, entsteht leicht der Eindruck, man spreche von einer einheitlichen Religion, die hauptsächlich in Indien verbreitet sei. Dabei ist das, was wir unbedenklich ‚Hinduismus' nennen, ein Komplex von unterschiedlichen Religionen, die zu unterschiedlichen Zeiten und in unterschiedlichen Landschaften Indiens entstanden sind". (S. 13)

Der Autor widmet ein Kapitel dem Thema „Große Pluralität" (S. 15–16) und erklärt mit positiver Diktion: „…in keiner Religion ist die Pluralität so groß wie im Hinduismus." Es treffen hier „Erfahrungen einer mehr als dreitausendjährigen Geschichte" zusammen, „Erfahrungen eines Kontinents, wo sich verschiedene Lebensstile und Kulturen entwickeln konnten". Nicht wenige Hindus, so schreibt er weiter, betrachten heute diese Vielfalt als etwas Positives, aber auch bedeutende Hindu-Lehrer haben diese Pluralität schon früher geschätzt. „Für sie ist die eine Wahrheit nur auf verschiedenen Wegen zugänglich und das letzte Geheimnis der Welt zeigt sich nur in unterschiedlichen Bildern und Formen. Die verschiedenen religiösen Erfahrungen der Menschen haben ihr eigenes Recht und werden bejaht." Auch die Frage nach der Einheit, die möglicherweise doch hinter der Vielfalt liegen mag, verweist letztlich nur wieder auf die Pluralität – der Autor versucht drei Antworten, denn, so betont er, keine Antwort passt für alle Hindu-Gruppen. Die einen sehen die Einheit in Praxis und Ritual, die anderen in den großen Ideen, und Gandhi bietet ein Glaubensbekenntnis an, das viele Elemente aus den hinduistischen Traditionen zusammenbindet.

Ich kann hier nicht die einzelnen Kapitel des Buchs von Trutwin einer sachlich-inhaltlichen Überprüfung unterziehen. Das wäre zu langwierig und auch zu langweilig. Ich möchte aber anhand des Inhaltsverzeichnisses zeigen, in welcher Hinsicht sich der Autor nun bemüht, den Hinduismus differenzierter und respektvoller darzustellen. Nicht nur lernen die Schüler heute über die historisch und regional verschiedenen heiligen Schriften und religiösen Lehrer, über die philosophischen Systeme und die ethisch-moralischen Gehalte maßgeblicher hinduistischer Traditionen, über die Pluralität der Erlösungswege; zur Sprache kommen auch die monotheistischen Lehren und das Spektrum der Gottheiten, weiterhin erfahren sie vieles über gelebte Religion, z. B. über den religiösen Alltag zuhause, die Feste, die Tempelbesuche, die Formen der Verehrung.[13] Vorgestellt werden auch Religionen, die sich aus dem Hinduismus entwickelt haben wie Buddhismus, Jainismus, Sikhismus. Weiterhin lernen die Schüler über hinduistische Reformbewegungen (Neohinduismus) und über Politiker wie Gandhi; hingewiesen wird auf die Politisierung der Religion in Form des gegenwärtigen Hindunationalismus; ein weiteres Kapitel ist der „Faszination im Westen" gewidmet, vorgestellt werden hier hinduistische Strömungen, Ideen und Lehrer, die im westlichen Kontext Akzeptanz fanden (Yoga, Transzendentale Meditation, Hare Krishna Bewegung, „Bhagwan-Bewegung").[14] Es ist auch positiv zu bemerken, dass der Autor sich bemüht, eine Korrektur des Bildes des indischen Menschen vorzunehmen. Die Inder werden nun als mit Willen und Handlungsfähigkeit ausgestattet präsentiert, als Menschen, die ihre Welt kreativ aneignen und gestalten. Dies wird deutlich vor allem im Zusammenhang mit der Darstellung der Samsara-karman Lehre, der Lehre von Wiedergeburt und Vergeltung: „Nicht richtig wäre es, das Karma als eine durchgängige Kausalität anzusehen, die den Menschen in jeder Hinsicht bestimmt und ihm keine Willensfreiheit läßt... Für die meisten Schulen ist das Karma das Produkt der freien Entscheidungen des Menschen und darum vom Menschen beeinflussbar." (S. 40)

Welche Probleme das Buch von Trutwin (1998) weiterhin aufweist, möchte ich am Beispiel der hinduistischen Sozial- und Kastenordnung zeigen. Ihre Darstellung legt immer noch erhebliche Defizite offen – inhaltlicher wie rhetorischer Art. Da sich auch in der Neufassung von 2011 in dieser Hinsicht grundsätzlich nichts geändert hat, konzentriere ich mich weiterhin auf die Version von 1998.

Die Darstellung des „Kastenwesens" unterscheidet sich von der Repräsentation von 1978 auf den ersten Blick so gut wie überhaupt nicht: Die Kastenstruktur ist das „Merkmal, durch das sich Hindus von Nicht-Hindus eindeutig unterscheiden" (S. 73). „Für den Hindu ist es von allerhöchster Bedeutung, welcher Kaste er angehört. Die Kastenordnung bestimmt seine gesellschaftliche Stellung und den Rhythmus seines Lebens. Das zeigen die drei Regeln, die für das Kastenwesen kennzeichnend sind." (S. 73) Diese Regeln sind: Kastentrennung (Endogamie, separate Wohnsiedlungen), Spezialisierung (Arbeit und Berufswahl), der soziale Rang (Sozialprestige; der Brahmane hat den höchsten Rang, der Shudra den niedrigsten).

Es gibt vier Hauptkasten, die sich in viele Unterkasten gliedern – Brahmanen (die Gebildeten, Gelehrte – heute sind sie die Oberschicht); die Kshatriyas (Fürsten, Adlige und Krieger – haben heute auch noch hohen Einfluss); Vaishyas (Bauern, Handwerker, Händler); die Shudras (Gärtner, Fischer, Hirten). Im neuen Schulbuch finden auch die Unberührbaren Beachtung (S. 78–79). Sie stehen außerhalb der Kastenordnung, sind permanent „kultisch unrein", „dürfen nur die Tätigkeiten ausführen, die andere nicht tun wollen oder tun dürfen", und leben in „unvorstellbarer wirtschaftlicher Armut". Für viele Hindus stehen sie „auf einer Stufe mit Hunden und unreinen Tieren".

Das soeben Gesagte soll als Beleg für die Art und Weise der Repräsentation genügen. Es gibt nun aber einen signifikanten Unterschied zu der früheren Kasten-Darstellung des Autors Trutwin. Während die Schüler früher mit einer solch reduzierten Beschreibung abgespeist wurden, erfahren sie heute, dass die Dinge im wirklichen Leben eigentlich gar nicht so sind und teilweise auch nie waren. Nachdem Trutwin das „Kastenwesen" monolithisch und essentialistisch erklärt hat, relativiert er seine eigenen Aussagen unter der Überschrift „Geschichte und Gegenwart"[15]:

„Nie war das soziale System unwandelbar und starr. Es hat sich immer den Gegebenheiten der Zeit angepasst und dadurch oftmals soziale Stabilität bewiesen. ... Die Kastenordnung ist in vielen Epochen nicht unangefochten akzeptiert worden. Häufig gab es Rivalitäten und Kämpfe um die Vorherrschaft, insbesondere zwischen den Brahmanen und Kshatriyas. ... In manchen Epochen der indischen Geschichte wurde das Kastenwesen in Frage gestellt. Hier ist vor allem auf das Beispiel des Buddha hinzuweisen. ... In der Neuzeit finden wir unter dem Einfluss der europäischen Aufklärungsideen in verstärktem Maß politische Tendenzen zur Liberalisierung." (S. 80–81)

Kastenwesen und Unberührbarkeit wird als etwas dargestellt, das der Reform bedarf; und in der Tat gab es auch Reformer, die sich dieser Aufgabe gewidmet haben. Wir hören von Mahatma Gandhi, der gegen die Diskriminierung der Unberührbaren auftrat, und von Bhimrao Ambedkar, selbst ein Unberührbarer. Er bekam die Chance, in London und Amerika zu studieren und zu promovieren; später trat er als Justizminister ins Kabinett Nehru ein und war entscheidend an der Ausarbeitung der indischen Verfassung beteiligt, in der u.a. die Unberührbarkeit offiziell abgeschafft wurde. Ambedkar setzte sich für die Rechte der Unberührbaren ein, organisierte gewaltfreie Kampagnen zur Erkämpfung des Rechts, aus öffentlichen Brunnen zu trinken und Tempel zu betreten. Als er einsehen musste, dass die Kastenstruktur schwer zu reformieren war, trat er mit vielen Anhängern zum Buddhismus über.

Im Vergleich zu früheren Lehrmaterialien erfährt der Schüler vieles über die sog. Unberührbaren – vieles erfährt der Schüler aber auch nicht: z. B. er erfährt nicht, dass der Kampf um Anerkennung der Unberührbaren bereits bis ins 19. Jahrhundert zurückgeht, er erfährt nichts von der Literaturbewegung, die sich in den 1960/70 Jahren vor allem in Maharashtra konstituiert hat und unter dem Namen Dalit Sahitya (Dalit Literatur) bekannt wurde. In diesem Kontext wurde auch der Name Dalit etabliert – ein Maharati Wort für „zerrissen", „gebrochen", „niedergedrückt". Mit der Verwendung dieses Wortes wollen Dalit ein neues Selbstbewusstsein und eine soziale Anklage ausdrücken. Unerwähnt bleibt auch die in der indischen Verfassung verankerte „affirmative action" oder positive Diskriminierung, die für Dalit und andere marginalisierte Gruppen die Reservierung von insgesamt 25% aller Plätze in Bildungsinstitutionen und Verwaltung bzw. aller Sitze in lokalen Selbstverwaltungsorganen sowie Staats- oder Zentral-Parlament vorsieht.

Der Schüler erfährt auch nichts über die Nivellierung der Kastenordnung im urbanen Kontext und von der Durchlässigkeit der beruflichen Spezialisierung. Er wird auch nicht mit der Frage konfrontiert, ob vielleicht die Marginalisierten in einer Gesellschaft eine andere Sicht auf Welt, Mensch und Gesellschaft haben – ob sie wirklich die brahmanischen Konzepte von kosmischer und sozialer Ordnung akzeptieren und sie als handlungsleitend sehen. Mit anderen Worten, das Schulbuch verschließt sich weiterhin der Möglichkeit konkurrierender Weltbilder und sozialer Gegenentwürfe.

5. Fazit

In früheren Schulbuchanalysen habe ich 5 Bereiche identifiziert, auf die man bei der Analyse wie auch der Erstellung von (Schulbuch-)Texten achten sollte: Thema, Rhetorik, Wertung, Sachinformation, und Bildauswahl. Ich greife an dieser Stelle alle Kriterien bis auf die Bildauswahl auf.[16] Autoren versuchen heute, sich mit expliziten negativen Wertungen zurückzuhalten (implizite sind hier und da immer noch vorhanden), ja sie versuchen sogar andere Religionen als legitimen und bereichernden Teil der kulturellen Vielfalt von Welt und Menschen darzustellen. Auch hinsichtlich des Themas hat sich das Schulbuch deutlich verbessert, vor allem wenn man in Betracht zieht, welche Inhalte dargestellt, und welche ausgelassen werden. So war in früheren Materialien die Gegenwart so gut wie kein Thema; immer nur ging es um die Präsentation einer unveränderlichen hinduistischen Tradition, deren soziale und religiöse Dynamik ausgeblendet blieb. Heute dagegen werden z. B. die sozialen und religiösen Verhältnisse auch aus historischer Perspektive betrachtet (Kritik an der Kastenordnung, Gandhi und Ambedkar als Reformer etc.), und die hinduistischen Reformbewegungen werden ebenso thematisiert wie die Politisierung von Religion.

Was Sachinformation und Rhetorik betrifft, so sind hier am ehesten noch Probleme zu identifizieren. Auch im verbesserten und respektvolleren Schulbuch finden sich Fehler und Lücken in der Sachinformation. Ich habe dies an einem Beispiel, der Darstellung der Kastenordnung und insbesondere der Geschichte und der Lage der Unberührbaren, deutlich gemacht. Hinsichtlich der Rhetorik trifft man auch heute noch auf Äußerungen, welche die anderen Religionen orientalisieren. Auch wenn nicht mehr so dominant wie früher, schleicht sich die Kontrastierung, die Polarisierung ein – die anderen werden als ganz anders, als fremd und schwer verständlich charakterisiert. Trutwin (1998: 12; 2011: 10) zählt auf, wie anders die anderen sind: wir verstehen nicht ihre Sprachen, unsere Kultur ist anders geprägt, viele Dinge, die uns im Alltag selbstverständlich sind, werden von den Hindus nur schwer verstanden und umgekehrt. Unser Verständnis von Welt, Mensch, Ethos ist von der westlichen Philosophie geprägt, das der Hindus vom indischen Denken usw.

Die Überbetonung der Fremdheit und des Anders-Seins indischer Menschen und ihrer Religionen kann innere Blockaden beim Leser erzeugen. Insbesondere wenn als erstes die Frage gestellt wird, warum man sich überhaupt mit dem Hinduismus beschäftigen soll, denn er stehe uns „schon aus räumlichen Gründen fern", andere Religionen seien uns „in vieler Hinsicht näher"; usw. (s.o.). Interessant ist aber nun, dass die Schulbuchautoren in neueren Materialien versuchen, die Blockaden, die sie erzeugt haben, gleichzeitig dadurch wieder abzubauen, dass man überzeugende Gründe für die Beschäftigung mit dem Hinduismus gibt. Eine ähnliche, allerdings umgekehrte Strategie der Relativierung findet sich hinsichtlich sprachlich vermittelter Generalisierung und Essentialisierung von Religion. In der Schulbuchversion von 1998 hinterfragt Trutwin zu Beginn den Begriff Hinduismus und erklärt ihn als problematisch, da zu vereinheitlichend. In der Folge aber spricht er weiterhin von „dem" Hinduismus bzw. von „dem Hindu": „Für den Hinduismus besteht die Welt von Ewigkeit her"; „Der Hindu sieht sich in der Unendlichkeit von Raum und Zeit"; „Für den Hindu ist eine Tat kein isoliertes Faktum im Spektrum der Zeit" (alle Zitate Trutwin 1998: 38–39).

Die Untersuchung von Schulbüchern zum „Hinduismus" anhand der oben genannten Analysekriterien weist auf einen positiven Trend hin: Schulbuchautoren bemühen sich seit einigen Jahren um eine differenzierte, positiv-respektvolle und sachlich-solide Darstellung hinduistischer Religionsformen. Allerdings bleibt dem kritischen Betrachter eine gewisse Irritation nicht erspart. Differenzierte und vorurteilsfreie Repräsentationen werden in anderen Textteilen desselben Buches nicht selten unterlaufen, bzw. undifferenzierte und vorurteilsbehaftete Passagen werden an anderer Stelle hinterfragt und korrigiert. Das heißt, wir treffen im Schulbuch zum Hinduismus heute auf Inkonsistenzen, Widersprüche und Doppelstandards. Daraus ergibt sich als notwendige Konsequenz, dass wir unserem Kriterienkatalog für die Analyse von Schulbuchtexten einen neuen Aspekt hinzufügen müssen: Konsistenz in der Argumentation und Darstellung.

Eine solche Konsistenz ist (noch) nicht gegeben. Im Schulbuch zum Hinduismus heute finden sich klischeehafte Darstellungen, Generalisierungen, Essentialisierungen, historische Statik und Traditionsüberhöhung, ein fatalistisches Menschenbild. Es finden sich aber gleichzeitig, und das ist als deutliche Verbesserung anzumerken, Hinweise auf Differenz, historische und kulturelle Veränderungsprozesse, auf Interpretations-und Handlungsmacht sowie auf Interpretations- und Handlungswille aller Menschen, nicht nur der Eliten. Fehlende Konsistenz ist ein Indikator für den langwierigen und schwierigen Prozess einer angemessenen Übersetzung und Repräsentation von religiösen Komplexen wie ihn der Hinduismus darstellt. Sie ist damit eine Herausforderung an alle, die sich ernsthaft um interkulturelles Lernen und die respektvolle Darstellung anderer kultureller bzw. religiöser Denk- und Praxisformen bemühen wollen.

Zrinka Štimac

Religiöse Pluralität im Schulbuch.
Analyse ausgewählter Ethikbücher in östlichen und in westlichen Bundesländern

Einleitung

Die gesellschaftliche Entwicklung ist sowohl in Deutschland als auch im ganzen westlichen Europa seit mehreren Jahrzehnten durch eine Zunahme kultureller, ethnischer und religiöser Vielfalt gekennzeichnet. Greifbar wird dieser Wandel in den Schulen, in denen Kinder unterschiedlicher Herkunft, Erziehung und Prägung miteinander lernen. Welchen Niederschlag hat dieser gesellschaftliche Wandel bisher in Schulbüchern gefunden und was sagen uns Schulbücher über den Umgang mit dieser Pluralität?

In diesem Aufsatz wird die religiöse Vielfalt in den Blick genommen und der Frage nachgegangen, wie verschiedene Religionen in ausgewählten Ethikbüchern für die Grundschule dargestellt werden. Gewählt wurden die Ethikfächer deshalb, weil diese sowohl Zeugen als auch Resultate des gesellschaftlichen Spannungsverhältnisses zwischen den säkularisierenden, religiös-pluralisierenden und individualisierenden Tendenzen darstellen, und auch die vorläufigen Antworten auf die Herausforderungen des gesellschaftlichen Wandels liefern. Der Aspekt religiöser Vielfalt ist im Bildungskontext und insbesondere in den Ethikbüchern auch deshalb interessant, weil es dabei nicht nur um die Verflechtung säkularer und religiöser Perspektiven und Tendenzen geht, sondern um ein übergreifendes Ziel bzw. um den Erwerb interkultureller Kompetenzen. In dieser Hinsicht liefern Ethikbücher Denkanregungen und Wertungen, die auch in Handlungsansätzen münden können. Insofern ist es sinnvoll, nach der Konstruktion von religiöser Pluralität und ihrer gesellschaftlichen Rolle in Ethikbüchern zu fragen.

Für eine wissenschaftliche Auseinandersetzung mit diesem Thema gibt es viele Gründe. Die statistischen Daten zeigen, dass es immer mehr Konfessionsfreie und parallel eine immer größere Vielzahl verschiedener Religionen in Deutschland gibt.[1] Verschiedene Gruppen von Kindern und Jugendlichen – die sich nicht mehr unter eine religiöse Kategorie im

Sinne des Religionsunterrichts subsumieren lassen – sollen im Ethikunterricht in Hinblick auf Werteerziehung aufgefangen werden und Informationen zu verschiedenen Religionen erhalten.

Auf globaler Ebene entwickeln transnationale und internationale Organisationen wie zum Beispiel der Europarat, die OSZE und die UNESCO Konzepte und Werkzeuge im Umgang mit religiöser Pluralität, die als „teaching about religion"[2] bekannt sind. Außerdem werden von den Organisationen wie z. B. Arigatou Internationale und The Centre for spiritual and Ethics Education (CSEE) Plattformen für Ethikprojekte und entsprechende Bildungsmaterialien entwickelt.[3] Auch wenn auf diese Konzepte nicht näher eingegangen werden kann, soll an dieser Stelle erwähnt werden, dass die Frage nach religiöser Pluralität nicht nur in einem nationalen, sondern auch in einem globalen Bildungsdiskurs gestellt wird.

In der Zeit der digitalen Medien hat das Schulbuch weiterhin eine besondere Stellung als Leitmedium in den meisten Ländern der Welt (Lässig 2010: 200) und kann als „Großmacht der Schule" verstanden werden (Kahlert 2010: 42). Die Transformation des Wissens von einer Generation auf die nächste führt dazu, dass Schulbücher nicht nur die Komplexität gesellschaftlicher Realitäten reduzieren, sondern die gesellschaftliche Realitäten auch mitprägen (Lässig 2010: 210). Dennoch muss eine recht geringe Forschungstätigkeit in Erziehungswissenschaft und Fachdidaktik zur Transformation der Wissensbestände verzeichnet werden (Gräsel 2010: 137). Die Frage nach der Herkunft und der Art des Wissens ist für die Schulbuchforschung zentral (Höhne 2003). Höhne betont die soziokulturellen, konstruktiven und diskursiven Eigenarten des Schulbuchwissens und fügt der Steinschen Charakterisierung als Informatorium, Pädagogicum und Politicum (Stein 1977) eine vierte Konnotation hinzu: das Schulbuch als Konstruktorium (Höhne 2003: 18). Damit ist gemeint, dass Schulbücher selbst ein Konstrukt darstellen, denn in ihm fließen unterschiedliche Konstruktionen über die Realität zusammen. Sie sind kein Abbild der „objektiven" Realität. Schulbücher haben die Funktion, ein repräsentatives Wissen an die nachfolgende Generation zu vermitteln. Diese Logik des Generationendenkens verweist auf die normative und selektive Dimension des Schulbuchwissens, durch das sich eine Gesellschaft nicht schlicht abbildet, sondern idealtypisch beschreibt mit dem Ziel, nachfolgende Generationen in eine bestimmte soziale und kulturelle Ordnung zu integrieren (Höhne 2003: 18f). Wenn ein Schulbuch ein konstruierter Wissenszusammenhang ist, stellt sich die Frage nach Konstruktionsformen des Wissens, die aus verschiedenen Wissensgemeinschaften (Universitäten, Schulen, Bildungsadministration) dort hinein fließen. Verschiedene Formen des Wissens lassen sich identifizieren: das „personal knowledge", das codified academic knowledge" und das „cultural non-codified knowledge" (Eraut 2004: 202).[4] Wenn ein Schulbuch laut Höhne zugleich als ein gesellschaftliches Konstrukt verstanden werden soll, der kein Abbild der Realität darstellt, sondern diese abhängig von „Wissenssetting" konstruiert, dennoch aber die Funktion hat, „das repräsentative Wissen" an die nachfolgende Generationen zu vermitteln, dann stellt sich die Frage nach der Art und Weise in der bestimmte Schulbuchinhalte vermittelt werden.

Analysemethoden

Im Zusammenhang mit der Schulbuchanalyse gehe ich davon aus, dass Schulbuch nicht nur eine bestimmte Konstruktion der Welt darstellt, sondern auch als eine *handlungsbezogene* Aussage verstanden werden kann, die mit einem Ziel und Zweck verbunden ist.[5] Da der kollektive Akteur nicht direkt befragt werden kann – immerhin gibt es mehrere Instanzen, die ein Schulbuchtext durchlaufen werden muss, um als Fertigprodukt verstanden zu werden – muss die Handlung bzw. die kognitive Darstellung bestimmter Inhalte – nach einem sinnvollen Muster untersucht und unter bestimmten Gesichtspunkten analysiert werden. Aus diesem Grund wird ein qualitatives Vorgehensweisen gewählt, mit dem die Grundstruktur des Textes und die „kognitiven Landkarten" entschlüsselt werden können. Es wird die Methode der Textanalyse, als einem Spezialgebiet der Inhaltsanalyse, verwendet. Die Texte dienen hier als Bedeutungs- oder Informationsträger und sind sprachliche Indikatoren für externe Sachverhalte.[6] Die zentrale Aufgabe der Textanalyse ist nun die Rekonstruktion der Bedeutung über die einzelnen Texte und Dokumente hinaus, die nur einen Ausschnitt aus einem Kommunikationsprozess darstellen. Die Interpretation der Bedeutung ist auf die Einbeziehung des Kommunikationskontextes angewiesen. Die Bedingungen unter welchen Bedeutungsträger entstehen und verwendet werden, geben den Interpretationsrahmen an und müssen ebenso berücksichtigt werden.[7] Gewählt wurde das induktive Vorgehen, so dass aus einzelnen Beobachtungen sich die ersten Zusammenhangsvermutungen zusammensetzen, die dann durch weitere systematische Beobachtung erhärtet werden können.[8] Der Ablauf der Analyse besteht, angelehnt an Mayring, aus mehreren Schritten, die mit einer Festlegung des Materials und der für die Fragestellung relevanten Textabschnitte beginnt. Weiterhin werden das Material formal charakterisiert und die Analyseeinheiten festgelegt.[9] Es wird anschließend eine Verbindung zwischen den Anforderungen der Curricula und den Schulbuchinhalten hergestellt, so dass deutlich werden kann, inwiefern mit den Schulbuchinhalten, die beabsichtigte Ziele erreicht werden können.

Grundschulbücher und Anforderungen im Hinblick auf religiöse Pluralität

Wann beginnt die Darstellung der religiösen Pluralität in der Schule und ab welcher Klasse erhalten die Jugendlichen zum ersten Mal im Bildungsprozess die Informationen über verschiedene Religionen? Wie wird der Begriff Religion im Bildungssystem implizit oder explizit definiert und welche Bezugspunkte gibt es in diesem Zusammenhang (z. B. welche Wissenschaftszweige werden erwähnt)? Inwiefern wird Religion als eine gesellschaftliche Tatsache rekonstruiert und welche Mitteln werden verwendet um diese Rekonstruktion zu legitimieren? In welchen Zusammenhängen werden Religionen dargestellt und wie werden Verbindungen zwischen einzelnen religiösen Elementen und dem Alltag hergestellt? Welche Relationen werden zwischen den positiven und negativen Bespielen und der Gesellschaft hergestellt? In anderen Worten: Was trägt – gesehen aus der Perspektive der Schulbuchautoren – die Religion der Gesellschaft positiv und negativ bei? Und last but not least – welches Wissen[10] wird über Religionen vermittelt und welche Intention – falls erkennbar – ist mit diesem Wissen verbunden?

Aus verschiedenen Schulbüchern wird deutlich, dass es – angelehnt an die verschiedenen Curricula – zwei grundsätzliche Konzeptionalisierungen der Religion gibt. Im einen Zugang werden Religion sukzessive dargestellt. So wird mit der „eigenen" Religion bzw. dem Christentum begonnen. Fortgesetzt wird die Reihe mit dem Judentum und anschließend werden Islam, Buddhismus und Hinduismus thematisiert. Die Stärke dieses Zuganges ist, dass sich die Jugendlichen intensiv mit einer oder maximal zwei Religionen gleichzeitig beschäftigen und diese auch nach Bedarf vertiefen können. Allerdings ist der Nachteil ebenso deutlich. Ein Zusammenwirken der Religionen, gemeinsame Aktivitäten und die Interdependenzen der Religionen kommen dabei kaum in den

Blick. Die Religionen wirken wie voneinander abgetrennte Einheiten, die oft nur geographisch in einer Verbindung stehen. Der andere Zugang ermöglicht eine Auseinandersetzung mit verschiedenen Religionen in einem thematischen Rahmen. Auch hier fällt die Auswahl auf die genannten Religionen: Judentum, Christentum, Islam, Buddhismus und Hinduismus – meistens auch in dieser Reihenfolge. Auch wenn diese Darstellungsart die (religions-)geschichtlichen Querverbindungen wie auch die Hinweise auf die Interdependenzen zwischen Religion und kulturelle Errungenschaften ermöglichen kann, wird dies jedoch oft vermieden. Statt lebende können „Container-Religionen" mit Pflichtthemen gefunden werden.

Wie und in welchen Kontexten die religiöse Vielfalt in den Ethikbüchern zu thematisieren ist, ist in den Schulbüchern und Curricula der Bundesländer Sachsen, Sachsen Anhalt, Thüringen, Rheinland Pfalz und Bayern für das Fach Ethik zu finden. Dadurch soll ein kurzer Einblick sowohl in die Inhalte der westlichen als auch östlichen Bundesländer gewährt werden. Laut der Curricula dient die Darstellung der religiösen Pluralität in den Grundschulbüchern vor allem der Einübung der Sachkompetenz. So sollen die Schüler_innen in Thüringen das respektvolle Miteinander einüben, die eigene und die fremden Kulturen reflektieren und Tradition und Brauchtum anderer Kulturkreise beschreiben.[11] In Sachsen sollen die Schüler_innen in einer Klasse interkulturelle Kompetenz, Verständnis für den Glauben und die Lebensvorstellung anderer Menschen, sowie für die Begriffe Religion und Ethik entwickeln.[12] Darüber hinaus lernen diese das Wirken gläubiger Menschen und karitativer Einrichtungen kennen und sich zu Werten und Traditionen anderer Kulturkreise (Begriff) zu positionieren. Dies sollen sie u.a. über die Inhalte zum „fremd sein" und zur „Fremdsein in der Schule / im Land" erreichen.[13] Auch im Sachsen-Anhalt sollen im Bereich „Voneinander" Werte und Traditionen von Kulturkreisen und Religionen für die eigene Lebensgestaltung geprüft und gegebenenfalls einbezogen werden. Die kulturelle, ethnische und religiöse Vielfalt soll entdeckt und erlebt werden und das „Trennende und Verbindende ausgewählter Weltreligionen" erkannt werden.[14] Im Fachprofil für die Grundschule Ethik in Bayern, sollen die Schüler_innen im Gegenstandbereich „Religion und Kultur" ethische Kompetenzen in der Auseinandersetzung mit diesen Lebensbereichen der Menschen und der Menschheit entwickeln.[15] Außerdem findet „Kulturelle Bildung und interkulturelle Bildung [...] im Ethikunterricht immer dann statt, wenn die Vielfalt von Religionen und Glaubensbekenntnissen, von Brauchtum und Kultur in den Blick gerät".[16] Die Kompetenzen sollen durch Inhalte wie z. B. kulturelle und religiöse Feste aus der Lebenswelt der Kinder, typische Merkmale und Gemeinsamkeiten verschiedener Religionen und soziales Engagement der Religionen entwickelt werden.[17] In Rheinland Pfalz wird ebenso davon ausgegangen, dass den Kindern „unter den Bedingungen zunehmender kultureller und religiöser Pluralität" eine ethische Orientierung ermöglicht werden soll.[18] Erworben werden sollen die Reflexions-, Handlungs- und emotionale Kompetenz.[19] Verschiedene Religionen und Kulturen werden auch hier in Bezug zu Sachkompetenzen gebracht. Als didaktische Zugänge werden interkulturelles und religionskundliches Lernen gewählt.[20] Dieses kann auf alle Curricula übertragen werden und wird mit folgenden Worten beschrieben:

„Religionskundliches Lernen soll einen Einblick in die verschiedenen Religionen ermöglichen. Dabei sollen Grundfragen des Menschen gestellt und Antwortversuche der verschiedenen Religionen aufgezeigt werden. Persönliche Begegnungen sowie das Kennenlernen von Formen praktizierten Glaubens tragen dazu bei, Toleranz, Verständnis und Empathiefähigkeit zu stärken und mit der bestehenden religiösen Pluralität umzugehen."

Religionen in ausgewählten Ethik-Grundschulbüchern

Die Auswahl der untersuchten Schulbücher erfolgte so, dass sowohl die in westlichen wie auch in östlichen Bundesländern verwendete Schulbücher für das Fach „Ethik" analysiert werden können. Außerdem stellt sich die Frage, ob eine grundsätzliche Unterscheidung der Verlage in Hinblick auf Darstellung verschiedener Religionen und religiösen Pluralität zu finden ist. Die Auswahl fiel in diesem Zusammenhang auf die Verlage Militzke und Cornelsen, die in den Ländern Sachsen, Sachsen Anhalt, Thüringen, Rheinland Pfalz und Bayern für das Fach Ethik zugelassen sind:

Klasse 1–2:
Militzke: „Ich entdecke die Welt" (Buch 1, 2009), „Ich und meine Welt" (Buch 1a, 2012)
Cornelsen: „Ethik" (Buch 1b, 2009), „Ethik Grundschule Bayern" (Buch 1c, 2011)

Klasse 3:
Militzke: „Ich und die anderen" (Buch 2, 2010), „Ich und meine Welt" (Buch 2a, 2012)
Cornelsen: „Ethik Grundschule", Bayern (Buch 2b, 2011)

Klasse 3–4:
Militzke: „Gib der Welt ein Gesicht" (Buch 3, 2010)
Cornelsen: „Ethik Grundschule", Bayern (Buch 3a, 2009)

Klasse 4:
Militzke: „Ich, du, wir" (Buch 4, 2009), „Ich und meine Welt" (Buch 4a, 2013).[21]

Militzke Verlag: Christliche Feste, „Heidentum", Volksfrömmigkeit

Die Konstruktion der Religionen in den Grundschulbüchern beginnt mit der Darstellung des Christentums und der christlichen Feste. Mit diesem Thema wird die Frage nach den verschiedenen Religionen in der Grundschule allgemein eingeleitet. Außerdem wird die Frage beantwortet, warum man sich im Ethikbuch mit dem Christentum beschäftigen soll. Im Buch 2a lautet die Begründung: „Weil wir nach dem richtigen Weg suchen, wie wir leben sollen. Dafür müssen wir unsere Geschichte kennen. Das ist untrennbar mit christlicher Religion verbunden." (S. 44) In demselben Buch wird auch die Bedeutung des Christentums für die Christen beschrieben: „Der Glaube, dass alles gut wird und dass jemand sie beschützt, tröstet viele Menschen, wenn sie Kummer haben, wenn sie sich alleine fühlen und fürchten." (S. 52) In einem anderen Grundschulbuch wird die Bedeutung der Auseinandersetzung mit anderen Religionen wie folgt beschrieben: „Es ist wichtig, über die Religionen Bescheid zu wissen, um gläubigen Menschen mit Respekt und Toleranz zu begegnen und Streit und Kriege zwischen Menschen zu verhindern." (Buch 4a, S. 54)

Es werden offenbar „unsere" und „deren" Gründe benannt. „Unsere" Gründe sind die Suche nach Werten und Normen, die wir in unserer Religionsgeschichte finden können. Die Autoren behaupten, dass mehr Wissen über Religionen auch mehr Respekt und Toleranz den Gläubigen gegenüber erzeugt. Das *Wissen* über Religionen wird moralisch aufgeladen und soll eine ausschließlich *deeskalative Rolle* übernehmen und

„Streit und Kriege verhindern". Dadurch wird ein Zusammenhang zwischen der Gruppe der „Nichtgläubigen" (zu deren christlich-säkularisiertem Sinndeutungssystem siehe unten), dem Wissen über Religionen und Toleranz und der Friedensstiftung hergestellt.

„Deren" Gründe sind die Gründe der gläubigen Menschen. Diese beschäftigen sich mit Religion aus einem ängstlichen Gefühl oder einem emotionalen Mangel heraus. Die Gläubigen glauben folglich, dass der Glaube sie „beschützt, tröstet", wenn sie sich alleine fühlen oder sie sich in einer anderen negativen Situation befinden. Andere Begründungen werden nicht genannt. Offenbar sind die menschliche Schwäche und Unzulänglichkeit, mit dem Leben fertig zu werden, der wichtigste oder gar der einzige Motor, der die gläubigen Menschen antreibt, religiös zu sein. An dieser Stelle wird deutlich, wie ein Spannungsverhältnis zwischen religiösen und nicht-religiösen Menschen durch einen impliziten, wertenden Vergleich aufgebaut wird.

Die Darstellung der christlichen Religion wird in den meisten Fällen eingeleitet mit den verschiedenen Festen im Jahresverlauf wie zum Bespiel Weihnachten, Ostern, Martinstag und Nikolaus. Das Feiern der Feste wird – dem Alter der Schüler entsprechend – auf sehr wenige Inhalte reduziert. An dieser Stelle wird nur die Behandlung des Weihnachtsfestes analysiert. In den Klassen 1 und 2 (Buch 1, S. 50) wird das Weihnachtsfest mit einem Bild des Weihnachtsbaumes dargestellt und mit den Worten beschrieben: „In der Zeit vor Weihnachten, der Adventszeit, wartet ihr sicherlich schon ungeduldig auf das Fest. Zum Weihnachtsfest gehören viele Dinge: Ein Weihnachtbaum, Weihnachtslieder und Weihnachtsteller mit Nüssen und Süßigkeiten." In einem weiteren Buch für die erste Grundschulklasse (Buch 1a, S. 42) wird über Advent als Zeit der Ankunft gesprochen und diese Zeit wird in Zusammenhang mit „Kerzenwünschen", Frieden, Freundschaft, Liebe und Hoffnung genannt. Über Weihnachten wird folgendes gesagt: „[...] für die Christen ist es das Fest der Freude, weil Jesus [...] geboren wurde." Dadurch wird eine gewisse Distanz zu der religiösen Perspektive auf das Thema geschaffen. Allerdings wird diese Distanz sofort in der Aufgabe rückgängig gemacht: „Singt gemeinsam ein Weihnachtslied." Dadurch wird einerseits impliziert, dass die Kinder keine gläubigen Christen seien, andererseits sollen sie aber Weihnachtslieder in der Klasse singen. In demselben Buch wird auf Seite 47 in einer längeren Passage zum Thema Weihnachten Folgendes gesagt:

„Wir feiern Weihnachten aus verschiedenen Gründen. Einmal ist es ein ganz wichtiges Familienfest, bei dem sich alle treffen, reden, singen und Geschenke austauschen. Die Menschen, welche an Gott glauben, man nennt sie Christen, feiern Weihnachten auch deshalb, weil vor über 2.000 Jahren der Sohn Gottes, Jesus, geboren wurde. Jesus hat in seinem Leben sehr viel Gutes getan. Deshalb denken viele Menschen auch heute noch an ihn. Dazu gehen sie oft in die Kirche. Dort singen und beten sie zu Gott und seinem Sohn Jesus."

Die dazugehörige Aufgabe lautet: „Lass dir von deiner Lehrerin oder deinem Lehrer die Geschichte von der Geburt Jesus erzählen!" Darauf wird gefolgert: „Wir feiern Weihnachten als fröhliches Familienfest. Für die Christen ist es das Fest der Freude, weil Jesus, der Sohn Gottes, vor ungefähr 2.000 Jahren zu Weihnachten geboren wurde."

Im Buch für die dritte Klasse (Buch 2, S. 102) heißt es: „Am 25. Dezember begehen Christen und auch die meisten Menschen das Weihnachtsfest." In diesem Zusammenhang werden die Schülerinnen und Schüler in der Aufgabe angeregt: „Erzählt über Weihnachten bei euch zu Hause."

Wer feiert hier was und warum? Die oben genannten Beschreibungen lassen erkennen, dass es in den Schulbüchern eindeutig eine trennende Perspektive zwischen „uns" und den „Anderen" gibt. Die sachlich falsche Verkürzung aus dem ersten oben genannten Buch, Christen und die meisten Menschen begingen Weihnachten, wie auch diejenige aus dem zweiten Buch, alle Gottgläubigen seien Christen, sprechen dafür, dass die Autoren entweder ausschließlich eine christliche Welt in den Schulbüchern konstruieren wollen oder dass ihnen die begriffliche Problematik unbekannt ist. Die Relation zwischen „uns" und den „Anderen" – das nie ins „Fremde" kippt – soll eine Distanz und Wertung, aber keine endgültige Trennung schaffen. Das „Wir" sind offenbar säkularisierte Christen, die Weihnachten aus verschiedenen säkularen Gründen feiern. Auf die Funktion, die Weihnachten für säkularisierte Menschen zum Beispiel durch Reden, Singen und Geschenke Austauschen hat, wird nicht näher eingegangen. Stattdessen wird stärker auf die Inhalte des christlichen Glaubens und insbesondere auf die Person Jesu fokussiert. Es wird jedoch betont, dass die Weihnachtssymbole von allen verwendet werden. Ob diese als religiöse oder kulturelle Symbole zu verstehen sind, bleibt stets offen. So haben nicht nur die Christen, sondern auch die säkularisierten Christen Weihnachtsbäume, sie singen Weihnachtslieder (auch in der Schule) und tauschen sich darüber aus, was Weihnachten für sie bedeutet.

Die „Anderen" sind „die Menschen, welche an Gott glauben, man nennt sie Christen". Es ist selbstverständlich, dass nicht alle Menschen, die an Gott glauben, Christen sind, aber das soll an dieser Stelle nicht weiter kommentiert werden. Wichtig ist hier, dass zwar immer wieder versucht wird, eine Distanz zu religiösen Menschen zu schaffen (sie sind religiös, wir nicht), dass gleichzeitig aber immer wieder auf das gemeinsames christliche Kulturerbe, das im Alltag sichtbar ist und in dem man sich selbst wiederfindet (wir feiern Weihnachten „auch"), zurückgegriffen wird.

Diese Beispiele verweisen auf die Probleme, die die säkularisierte Konstruktion der Welt mit der christlichen Religion hat. Einerseits wird *beabsichtigt,* mit Fakten eine „Wir-Identität" zu schaffen, die die Distanz zum praktizierten und gelebten Christentum deutlich macht (sie beten, wir nicht, oder sie glauben an Jesus, wir nicht). Auf der anderen Seite wird mittels der Emotionen und der genuin religiösen Inhalte wie zum Beispiel der biblischen Geschichte (zündet eine Kerze an, Jesus hat so viel Gutes getan, erzählt vom Weihnachten zu Hause etc.) eine Atmosphäre *geschaffen,* in der nicht-gläubige bzw. säkularisierte Christen auch eine Art säkularisierte Religionserfahrung erleben können. An den Beispielen aus den Ethikbüchern für die Grundschule wird deutlich, dass auf den Transzendenzbezug nicht verzichtet wird. Dass in einem Ethikbuch, in dem keine Unterweisung in Religion stattfindet, dennoch auf Transzendenz zurückgegriffen wird, korreliert zum Beispiel mit den Forschungsergebnissen von Hubert Knoblauch.[22] Mit dem Begriff der Transzendenzdimension charakterisiert er eine spirituelle Haltung, die weitgehend ohne inhaltlich-religiöse Festlegung auskommt und gleichzeitig gegenüber der materialistischen Abwehr transzendenter Bezüge auf der prinzipiell möglichen „Realitätsdoppelung" beharrt.[23] Die genannten Textpassagen decken ein weiteres Problem auf. Die Darstellung der biblischen Geschichte erfolgt stets so, als ob es sich hierbei um historische Tatsachen handelt (der „Sohn Gottes" sei geboren und zu „Gottes Sohn" wird gebetet, Jesus habe viel Gutes in seinem Leben getan etc.). Diese zeigen die Unsicherheit der Autoren in Umgang mit verschiedenen Formen des kodifizierten Wissens wie religiöses Wissen oder wissenschaftliches Wissen und mit den unterschiedlichen Quellen des Wissens. Didaktisch wichtig und wegweisend ist, dass in den genannten Lektionen die Emotionen der Kinder angesprochen werden. Sie sollen über ihr Erleben zu Hause berichten, Kerzen in der Klasse anzünden etc. Allerdings gibt es keine Beispiele, die thematisieren, wie es aussieht, wenn die Familien ein religionsfreies Weihnachtsfest feiern, was in einem Ethikbuch durchaus zu vermuten wäre.

In den Grundschulbüchern für Ethik im Militzke Verlag können auch die „heidnischen Feste" gefunden werden. Dieses Thema wird kurz im Zusammenhang mit dem Christentum in den Klassen 3 und 4 (Buch 3, S. 80–91)erwähnt: „Es gibt auch Feste, die bereits vor der Entstehung des Christentums gefeiert wurden. Diese Feste sind nichtchristliche Feste [...] Wir nennen sie heidnische Feste" (S. 80). Das Thema wird nicht weiter bearbeitet und dazu gibt es auch keine Aufgabe im Buch. Allerdings werden auch hier klare Grenzen gezogen und Werturteile getroffen. Die Abgrenzung verläuft dieses Mal anders als zwischen den säkularisierten Christen und den gläubigen Christen. Es geht hier wiederum um „uns" und um die „Anderen", die jetzt „Heiden" sind. In einigen Schulbüchern wird im Zusammenhang mit dem Christentum auch Volksfrömmigkeit genannt. Dabei geht es um das Erntedankfest und darum, dass die Kirchen am ersten Sonntag im Oktober schön geschmückt werden (Buch 1a, Klasse 1–2, S. 39). Zentral scheint dabei der lokale religiöse Bezug zu sein, da sich die Informationen im Kapitel „Ich entdecke unsere Geschichte" befinden.

Ein wenig Islam und eine Prise Judentum und Hinduismus

Die Auseinandersetzung mit verschiedenen Religionen findet meistens im Zusammenhang mit Themen wie „Kinder aus anderen Ländern. Woran sie glauben und was sie feiern" oder „Religionen begegnen" statt.

In den Klassen 1 und 2 (Buch 1, S. 54–55) wird in der Lektion „Ich treffe viele Menschen" zu dem Thema „Wie Kinder in anderen Ländern feiern" je ein Beispiel aus der Türkei und aus Indien präsentiert. Das erste Beispiel ist das islamische Zuckerfest in der Türkei.

„Auch in anderen Ländern feiern Kinder viele Feste. Ein bekanntes Fest, das in der Türkei oder in Tunesien gefeiert wird, ist das Zuckerfest. Es wird auch Bayram genannt. Dieses Fest ist für Kinder in der Türkei eine Art Weihnachten. In den Familien werden sehr viele Süßigkeiten gebacken, und die Kinder bekommen meistens neue Kleider. Das Bayramfest gehört zur Religion des Islam. Es wird am Ende des Fastenmonats Ramadan gefeiert. Fasten heißt, dass während des Ramadan nicht vor Sonnenuntergang gegessen werden darf."

Zu den Aufgaben gehört: „Erkundigt euch bei Kindern oder Nachbarn aus der Türkei, wie das Zuckerfest gefeiert wird." Und „Feiert mit Kindern aus anderen Ländern ein Fest, zum Beispiel Fasching [...]".

Das zweite Beispiel stellt das indische „Diwali – Das Fest der Wünsche" dar:

„In Indien wird einmal im Jahr das Diwali-Fest gefeiert. An diesem Tag kommen die Familien zusammen, um sich Geschenke zu machen. Geburtstage, so wie wir sie kennen, gibt es in Indien nicht. An einem Diwali-Tag gehen viele Wünsche in Erfüllung. Dabei erleben die Familienmitglieder große Überraschungen. Denn man schreibt in Indien keine Wunschzettel so wie bei uns."

Der Begriff Hinduismus, der in diesem Zusammenhang zu vermuten wäre, wird in dieser Lektion nicht erwähnt.

Aus beiden Beispielen wird deutlich, dass verschiedene Religionen verkürzt und idealtypisch in anderen Ländern stattfinden. Die Türkei steht als Vertreter des Islam und Indien als das Land des Diwali (da der Hinduismus nicht genannt wird). Beide Beispiele werden direkt mit dem Christentum (Weihnachten, Familienfest) in Beziehung gesetzt, wohl damit die Kinder sich das Unbekannte über Analogien erschließen können. Was Indien betrifft, kann man eher erfahren, was es alles nicht gibt, als was es gibt.

In den Klassen 3 und 4 (Buch 3) werden im Kapitel „Ich treffe viele Menschen" auf je zwei Seiten eine Kirche (S. 92–93) und eine Moschee (S. 94–95) vorgestellt. Unter der Überschrift „Was ist eine Moschee?" werden Allah, Halbmond und Moschee behandelt. Die Informationen sind knapp, aber sachlich und altersgerecht: „Die Muslime glauben daran, dass Gott dem Propheten Mohammad den islamischen Glauben überliefert hat. Dieser wurde im Koran, der heiligen Schrift des Islam, aufgeschrieben." Allerdings sind die Aufgaben zu schwierig, so wird zum Beispiel verlangt, dass die Kinder herausfinden, was das Symbol des Halbmondes mit der Wüste zu tun hat und welche arabischen Staaten dieses Symbol auf der Flagge haben (S. 94). Die Aufgaben zur Moschee lautet: „Stellt euch vor, ihr würdet eine Moschee besuchen. Welche Fragen würdet ihr dem Imam stellen? Schreib zwei Fragen in euer Heft" (S. 95).

In Klasse 4 (Buch 4, S. 52–53) werden idealtypisch und verkürzt Länder beziehungsweise Nationen und Religionen vermengt. Dabei lernen die Kinder mithilfe der Abbildungen von Jugendlichen in verschiedenen religiösen Zusammenhängen auf zwei Seiten Folgendes: In Jerusalem lebt die Jüdin Sarah, die das Pessahfest feiert, in Paris lebt die Katholikin Madeleine, die sich auf die Firmung freut, in der Türkei lebt der Muslim Ahmed, der schon im Koran liest, in Tokio lebt die Buddhistin Mitsuko, die Buddha verehrt, in Amsterdam der evangelische Karel, der besonders viel von Luther weiß, im Sankt Petersburg die orthodoxe Irina, die sich auf die Taufe der Schwester freut. Alle Kinder sind gläubig und alle stehen als Vertreter nicht nur einer Religion, sondern auch einer Nation. Es gibt kein Bespiel für eine Jüdin in Tokio oder eine Katholikin in Amsterdam. Die genannten Religionen werden im Buch für die vierte Klasse mit jeweils einem Bild aus dem religiösen Rahmen des Judentums, des Katholizismus, des Islam, des Buddhismus, des Protestantismus und der russischen Orthodoxie repräsentiert.

Der Islam wird von der ersten bis zur vierten Klasse oft direkt oder indirekt mit der Thematik Fremdheit/Fremdsein in Zusammenhang gebracht. In allen verwendeten Schulbüchern werden unter „Fremdheit" ganz unterschiedliche Themen subsumiert: das Unbekannte, das Ferne, das Unheimliche, das Angstmachende, die Andersheit. Ein Beispiel der expliziten Verbindung von Religion und Fremdheit ist in der Lektion „Jamilas Kopftuch" zu finden (Buch 4a, Klasse 4, S. 46). Tim spricht über seinen Urlaub in der Türkei und wundert sich über seine Klassenkameradin Jamila, die ein Kopftuch trägt: „Das ist [in der Türkei, Z. S.] eigentlich nichts Besonderes, aber dieses Mädchen trägt ein Kopftuch – im Klassenraum! Das findet Tim ziemlich eigenartig. [...] Auch die anderen Kinder gucken komisch, nur Amina nicht. [...] Jamila sagt schüchtern: ‚Ich will das so!'" Anschließend sagt Amina, sie trage kein Kopftuch, weil sie in Deutschland lebe und sie habe „Angst davor, dass ihr mich so anschaut, wie ihr es heute mit Jamila getan habt". Die Aufgabe lautet: „Welche Meinung habt ihr selbst?"

Es bleibt offen, was Tim mit den Kopftüchern „im Klassenraum!" verbindet, dass der Satz mit einem Ausrufezeichen beendet werden musste. Warum sind für ihn Kopftücher in der Türkei „nichts Besonderes", wertet jedoch diese im deutschen Klassenraum als „eigenartig"? Wie muss Jamila angeschaut worden sein, dass Amila Angst haben muss? Wie ist die Tatsache zu deuten, dass das Tragen des Kopftuchs in der dritten Klasse mit Angst assoziiert wird? Wie ist es zu verstehen, dass nicht die Gemeinsamkeiten der Kinder, sondern deren Unterschiede auf religiöser Basis thematisiert werden? Was könnte die Autoren bewogen haben, nicht unterschiedliche Turnschuhmarken zum Thema der Ausgrenzung werden zu lassen (was ja oft genug an Schulen geschieht), sondern Kopftücher? Es ist keine Kunst, diese Lektion zu kritisieren, schwieriger schon ist die Frage, wie das Thema „Kopftuch" in den Schulbüchern so aufbereitet werden kann, dass sowohl positive als auch negative Haltungen *geäußert* werden können und nicht nur geahnt werden müssen. Wie sollen die Inhalte aufgearbeitet werden, dass sie Neugierde und Interesse wecken und nicht Unbehagen?

An diesem Beispiel (weitere Beispiele folgen unten) lässt sich ablesen, dass eine neue Unterscheidungskategorie eingeführt wird – die Kategorie der „fremden Religionen". Diese ist im Gegensatz zu den „Anderen", die ja gläubige Christen oder „Heiden" sein können, negativ besetzt und als gesellschaftlich nicht dazugehörig zu verstehen.

„Andere Kulturen"

Wie im vorangegangenen Kapitel erwähnt, werden verschiedene Religionen teilweise über die Darstellung der Kinder aus verschiedenen Ländern der Welt eingeführt. Es gibt auch Beispiele von Kindern aus anderen Ländern, die keinen expliziten Religionsbezug aufweisen. Diese sind dennoch relevant für die Analyse, da sie das Verständnis des Anderen erweitern.

Nachdem in der Lektion „Manche Kinder leben ganz anders als ich" (Buch 1, Klasse 1–2, S. 52–53) festgestellt wurde, dass andere Religionen in anderen Ländern existieren, werden die Leser_innen im direkten Anschluss über das Leben der Kinder in anderen Ländern und über deren Hautfarbe unterrichtet. Auf Seite 56 wird das Mädchen Fatu aus Senegal vorgestellt. Fatu bringt ihren Eltern Lesen und Schreiben bei, beschrieben wird sie wie folgt: „Sie hat eine dunkelbraune, fast schwarze Hautfarbe. Aber das ist nicht ungewöhnlich, alle Menschen in Senegal sind schwarz". Hinzugefügt ist das Bild eines armen neunjährigen Mädchens mit Gleichaltrigen.

Um zu zeigen, dass Andere auch bei uns leben, wird nahtlos zu einem Schüler namens Ahmet übergegangen (Buch 1, S. 57): „In die Klasse 2b kommt ein Junge aus Istanbul. Seine Eltern haben ein Gemüsegeschäft. Ahmed spricht gut Deutsch [...] Plötzlich sagt jemand ‚Ahmed sieht ganz anders aus als wir [...] er gehört nicht zu uns'". Die dazugehörige Aufgabe lautet: „Was würdet ihr antworten? Sprecht darüber in der Klasse."

In einer höheren Klasse (Buch 3, Klasse 3–4, S. 102) geht es ähnlich negativ weiter. In der Lektion „Ahmed fühlt sich fremd" wird indirekt Ahmeds Heimweh nach der Türkei und dem Leben dort thematisiert. Der Begriff „Heimweh" wird weder im Titel noch im Text genannt oder besprochen, stattdessen wird das Adjektiv „fremd" definiert: „Fremd ist ein Gegenstand, ein Land oder ein Mensch, den ihr nicht kennt." Wenn

Heimweh mit Fremdheit und Fremdheit mit Unwissenheit so vermengt werden, wie in dieser Lektion, dann gibt es nur ein Problem – den Ahmet. Weil Ahmet Deutschland nicht gut kennt, fühlt er sich „fremd". Wenn er Deutschland besser kennen würde, hätte er wohl kein Heimweh nach Türkei. Es gibt in der Lektion und auch in den Aufgaben keinen Hinweis, wie man das Problem gemeinsam lösen könnte, oder gar Anregungen zur Empathie. Der Ahmet ist einfach selber schuld. Der Begriff „Heimat", der aus der Beobachterperspektive für Ahmet eine wichtige Rolle spielt, wird dabei weder in der Lektion noch in den dazugehörigen Aufgaben besprochen.

Auch alle anderen Beispiele von „Migrantenkindern" sind problematisch. Im Buch 2, Lektion „Auch Fremde sollen sich bei uns wohl fühlen!" (S. 72–74) steht neben dem Comic „Du schwarz, ich weiß" der Text: „Die Verständigung ist schwierig" / „Sie [fremde Kinder] haben es schwer". Zu den „fremden Kindern" gehört zum Beispiel bildlich und namentlich Ayten Kilic, 11 Jahre, der schlechtes Deutsch spricht (Buch 2, Klasse 3, S. 73, Lektion „Fremde bei uns"). In einem Buch für die vierte Klasse (Buch 4, S. 51, Lektion „Aufeinander zugehen") kommt im Abschnitt „Buongiorno Bianca" noch das Mädchen Bianca aus Italien dazu. „Bianca heißt sie. Sie ist ganz altmodisch angezogen. Und sie versteht überhaupt kein Deutsch." In der Lektion gibt es nicht Positives, was über Bianca von ihrer Klassenkameradin gesagt wird. Der einzige Lichtblick ist die mitleidige Aussage ihrer Mutter, sie solle mit Bianca nicht so kritisch umgehen. Aber eine positive Auflösung der Situation bietet auch diese Lektion nicht. Die „Fremden" bleiben – trotz der positiv klingenden Lektionsüberschriften – negativ besetzt. Diese Beispiele zeigen, dass die Autor_innen ein sehr enges Weltbild weitergeben und das negative Urteil fällen, bevor das Thema der religiösen Vielfalt überhaupt entfaltet werden konnte. Diese Lektionen fokussieren eine Art Abgrenzung einerseits in Hinblick auf bestimmte Hautfarben („aber das ist nicht ungewöhnlich") und andererseits in Hinblick auf bestimmte Herkunftsländer. Das „schwarze Mädchen", das ja auch noch arm ist, lebt idealtypisch in Afrika. Am zweiten Beispiel wird die Abgrenzung explizit: Die deutsche Sprache gut zu sprechen, reicht nicht aus, um dazuzugehören. Der junge Ahmed ist „fremd", weil er „anders" aussieht (wie sieht er aus?) und folglich „gehört [er] nicht zu uns". Dann ist es ja nur folgerichtig, dass Bianca, ein Mädchen, das ja nicht nur kein Deutsch spricht, sondern auch noch „altmodisch angezogen ist", in einem Schulbuch kaum eines positiven Blickes gewürdigt wird.

Cornelsen Verlag

Christliche Feste und Feiertage werden in den untersuchten Schulbüchern des Cornelsen Verlages im thematischen Kontext von „Miteinander leben" dargestellt. In den Klassen 1–2 werden vornehmlich christliche Feste, in den höheren Klassen werden auch jüdische und islamische Feste knapp dargestellt. Wie auch bei Militzke Verlag genannt, zählen auch hier Weihnachten, Ostern und Nikolaus zu den Pflichtthemen, ergänzt durch die Inhalte zum Erntedankfest und Halloween. Auch hier werden die christlichen Feste oft aus der Innenperspektive – bzw. der Perspektive der gläubigen Christen – dargestellt. Allerdings gibt es in diesen Schulbüchern gelungene Beispiele, die mehrere Perspektiven erschließen, ohne zu komplex und überladen zu wirken. Charakteristisch für diesen Verlag ist es, dass die „Weltreligionen" ab der 3. Klasse stets in *einem* thematischen Zusammenhang wie z. B. „Feste feiern", dargestellt werden.

Christentum: Weihnachten und Ostern

Im Buch 1b, S. 66–68, wird zum Thema Weihnachten folgendes gesagt: „Im Advent warten wir auf das Fest der Ankunft Christi", und den Schüler_innen die Aufgaben gestellt: a) „Erkunde, warum wir in jeder Adventwoche eine Kerze mehr anzünden" und b) „Gestaltet eine Kerzenstunde". Dabei wird die Weihnachtsgeschichte einerseits in der biblischen Fassung (biblische Geschichte und Bilder von Maria, Josef, Stern von Bethlehem, drei Hirten) und auch mit zeitgemäßen Bildern (Familie mit Kindern, geschmücktes Haus von innen) präsentiert. Im Buch 1c, 2011, S. 69 wird Heiligabend aus der Perspektive einer Schülerin dargestellt. „An diesem Tag schmücken wir den Christbaum und stellen die Weihnachtskrippe auf. Der Besuch der Christmette in der Kirche gehört dazu. Dort hören wir die Geschichte von der Geburt Jesu und singen gemeinsam Weihnachtslieder." In beiden Fällen wurde eine dezidert christliche Perspektive besprochen. Eine eher religiös distanzierte Perspektive auf Weihnachten wird etwas zögerlich über die Aufgabe „Finde heraus warum der „Heillige Abend" so heißt. Wie wird in Deutschland häufig gefeiert?" und konkret über die Frage „Kennst du noch ein Fest bei dem das so ist?" [dass die Menschen sich gegenseitig beschenken] eingeführt. Zumindest die letzte Frage ermöglicht den Austausch mit Kindern, die Weihnachten in einer anderen Art und Weise oder gar nicht feiern, oder in dieser Zeit andere Feste feiern.

Die Beispiele für einen multiperspektivisch gedachten, aber nicht ganz gelungenen Zugang zum Thema sind im Buch 3a, zu finden. Dort wird einerseits – wie schon in der ersten Grundschulklasse der Fall war – die biblische Weihnachtsgeschichte erzählt (S. 86) und darüber hinaus Beispiele von Weihnachtsfeier aus den Ländern Polen, Spanien und China gegeben. Unter der Überschrift „Weihnachten – überall?" erzählt Jan aus Polen: „[...] Wir streuen ein wenig Heu auf die Tischplatte und decken ein weißes Leinentuch darüber. Beides soll uns an die Geburt Christi im Stall erinnern[...]." Maria aus Spanien erzählt: „Weihnachten machen wir in Spanien ein großes Feuerwerk [...]. Die Kinder bekommen kleine Geschenke [...]. Li Chang aus China erzählt: „Unsere Religion wurde von Buddha gegründet, deshalb feiern wir nicht die Geburt Jesu wie die Christen" (S. 87). Diese Beispiele ermöglichen zwar Gespräche über unterschiedliche Weihnachtsbräuche in mehreren Ländern, deutlich wird dabei aber eine Generalisierung und Gleichsetzung von Nation und Religion.

Das Thema Ostern wird in den untersuchten Ethikbüchern so dargestellt, dass mehrere Perspektiven besprochen werden können. Dies ist insbesondere der Fall im Buch 1b, S. 71, wenn Schüler_innen zu diesem Thema Erwachsene befragen und folgende Antworten erhalten:

„Ich glaube als Christ, dass Gott seinen Sohn Jesus Christus von den Toten auferweckt hat zu neuem Leben. Ostern ist für alle Christen ein sehr wichtiges Fest."

„Ostern ist für mich ein Frühlingsfest. Die Natur erwacht und alles beginnt neu."

„Ostern ist, glaube ich, ein sehr altes Fest unserer Vorfahren, der Germanen."

„Das weiß ich gar nicht. Wir suchen immer Ostereier und machen einen schönen Spaziergang. Kannst du es mir erklären?"

Auch die Aufgabe lässt eine kommunikative Offenheit zu: „Fragt nach: warum gibt es Ostern?"

Ein anderer Zugang zum Thema Ostern ist im Buch 1c, S. 70–71, gegeben. Dort wird das Fest der Christen aus der Beobachterperspektive beschrieben:

„In der Nacht vor dem Ostersonntag besuchen viele Kinder in Deutschland mit ihren Familien die Kirche. Dort feiern sie zusammen die Osternacht. Zuerst zündet der Pfarrer vor der Kirche am Osterfeuer die Osterkerze an, segnet sie und trägt sie in den dunklen Kirchenraum. Dabei singen alle ein österliches Jubellied. Dann zünden sie an der Osterkerze kleine Kerzen an und nehmen ihre Osterlichter am Ende der Feier mit nach Hause. Sie wollen ihr Heim durch das Licht Jesu hell machen."

In den Aufgaben sollen die Schüler_innen a) erzählen, was sie über Osterfeiern in Deutschland wissen, b) eine brennende Kerze im dunklen Raum beobachten und die „Feststellungen" diesbezüglich mitteilen und c) über andere Feste sprechen, bei denen Kerzen angezündet werden. Diese Auswahl der Aufgaben ermöglicht es, über Ostern aus religiöser und nicht religiöser Perspektive zu sprechen, Emotionen und ästhetische Elemente benennen, die mit einem religiösen Fest und seinen Symbolen (z. B. Licht) zusammenhängen und einen Bezug zu säkularen Festen herstellen, für die ebenso das Licht wichtig ist (z. B. Geburtstagskerzen).

In einer höheren Klasse (Buch 3a, S. 80–81) wird über Ostern aus der Beobachterperspektive gesagt:

„Ostern erinnert die Christen an die Auferstehung Jesu Christi von den Toten. Der Freitag vor Ostern heißt Karfreitag. Er erinnert die Christen an die Kreuzigung Jesu Christi. Passionszeit sind die Wochen vor Ostern. […] Viele Christen fasten in dieser Zeit, sie verzichten zum Beispiel auf bestimmte Gewohnheiten (Rauchen, Fleisch, Süßigkeiten essen) um Anregungen zum Leben mit Gott zu bekommen."

Christentum: Ritual, Gebet

Unter der Überschrift „Wichtige religiöse Ereignisse im Leben von Christen" wird im Buch 2b, S. 59 auf die innerchristliche Vielfalt eingegangen.

„Mit der Taufe wurde Christian als Baby in die Gemeinschaft der Christen aufgenommen. Der Pfarrer goss dabei aus Taufbecken Wasser als Zeichen der Reinigung über seinen Kopf. Als katholisch getauftes Kind feierte Christian im dritten Schuljahr seine Erstkommunion. […] Die evangelisch getauften Kinder feiern, wenn sie älter sind, ein der Kommunion ähnliches Fest: die Konfirmation. Sie werden damit zu vollberechtigten Mitgliedern der Gemeinde und nehmen das erste Mal am Abendmahl teil."

Diese Themen werden in den Aufgaben wiederholt: Aufgaben/Fragen: „Findest du noch mehr über die Taufe und die Erstkommunion heraus? Wer waren Jesus und seine Jünger? Was bedeutet „Kommunion" und „Konfirmation"?" In der letzten Aufgabe wird gefragt: „Feiern andere Religionsgemeinschaften ähnliche Feste?"

Im Buch 2b, S. 57, Lektion „Laura und Frank beten zu Gott" wird berichtet: „Laura und Frank wenden sich im Gebet an Gott. Sie erzählen ihm, was sie bewegt. Im Gebet loben, bitten, danken sie Gott. Das ‚Vaterunser' ist das wichtigste Gebet der Christen." In diesem Zusammenhang wird anhand der Bilder von zwei Kindern gezeigt, welchen Inhalt „Vater unser" hat und wie dieses zu beten ist. Anschließend wird in den Aufgaben gefragt: „Kannst du dir denken, wofür die Christen Gott loben, bitten, danken? Warum wenden sie sich hierbei an Gott? Das Vaterunser ist das wichtigste Gebet der Christen. Denke darüber nach." Die letzte Frage lautet: „Wie ist das bei anderen Religionen?"

Auf der anschließenden Seite 58 und in der Lektion „Andrea im Gottesdienst" wird das Leben der jungen Christin wie folgt beschrieben:

„Jeden Sonntag und an kirchlichen Feiertagen besucht Andrea mit ihren Eltern den Gottesdienst in der Kirche. Dort versammeln sich viele Christen aus ihrer Kirchengemeinde, um gemeinsam zu beten, zu feiern und die Geschichten aus der Bibel zu hören."

Die dazugehörigen Aufgaben sind vielfältig:

„Finde heraus, warum Andrea an Sonntagen die Kirche besucht. Erkundige dich bei deinen christlichen Mitschülerinnen und Mitschülern, wie sie den Gottesdienst in der Kirche feiern. Warum feiern die Christen gemeinsam den Gottesdienst? / Wie ist das bei anderen Religionen? Erzähle davon. / Kannst du Gemeinsamkeiten beim Feiern des Gottesdienstes in verschiedenen Religionen erkennen? Was ist anders?"

In den meisten Beispielen wird das Christentum aus der Beobachterperspektive dargestellt und kein künstliches „Wir" geschaffen, wie dies in den Büchern des Militzke-Verlages oft der Fall ist. Diese Perspektive wird dann sowohl auf die Ökumene („Christen gemeinsam" ermöglicht unterschiedliche Interpretationen) und auf die anderen Religionen erweitert.

Judentum und Islam

Ab der Klasse 3–4, im Buch 1b (2b), S. 76–86, werden die Feste aus dem Judentum (Jom Kippur), Christentum (Ostern) und Islam (Ramadan) eingeführt. Auf die Darstellung des Christentums wird hier verzichtet.

Die wichtigsten Symbole und religiösen Inhalte werden auf Seiten 78–79 dargestellt. Als Symbole des Judentums seien (mit Bildern dargestellt) Torarolle, Rabbi und Synagoge. „Die Juden glauben an Jahwe. Sie feiern Pessah und Jom Kippur." – „Jom Kippur [80–81] ist für Juden der große Versöhnungstag mit Gott – ein Buß- und Fastentag. Er erinnert an den Stammvater Abraham [...] Jom Kippur ist für Juden ein Bußtag. Büßen bedeutet, von Sünden gereinigt werden. Deshalb kann man sich noch am Vorbereitungstag mit denjenigen Vertragen, mit denen man sich im Laufe des Jahres zerstritten hat […]."

Islam wird mittels der Bilder von Koran, Imam und Moschee dargestellt. „Die Muslime glauben an Allah. Sie feiern Ramadan und Bayram." – „Ramadan ist der Fastenmonat der Muslime. 30 Tage lang nehmen die Muslime täglich von Morgendämmerung bis zu Sonnenuntergang keine Nahrung und keine Getränke zu sich. Sie verzichten auch auf das Rauchen. Das Fasten regt zum Nachdenken an: Es soll dabei helfen, den Glauben zu festigen und die Willenskraft zu stärken. Durch die Erfahrung von Hungergefühlen wird Mitgefühl für andere hungernde und Not leidende Menschen geweckt."

Das islamische Zuckerfest wird im Buch 1c, S. 72–73, Lektion: „Die Fastenzeit vor Şeker Bayrami / Şeker Bayrami – das Zuckerfest" mit folgenden Worten thematisiert:

„Die Muslime feiern das Fest des ‚Fastenbrechens' – Şeker Bayrami – jedes Jahr am Ende ihres Fastenmonats, des Ramadan. In diesem Monat dürfen sie tagsüber nichts essen und trinken. Nur Kinder, Kranke und Menschen, die sich auf einer langen Reise befinden, müssen nicht fasten. Im Monat Ramadan hatte der Prophet Mohammed seine erste Offenbarung. Bei dieser erschien ihm der Engel Gabriel im Traum. Er offenbarte ihm die Worte, die Allah an Mohammed richtete."

Zu den Textaufgaben zählt folgendes: „Berichte, wie die Muslime sich auf Şeker Bayrami vorbereiten. Hast du auch schon einmal einen Tag lang nichts gegessen und getrunken? Wie ist es dir dabei ergangen?" Weiterhin wird gefragt: „Kannst du dir denken, warum die Muslime einen ganzen Monat lang tagsüber überhaupt nichts essen und trinken? Wie fühlen sich die Menschen bei diesem Fest?" und „Kennst du noch mehr Feste, vor denen gefastet wird? Erzähle davon." Als eine Gemeinsamkeit der genannten religiösen Feste und als übergreifendes Thema wird das Fasten gesehen. Das Thema wird jedoch erweitert und auch in Bezug zu anderen Verständnissen und Begründungen von Fasten gebracht – wie z. B. Diäten aus gesundheitlichen Gründen und Hungerstreiks.

Weiterhin wird über Şeker Bayrami – das Zuckerfest, auf der S. 73 berichtet:

„Nach dem Fastenmonat Ramadan feiern die Kinder zusammen mit ihren Familien drei Tage lang das Zuckerfest. An diesen Tagen wird die Moschee besucht und anschließend mit der Familie und mit den Freuden gefeiert. Dabei gibt es ein Festessen, meistens Lammbraten, und Süßigkeiten. Nach dem Essen wird gesungen und getanzt. Die Kinder gehen auch zu Bekannten und Freunden und wünschen ihnen ein gutes Fest. Dabei küssen sie die Hände der Erwachsenen als Zeichen der Achtung. Dafür bekommen sie kleine Geschenke wie Süßigkeiten oder Geldstücke."

In den Aufgaben sind folgende Fragen zu finden: „Findest du heraus, wie ein Gottesdienst an SB in der Moschee abläuft? / Wie feiern die muslimischen Kinder das Zuckerfest? / Kannst du dir denken, warum dieses Fest ‚Zuckerfest' genannt wird? / Die Kinder küssen den Erwachsenen die Hände. Denke darüber nach." Sowohl die jüdischen als auch die muslimischen Feste werden vor allem dank der kognitiven Inhalte und der rituellen Dimension der Religionen dargestellt.

Praktische Dimension des Judentums

Das Beten im Judentum wird im Buch 2b, S. 66–72, in der Lektion „Itzhak betet zu Gott" (S. 66, Bild eines betenden Jungen mit Gebetsriemen) wie folgt beschrieben:

„Wenn Itzhak zu Gott betet, legt er seine Gebetsriemen an. Einen Riemen wickelt er vom rechten Oberarm bis zu Hand hinunter. Dabei muss die Kapsel an der Innenseite des Oberarms zum Herzen hin liegen. Den anderen Riemen legt er um den Kopf. Die Kapsel muss hier auf der Stirn liegen."

Es folgen weitere Beschreibungen und auf der Seite 67 auch der Text „Höre, Israel, der Herr unser Gott ist einzig" (Inhalt der Kapseln auf Deutsch und Hebräisch)." Weiterhin heißt es: „Du sollst den Herrn, deinen Gott, lieben von ganzem Herzen, von ganzer Seele und mit allen deinen Kräften". Auch in den Aufgaben wird es „praktisch": „Zeige und erkläre deinem Partner, wie Itzhak die Gebetsriemen anlegt." Und weiterhin: „Kennst du solche wichtigen Worte zu Gott auch bei anderen Religionen? Wie ist es bei diesen mit besonderer Kleidung beim Beten?"

Im denselben Buch wird in der Lektion „Familie Rabin feiert Sabbat", S. 68, eine jüdische Familie (ohne weitere Verortungen) beim Sabbat dargestellt. Mit dieser Lektion lernen die Kinder, wie Sabbat in einer Familie praktisch abläuft und ergänzen das Gelernte durch die Aufgaben: „Warum bereiten die Juden bereits am Freitag alles für das Fest vor? Der Sabbat ist für die Juden sehr wichtig. Denke darüber nach." Der Bezug zu anderen Religionen wird hergestellt über die Frage: „Kennst du solche Tage, an denen die Menschen nicht arbeiten dürfen, auch in anderen Religionen? Vergleiche sie mit Sabbat?"

In der Lektion „Die Synagoge", S 69 wird berichtet: „Anne, eine Christin, möchte gerne über die jüdische Synagoge etwas wissen. Deshalb fragt sie ihren jüdischen Mitschüler Schimon: Was ist eigentlich eine Synagoge?" Entsprechend wird in den Aufgaben gefragt: „Kennst du eine Synagoge in der Nähe deines Heimatortes. Hast du sie schon einmal besucht? Wenn ja, erzähle davon." Und weiterhin: „Synagoge und Kirche haben Gemeinsamkeiten und Unterschiede. Denke darüber nach. Welche Gemeinsamkeiten und Unterschiede kannst du zu den Gotteshäusern anderer Religionen feststellen?" In der dritten Klasse wird dann mit vielen Details aus der religiösen Praxis das Pessahfest beschrieben (Buch 3a, S. 84–85).

Kinder der Welt

Auch in den Schulbüchern des Cornelsen-Verlages wird sowohl das Leben der Kinder in verschiedenen Ländern der Welt wie auch das Leben unterschiedlicher Kinder in Deutschland dargestellt. Allerdings sind diese Darstellungen frei von direkten religiösen Konnotationen – wenn auch indirekte gefunden werden können – und frei von konfrontativen Beispielen („Ahmed gehört nicht zu uns").

In der ersten Klasse (Buch 1b, S. 63) in der Lektion „Nicht wegsehen" wird vor dem Hintergrund des Plakats der evangelischen Hilfsorganisation „Brot für die Welt" Armut der Kinder in der Welt thematisiert. Auf dem Plakat sind vier afrikanische Kinder abgebildet und es kann gelesen werden: „Nur zwei von ihnen werden das 20. Lebensjahr erreichen". Diese Lektion stellt eine Ausnahme dar, da nur hier die kirchlich organisierte Hilfe thematisiert wird. Auch wenn die Platzierung der Lektion unglücklich ist (thematische Einheit der religiösen Feste), ist das Ziel der Aufgaben, die Schüler_innen zum Nachdenken zu bringen. Zu den Aufgaben zählen folgende Aussagen: „Kinder unterhalten sich darüber: Können wir nicht was tun? Wollen wir ein Paket packen? Wir könnten Plätzchen backen und verkaufen." Dazu zählt auch die Fragen: „Kennst du Menschen in Not? Wie kannst du helfen? Organisiert selbst eine Hilfsaktion."

In demselben Buch auf der S. 72 wird das Mädchen Ganze vorgestellt, danach die „Kinder dieser Erde" (S. 73) und „Alle Kinder" (S. 75).

Die Lektion „Ich heiße Gamze. Mein Name bedeutet ‚Grübchen'." wird durch die Zeichnung eines dunkelhaarigen Mädchens mit Grübchen ergänzt. Weitere Zeichnungen zeigen die Lebenswelt von Gamze: Ein Dorf an der Küste, betende Frauen mit Kopftuch, Familienessen, Männer mit Bärten und Frauen mit Kopftüchern und Schule. Dadurch soll der Alltag eines Mädchens (Land?) nachvollzogen werden.

Auch in der Lektion „Kinder dieser Erde" und „Alle Kinder" werden Kinder in keinen religiösen Zusammenhang gestellt, sondern bilden die Vielfalt der Kinder der Welt ab (dunkelhäutige, arme Kinder spielen auf der Straße, Kinder in Indienauf dem Feld und beim Teppich weben, Kind in einer Junkha mit der Mutter, zwei junge Eskimos usw.).

Der Schwerpunkt dieser Lektionen liegt nicht auf deren „Fremdheit", sondern auf der Ähnlichkeit der Kinder der Welt: Alle spielen gerne, brauchen Freude und Freundinnen, lieben Eltern, wollen lernen, brauchen Frieden. Allerdings ist anzumerken, dass hier andere Kinder nur als Teil anderer Welten und nicht als Teil der eigenen Lebenswelt thematisiert werden. Dadurch wird auf eine Thematisierung von teilweise problematischen Zusammenleben der Kinder mit verschiedenem Herkunft in Deutschland verzichtet, aber auch die Chance vertan, über die Beispiele der guten Praxis im lokalen Rahmen zu sprechen.

Die Kinder mit Migrationshintergrund werden in zwei Beispielen dargestellt. In der dritten Grundschulklasse wird am Beispiel von Ayse, die wenig Lust am Lernen hat, das Thema der guten Vorsätze bearbeitet (Buch 2b, S. 12–13). In Gedichtform wird berichtet, was Ayse während der Schulstunde so treibt: „in die Ferne schauen", „Augen schlitzen, wie ein Chinese", „hinaus starren", „träumen".[24] Es gibt sicherlich bessere Kindergedichte, dieses jedoch kann nicht nur für die Gespräche über Arbeitsgewohnheiten und Vorsätze, sondern auch für die Gespräche über rassistische Sprache (siehe „Schlitzaugen") genutzt werden.

Im Buch 1c, S. 29, Lektion „Kemal ist in meiner Klasse" wird das soziale Problem der Ausgrenzung in einer konstruktiven Art und Weise thematisiert: „Kemal sagt zu Tim: ‚Peter aus der 4. Klasse, der will mich verhauen. Ich mag gar nicht auf den Schulhof gehen'. „Ich gehe mit dir", sagt Tim. „Aber der Peter ist stark, Timi". Tim erzählt anderen Kindern, was Peter vorhat. „Kemal, wir gehen mit dir!", rufen die Kinder. In der Pause geht Kemal auf den Schulhof. Da ist auch Peter. Peter geht auf Kemal zu. „Na, du Türke?", sagt Peter und hebt den Arm. Die Kinder der Klasse 2 stellen sich neben Kemal. „Kemal ist unser Freund", sagt Tim. Neben dieser Auflösung der Situation wird ein Rollenspiel vorgeschlagen: „Spielt die Geschichte von Kemal. Sprich über deine Gefühle als Kemal und als Kind der Klasse. Kemal hatte ein Problem. Die Kinder der zweiten Klasse setzten sich für Kemal ein. Welche Vor- und Nachteile hätte es, wenn Kemal sein Problem alleine lösen würde? Wie würdest du dich an Kemals Stelle verhalten? Zeige es den anderen." An diesem Beispiel wird deutlich, dass die Lektionen sowohl in den Inhalten, als auch in den Aufgaben konkrete Hilfestellung anbieten.

Schlussbetrachtung

Aus den analysierten Grundschulbücher für den Ethikunterricht wird deutlich, dass diese in einer ausführlichen Form die Darstellung der christlichen Religion und christlicher Bräuche und in einer sehr knappen Form auch die Darstellungen der Religionen Judentum und Islam thematisieren. Die genannten Religionen werden dabei unterschiedlich kontextualisiert. So sind die thematischen Einheiten, die Religionen behandeln, u.a. in den Lektionen zu den Festen, zu den Kindern der Welt und zur Fremdheit zu finden.

In allen Grundschulbüchern wird die Religion des Christentums an erster Stelle und im größten Umfang unterrichtet. Dies korreliert auch mit den Curricula und der Anforderung wie z. B. „eigene Religion" kennenzulernen und sich „mit eigener Kultur und Geschichte" auseinandersetzen, die in den Schulbüchern qualitativ unterschiedlich umgesetzt werden. In den Cornelsen-Schulbüchern wird, im Gegensatz zu den Militzke-Schulbüchern, die innerchristliche Pluralität thematisiert und die Jugendlichen lernen dadurch, was „evangelisch" und „katholisch" in der religiösen Praxis bedeutet. Die Bücher aus dem Militzke-Verlag legen eher Wert darauf, über Christentum allgemein zu sprechen und sowohl eine religiöse als auch eine vermeintlich säkularisierte Perspektive auf das Christentum zu betonen. Wichtiger scheint in diesem Zusammenhang eine kollektive säkulare „Wir-Identität" zu konstruieren als historisch und sachlich richtige Informationen über das Christentum zu geben.

Beide Verlage arbeiten mit positiven Emotionen, um das Christentum (auch in der säkularisierten Form) darzustellen. Die Kerzen sind in vielen Schulbüchern zu finden, das Licht vertreibt stets die Finsternis und die Weihnachtsgeschichte erwärmt alle Herzen. Diese Emotionalität – die bei der Beschreibung anderer Religionen in dieser Art und Weise nicht zu finden – ist verständlich, wenn davon auszugehen wäre, dass die meisten Kinder christlich sozialisiert wären. Dies ist aber in einem gemischten oder stark säkularisierten Ethik-Klassenraum möglicherweise oft gar nicht der Fall. Eine agnostische oder religionsfreie Perspektive kann kaum gefunden werden sind, was in einem Ethikbuch durchaus denkbar wäre. Hierzu gibt es lediglich einen oder anderen Hinweis in den Aufgaben.

In den Militzke-Schulbüchern sei das christliche Erbe nicht nur aus religiösen Gründen, sondern auch aus verschiedenen geschichtlichen und kulturgeschichtlichen Gründen relevant. Diese wichtige Aussage wird jedoch relativiert, indem eine explizite Wertung geliefert wird: Einerseits ist das Christentum im Sinne seines historischen und kulturellen Erbes bedeutsam, andererseits sind die gegenwärtigen gläubigen Christen eher „problematisch", weil Religiosität implizit mit dem mangelnden Wissen und Können verbunden wird. Positiv gewertet wird nur die säkularisierte christliche Position, weil sie vermeintlich zu mehr Frieden und Toleranz führt. In den Cornelsen-Büchern verhält es sich anders. Dort gibt es sowohl die Perspektive der „wir-Christen" als auch „wir-Beobachter", ohne dass die Beobachter-Perspektive je in die negative Bewertung der Religion des Christentums rutscht. Eine Problematisierung der christlichen Religion und Religiosität als Folge des „mangelnden Wissens" kann dort nicht gefunden werden. Sehr gelungen sind die Lektionen und Aufgaben zur rituellen Praxis (Gottesdient, Gebet) im Christentum bei dem ein Gespräch mit christlichen Mitschülerinnen und Mitschülern und Anhängern anderer Religionen empfohlen wird.

In den untersuchten Schulbüchern werden neben dem Christentum auch Formen des (religiösen) Brauchtums wie z. B. Erntedankfest und Halloween und auch das „Heidentum" dargestellt. Vor dem Hintergrund der Veränderungen der religiösen Landschaft in Deutschland in den letzten Jahrzehnten ist es relevant, dass verschiedene Elemente der individualisierten Religion und auch verschiedene Formen des Brauchtums in die Grundschulbücher Eingang finden. Es muss jedoch festgestellt werden, dass die Abgrenzung und die terminologische Voreingenommenheit („Heidentum") keinen sachgerechten Umgang mit dem Thema darstellen.

Religionen wie Judentum und Islam werden stets idealtypisch, mit sehr knappen Informationen und oft mittels religiöser Feste erwähnt, die in verschiedenen Ländern der Welt stattfinden. Im Gegensatz zum Christentum werden diese Religionen aus einer Beobachterperspektive, sachlich und statisch beschrieben.

Sowohl Judentum als auch Islam werden in den Ethikbüchern des Militzke-Verlages mit wenigen Sätzen, Abbildungen und Symbolen dargestellt. In den Ethikbüchern des Cornelsen-Verlages sieht es quantitativ etwas anders aus und die Inhalte zum Judentum und zum Islam sind auf mehreren Seiten in einzelnen Schulbüchern zu finden. Im Zentrum der Darstellung steht je ein Fest (Bilder, Lieder, Symbole), Fragen nach dem Wissenstand der Grundschulkinder und verschiedene kognitiven Aufgaben.

Der Islam wird allerdings auch – vor allem in den Militzke-Büchern – implizit oder explizit in einen negativen Kontext gestellt. Der Blick auf diese Religion wird bestimmt durch Asymmetrien, beziehungsweise dadurch, dass einseitige Wertungen, Ausgrenzung und implizite Kritik des Kopftuches, der Herkunft der Kinder, der mangelnden Sprachkenntnisse ermöglicht wird. Die Militzke-Schulbuchtexte unternehmen zwar den Versuch, gesellschaftlich brisante Themen im Hinblick auf Islam anzusprechen, aber ohne positive Lösungsmöglichkeiten aufzuzeigen. Dadurch wird diese Religion als gesellschaftliches Problem konstruiert, während die anderen automatisch in das positive Licht rücken. Dies gestaltet sich in den wenigen Lektionen der Cornelsen-Bücher anders. In den genannten Lektionen werden Vorurteile und Anfeindungen so dargestellt, dass Kinder am konkreten Beispiel lernen, wie sie sich dabei gegenseitig helfen und unterstützen können.

Von den weiteren „Weltreligionen" wird in den analysierten Schulbüchern ergänzend nur noch das hinduistische Diwali-Fest in den Schulbüchern des Militzke Verlages Fest dargestellt. Die Cornelsen-Bücher thematisieren vor allem Judentum und Islam.

Zwischen den Religionen Christentum, Judentum und Islam werden keine verbindenden Linien dargestellt (z. B. über die Person des Abraham etc.), und diese Religionen werden sehr selten (Fasten) oder in keinem gemeinsamen religiösen Kontext behandelt. Der gesellschaftliche Beitrag der Religionen kann nur einmal in einem Cornelsen-Schulbuch in Form von diakonischer Arbeit der EKD gefunden werden. Religionen werden als getrennte Einheiten und oft nach Nationen (Frankreich – katholisch, Niederlande – evangelisch, China – buddhistisch) getrennt, auch dann wenn mehrere Religionen nacheinander bzw. in einer thematischen Einheit behandelt werden. Ähnlich der idealtypischen und nach Ländern „sortierten" Darstellung der „Weltreligionen" sind auch „Kinder der Welt" idealtypisch und nach Nationen präsentiert.

Alle diese Ausführungen lassen erkennen, dass die Darstellung verschiedener Religionen immer noch mit nationalstaatlichem Denken verknüpft ist. Die religiöse Pluralität ist vor dem Hintergrund der globalisierten Welt zwar erkennbar, aber in der Nachbarschaft und in der Schule bzw. im lokalen Rahmen ist diese entweder nicht existent, oder sie wird sie in Form von Problemen thematisiert. Es stellt sich die Frage, wie die Kompetenzbildung im Hinblick auf Inter- und Transkulturalität mit diesen Inhalten zu gewährleisten ist.

Eine sichtbare didaktische Strategie, mit der in den Schulbüchern der zunehmenden Säkularisierung und Pluralisierung begegnet wird, ist der religionskundliche Ansatz („teaching about religion"). Dieser bestimmt zwar die meisten Curricula, jedoch kommt es in den Schulbüchern immer wieder zur Vermischung vom „Lernen über eigene Religion" und der Erfahrung der eigenen „gelebten Religion". Ungeachtet dessen, dass die Schulbücher auf die Lebenswelten der Jugendlichen eingehen sollen, spiegelt sich darin eine übergreifende Frage: Sollen und können Ethik- und Religionsunterricht – und dementsprechend auch deren Schulbücher – auf unterschiedliche Entwürfe privater Religiosität, falls vorhanden, eingehen oder nicht? Die Statistiken und die Jugendforschung drängen indirekt darauf, den Unterricht in diese Richtung zu öffnen, die Wertefächer zeigen sich jedoch etwas träge, diese in den eigenen Kanon zu integrieren. Übergreifend muss also gefolgert werden, dass sowohl die Darstellung der religiösen Pluralität als auch die Thematisierung privater Religiosität noch einige Übung erfordert.

Florian Bock

Katholische Kirche und Medien – verpasste Chancen, neue Herausforderungen

Die katholische Kirche verfügt als älteste bestehende Institution überhaupt auch über die längste Erfahrung mit Medien. Denn: „Das Christentum ist in allen Stationen seiner Existenz Medienreligion. Seine Geschichte ist Mediengeschichte, ausgehend von Paulus von Tarsus und seiner Kommunikation mit den christlichen Gemeinden."[1] Solche Kommunikationswege verlaufen jedoch nicht immer störungsfrei. Mehr noch: Dem Verhältnis von katholischer Kirche und modernen Kommunikationsmitteln, im Folgenden sei der Begriff eng geführt auf die Publizistik, wohnt eine fundamentale Spannung inne. Es sind die stetig fortlaufenden Reibungsprozesse zwischen institutionalisiertem Glauben einerseits und institutionalisiertem Zweifel andererseits, die diese Relation markieren. In einem Artikel zur Einstellung der zunächst katholisch, seit 1979 ökumenisch geprägten Wochenzeitung *Rheinischer Merkur* Ende 2010 nannte Patrik Schwarz diese Ambivalenz den „täglich gelebte(n) Konflikt zwischen Liebe und Zorn". Wer sich also als christlich arbeitender Journalist innerhalb des gegenwärtigen medialen Systems versteht, dem mangelt es nicht an alltäglichen Herausforderungen: „Wie kritisiere ich den Glauben, dem ich selbst anhänge? Wie urteile ich über eine Kirche, der ich selber angehöre und die womöglich sogar das Medium finanziert, für das ich arbeite? Wie geht das zusammen, Kirche und Kritik?"[2] Die Mitarbeit an dezidiert christlichen Medien gar kann sich demnach schnell zu einer strukturell bedingten Dilemma-Situation auswachsen. Frei und objektiv soll über Glaubensfragen geschrieben werden, die dem Arbeitgeber heilig sind. Zwischen dem Objekt der journalistischen Beobachtung und dem – unter Umständen – finanziellen Förderer eben jener Beobachtung verschmelzen hier die Grenzen. Damit verbunden ist die Frage, wie viel Öffentlichkeit die katholische Kirche, geprägt von ihrer hierarchischen Struktur, überhaupt zulässt.

Mit diesem kurzen Aufriss ist das gegenwärtige berufliche Szenario von gläubigen Journalisten, gleich ob sie für katholische oder säkulare Medien arbeiten, skizziert. Doch nicht der Ist-Zustand, sondern die historische Genese und Entwicklung dieses Szenarios sollen im Mittelpunkt dieses Aufsatzes stehen, der sich in drei größere Kapitel gliedern lässt: (1) In einer *tour de force* werden schlaglichtartig die wichtigsten Etappen einer katholischen Mediengeschichte fokussiert. Dabei soll neben einem anfänglichen Exkurs in das Reformationszeitalter ein Schwerpunkt auf dem 19. und 20. Jahrhundert liegen. (2) Daran anknüpfend wird erläutert, warum man aus der beobachtenden Warte des Historikers vor allem mit Blick auf die „dynamischen" 1960er-Jahre von verpassten Chancen im Medienumgang der katholischen Kirche sprechen kann. Ein besonderer Akzent wird dabei auf das Jahr 1968 gelegt, einem auch medienhistorisch epochemachenden Jahr. (3) In einem letzten Schritt finden die im Aufsatztitel erwähnten „neuen Herausforderungen" ihren Platz. Aufgezeigt wird, dass die katholische Kirche durch die Dokumente des Zweiten Vatikanischen Konzils durchaus über theologisch begründete Instrumente verfügt, mit der heutigen, zutiefst medial geprägten Zivilgesellschaft Schritt zu halten. Diese müssen nur – im Gegensatz zu den 1960er-Jahren – abgerufen werden, um nicht erneut Chancen zu verpassen.

Mediengeschichte als Konfliktgeschichte. Luther und der Buchdruck

Am Anfang einer solchen Konfliktgeschichte steht der Gutenbergsche Buchdruck; so könnte man formulieren. Und in der Tat hat sich in den letzten Jahren innerhalb der Reformationsforschung eine Perspektive durchgesetzt, die die Ereignisse rund um den ehemaligen Augustinermönch Martin Luther (1483–1546) viel stärker unter dem Aspekt eines neu aufkommenden Kommunikationsprozesses interpretieren will, wie ihn der Mainzer Patriziersohn Johannes Gutenberg (1400–1468) und die ihm nachfolgende *Printing Revolution* initiierte. Seine Erfindung von völlig gleichen und austauschbaren Bleistempeln läutete ein neues mediales Zeitalter ein; Gutenberg entwickelte damit, wenn man so will, den Prototyp der noch heute praktizierten, industriellen Automatik- und Serienherstellung. Die erfolgreiche Rezeption dieser neueinsetzenden Medienbildung ab dem frühen 16. Jahrhundert kann dabei nicht bestritten werden, wie bloße Zahlen verdeutlichen. Allein Luther bescherte dem noch jungen Buchmarkt zwischen den Jahren 1520 und 1526 mehrere Millionen Schriften. Die Flugschrift als neues Medium erreichte in diesen Jahren eine Produktionssteigerung um ganze 381 Prozent im Vergleich zu den Jahren 1518/19.[3] Ihr Inhalt war zumeist von der totalen Dominanz des Reformationsthemas geprägt und drehte sich um Information über und Mobilisierung für die neue Theologie. Nachdem – sozusagen – der „Gnadenkanal" des ökonomisierten Ablasshandels durch Martin Luthers *sola gratia* theologisch ausgeschlossen wurde, musste eine grundlegende Neubestimmung von Kommunikationsstrukturen mit Gott erfolgen. Dabei können insbesondere die religiösen Verinnerlichungsformen des späten Mittelalters im Sinne eines persönlichen Glaubens des Einzelnen als die eigentlichen Wurzeln reformatorischen Kerngedankenguts ausgemacht werden. Luther rückte – aufgrund seiner humanistischen Ausbildung – zunächst das Schriftverständnis, aber auch die so genannte Frömmigkeitstheologie in den Mittelpunkt seines Denkens. Das gedruckte Wort diente so der Verbreitung von Wissen über Luthers neue Theologie, denn die meisten Flugschriften waren nicht so sehr polemisch, sondern wollten durchaus informieren. Sie entfachten die Reformation als Volksbewegung, ihr vorrangiges Ziel war „die schnelle Anhebung des Informationsniveaus über die brennenden Fragen der Zeit".[4] Zugleich wurde in Flugschriften und -blättern freilich eine Meinung vermittelt. In weitaus geringerem Umfang diente die Revolutionierung des Vervielfältigungsverfahrens – nichts anderes bedeutete der Buchdruck – also auch der Kritik an den „Papisten", soll heißen der römisch-katholischen Kirche. Das darin gezeichnete Bild der Katholiken changierte zwischen als parasitär-faul dargestellten Klosterbrüdern und der Lächerlichkeit preisgegebenen Kanonikern.[5] So erließ Kaiser Karl V. (1500–1558) im Jahr 1548 auch auf Betreiben der Altgläubigen ein Edikt, das den Druck satirischer und häretischer Drucke verbot, was die Reformation aber nicht aufhalten konnte: Die freie Reichsstadt Magdeburg wurde zum Pressezentrum der Gegner Karls.[6] Letztere bedienten sich freilich der gleichen Waffen, ihre Publikationen reichten aber – bis auf Ausnahmen – weder an die Quantität noch an das Niveau der evangelischen Flugschriften heran.[7]

Vor dem Hintergrund der beschriebenen tiefgehenden theologischen Einschnitte erweist sich die These des Historikers Johannes Burkhardt als provokativ, dass ab dem 16. Jahrhundert durch die Erfindung des Buchdrucks zunächst von einer Medienrevolution gesprochen werden kann, die – um ihre Sprengkraft zu entfalten – nur noch auf einen geeigneten Inhalt wartete, der dann eher zufällig von Luther geliefert wurde.[8] Dies erinnert an Marshall McLuhans bekanntes Diktum: „The medium is the message."[9] Vielmehr bleibt festzuhalten, dass es sich beim

Themenkomplex von Reformation und Buchdruck um ein Zusammentreffen von durch Calvin und Zwingli weiter ausdifferenzierter, innovativer theologischer Botschaft *und* neuem Kommunikationssystem gleichermaßen handelte. Die auf die Medialität einwirkende, impulsgebende Dynamik der Theologie ist nicht zu unterschätzen. Erst sie vermag es, das neue Medium des Buchdrucks durch ihre Autorität und Tradition abzusichern und so z. B. Flugschriften und ihren Verfassern, den Reformatoren, Evidenz zu verleihen.[10]

Der zunehmende Gebrauch der Schrift und des Drucks führte zu folgenreichen Verschiebungen im kommunikativen Gefüge europäischer Gesellschaften und bewirkte einen Transformationsprozess, der noch weit ins 18. Jahrhundert hineinreichte. Die durch den Buchdruck generierten „Distanzmedien" bedeuteten nicht nur eine Abkehr von der bis dato für die Frühe Neuzeit typischen Kommunikation unter Anwesenden. Sie eröffneten auch neue Formen sozialer Selbstbeschreibung und Reflexivität, indem sie z. B. die Varietät der kommunikativen Möglichkeiten erhöhten. Welche Folgen dies zeitigte, umreißt der Historiker Rudolf Schlögl[11] als Gegenstand noch zu leistender Forschungen. Für den weiteren Fortgang des historischen Verhältnisses zwischen Katholizismus und Medien ist das Charakteristikum entscheidend, dass die Reformation als Kommunikationsereignis die katholische Kirche – vielleicht erstmals – in eine mediale Abwehrhaltung zwang. Auch die Altgäubigen bedienten sich zwar, nach einer Zeit des Zögerns, der Flugschriften, konnten aber nicht mehr auf jene massenwirksame Dynamik hoffen, die dem Konnex von Medienrevolution und Reformation zu eigen war. Wie auf den nächsten Seiten zu lesen, wird diese skeptische Defensive im Umgang mit Medien für die katholische Kirche lange Zeit kennzeichnend sein; eine grundsätzliche Skepsis gegenüber der öffentlichen Meinungsvermittlung sollte die katholische Kirche also über die Jahrhunderte begleiten.

Gute Presse, schlechte Presse. Vom 19. Jahrhundert bis in die 1950er-Jahre

Gegen die durch die Aufklärung hervorgerufenen liberalen Kräfte schottete sich Rom mit den Mitteln der „Kanonisierung, Dogmatisierung und Juridifizierung"[12] bis weit ins 20. Jahrhundert ab. Als ein prominenter Marker dieses Abschottungsprozesses ist etwa der *Syllabus errorum* („Verzeichnis der Irrtümer") von 1864 zu nennen, in dem

Papst Pius IX. (1846–1878) damalige Zeitirrtümer – unter Artikel 79 auch die Religions- und Pressefreiheit – verurteilte. Diese Abwehrhaltung der Amtskirche spiegelte sich auf theologischer Ebene in der Denkschule der Neuscholastik wider, die die Ideen der Aufklärung als Ausverkauf der wahren Lehre betrachtete. Im Sinne des Ultramontanismus hatte die päpstliche Autorität als unumstößlich und absolut zu gelten, was auf eine Geschlossenheit im Kircheninnern und eine Abschließung nach außen hinauslief. Diese Abwehrhaltung war prägend für das gesamte 19. Jahrhundert. Obwohl es immer wieder auch vorsichtige Anzeichen für eine Annäherung zwischen Katholizismus und Medien gab, sah sich die katholische Kirche doch verpflichtet, ihren traditionellen Wahrheitsanspruch gegen die „schlechte", d. h. sozialdemokratische oder liberale Presse zu verteidigen. Dieser Erbfeindschaft gegenüber stand der „gute", weil kirchlich-offiziöse Journalismus, der die Medien lediglich instrumentell zur Verkündigung der kirchlichen Lehre benutzte oder zumindest – wie die zahlreichen, von Privatverlegern herausgegebenen katholischen Tageszeitungen – in wesentlichen Punkten mit ihr übereinstimmte. Man kämpfte also gegen die Moderne – mit modernen Mitteln, nämlich der Presse. Nicht nur, dass so die Papstdevotion einen neuen Höhepunkt erreichte, auch die Päpste selbst bedienten sich neuartiger medialer Techniken. Pius IX. etwa kann trotz seiner antimodernen Haltung zugleich als erster Papst des massenmedialen Zeitalters gelten, gründete er doch eigene kirchliche Presseorgane, wie die bis heute erscheinende Tageszeitung *L'Osservatore Romano* (1861) und die jesuitische Zeitschrift *La Civiltà Cattolica* (1850). Für die Wahrnehmung von Grautönen, die sich einer romverbundenen, aber dennoch kritischen Berichterstattung verpflichtet sahen, blieb in der lehramtlichen Beurteilung dennoch weiterhin kaum Platz. Doch diese Punkte sollen hier nicht weiter ausgeführt werden, vielmehr ist für den Zusammenhang dieses Aufsatzes die Zeit nach 1945 zu betonen.

Die katholische Publizistik erlebte nach den Bedrängnissen durch das NS-Regime in der unmittelbaren Nachkriegszeit einen enormen Aufwind. In der öffentlichen Wahrnehmung als „Siegerin in Trümmern"[13] aus den Versuchen der Hitlerschen Gleichschaltung nahezu unbeschadet hervorgegangen, genoss sie höchste Autorität. Kirchlich genormte Religiosität wurde in ihrer moralischen Autorität weitgehend unterstrichen und anerkannt; nur zu gerne las man Bistumszeitungen und kirchliche Presseerzeugnisse, denen aus heutiger Sicht ein kräftiges Odeur „organisierter Selbstbewunderung"[14] anhaftete. In der 1949 gegründeten *Arbeitsgemeinschaft Katholische Presse (AKP)* herrschte bis zum Zweiten Vatikanum weitgehend eine „unbesorgte Geselligkeit":

„Im Grunde versuchten alle, ihre Aufgabe gut zu erledigen, und die hohen Auflagen bestätigten sie darin. [...] Auf den Tagungen überdeckte das freundschaftliche, fast clubartige Zusammensein weithin die aufkommenden grundsätzlichen Probleme der Fragen nach der Rolle kirchlicher Presse und ihrer tatsächlichen, nicht nur an Auflagenhöhen zu messenden Wirkung."[15]

Und in der Tat erlebte die katholische Publizistik in der Besatzungszeit einen ungeahnten Aufschwung. Konfessionell gebundene Zeitschriften gehörten zu den ersten Lizenzträgern. Zwar musste die Auflagenhöhe bereits in den 1950ern ein Minus verzeichnen, dennoch verfügten Titel wie *Der Feuerreiter* oder *Mann in der Zeit* über eine stabile Ausgangsposition auf dem Markt. Nachdem vor allem von dem Verleger Johann Wilhelm Naumann (1897–1956) lancierte Versuche[16], eine katholische Tagespresse nach Weimarer Tradition unter den Alliierten aufzubauen, aufgrund des fehlenden politischen Rückhalts der instabilen neuen Zentrumspartei gescheitert waren, hatten weniger politische als zunehmend pastorale Elemente in den Sektor der katholischen Publizistik Einzug gehalten.

Als ein solches pastorales Element lässt sich auch der 1958 gegründete *Zeitschriftendienst* beschreiben, von dem sich der Kölner Kardinal Josef Frings (1887–1978), wie es im Geleitwort zur ersten Ausgabe hieß, „einen heilsamen Einfluß auf das Erscheinungsbild unserer deutschen Zeitschriften" erhoffte.[17] Mag dies zwar das Zitat eines Kardinals sein, so handelte es sich doch bei der Redaktion des *Zeitschriftendienstes* um katholische Laien, also Männer und Frauen aus allen Berufsgruppen, deren gemeinsames Anliegen es war, „Illustrierte und Zeitschriften kontinuierlich unter religiösen, ethischen und moralischen Gesichtspunkten zu prüfen."[18] Diese ursprünglich aus Münster stammende Initiative trug eindeutig Spuren der Katholischen Aktion. Durch intensive religiöse Schulung sollte eine Elite katholischer Laien ausgebildet werden, die dann wiederum ihrerseits missionarisch in die Gesellschaft hineinwirken sollte. Sie weitete sich von Münster aus schnell auf die gesamte Bundesrepublik aus, so dass es am 27. Mai 1957 in Köln zur Gründung der „Arbeitsstelle für Zeitschriften-Beratung e.V." kam. Das Gutachter-Gremium des dort ansässigen Dienstes bestand dabei aus mehr als 200 Personen, die sich das regelmäßige Prüfen von einer bis drei Zeitschriften nach einem festen Beurteilungsschema zur Aufgabe gemacht hatten; eine endgültige Wertung wurde eigenen Angaben zufolge durch qualifizierte Fachleute der Publizistik vorgenommen.[19] Die Kriterien, nach denen die Zeitschriften begutachtet und mit Prädikaten versehen wurden, entstammten den Erfahrungen der Katholischen Filmkommission, die ihrerseits bis heute den so genannten *Filmdienst* herausgibt. Man unterschied zwischen „unbedenklich" (z. B. die Zeitschrift „Leben und Erziehen", die für ein christlich begründetes Erziehungsbild steht), „tragbar" bzw. „tragbar mit Einschränkungen" (z. B. die „Bunte"), „abzuraten" (z. B. „Stern" und „Bravo") und schließlich „abzulehnen" (z. B. die Zeitschrift „Wochenend", die als „Schundblatt" qualifiziert wurde, das, versehen „mit aktähnlichen Fotos", Liebe als reine Konsumware vermarkte bzw. über Verbrechen ohne jede publizistische Verantwortung berichte).[20]

Als eigentlicher Wendepunkt für das Medienverständnis der katholischen Kirche sind die Rundfunkansprachen des ansonsten konservativen Pius XII. (1939–1958) in der Nachkriegszeit zu nennen – allen voran seine Rede *Die öffentliche Meinung in Staat und Kirche und die katholische Presse*, gehalten vor einer internationalen katholischen Publizistenkonferenz in Rom im Jahr 1950. In diesen Ansprachen betonte der Pacelli-Papst:

„Die öffentliche Meinung ist die Mitgift jeder normalen Gesellschaft, die sich aus Menschen zusammensetzt, welche sich im Bewusstsein ihrer persönlichen und gesellschaftlichen Verpflichtungen innig mit der Gemeinschaft, deren Mitglieder sie sind, verbunden fühlen. Sie ist letzten Endes überall das natürliche Echo, der mehr oder weniger ursprüngliche gemeinsame Widerhall, den die Ereignisse und die augenblicklichen Verhältnisse in ihrem Geist und in ihrer Urteilskraft finden."[21]

Das Recht auf Äußerung einer freien Meinung wurde hier erstmals als eine menschliche Grunddisposition aufgefasst, die naturrechtlichen Status besitzt. Es ist möglicherweise kein Zufall, dass dieser römische Gesinnungswandel mit Blick auf den bundesdeutschen Katholizismus in die „Sattelzeit" der 1950er fällt. Mit der Einberufung eines Konzils 1959 machte schließlich Papst Johannes XXIII. (1958–1963) auf eine sich verändernde Gesellschaft aufmerksam, deren Wandlungsprozesse am Vorabend dieses Großereignisses einer Mehrheit des Klerus noch gar nicht bewusst gewesen sein dürften.

Verpasste Chancen? Das Zweite Vatikanische Konzil und die Medien

Das Zweite Vatikanische Konzil stellte eines der ersten simultanen transnationalen Medienereignisse dar. Über die Geschehnisse in Rom wurde in den verschiedensten Ländern nahezu zeitgleich via TV, Radio, kirchlicher *und* säkularer Presse berichtet – und zwar in den abendlichen Hauptprogrammen bzw. auf den ersten Seiten. Die Kirchenversammlung vollzog auf den unterschiedlichsten theologischen Themenfeldern einen epochalen Einschnitt, der durch die Leitmaximen Dialog und Öffnung zur Welt gekennzeichnet war. Kirche hat in umfassender Verantwortung für Einheit und Frieden unter den Menschen einzutreten – wozu ausdrücklich alle Gläubigen aufgrund ihres allgemeinen Priestertums aufgerufen sind. Der Begriff des *aggiornamento*, gemeint ist eine lebendige Vergegenwärtigung ins Heute, wurde zum Leitmodell.

Dennoch sollte die „Spannung zwischen einer Öffentlichkeit, die hohes Interesse an den Vorgängen in Rom hatte, und der Tendenz zur Abschließung [...] das Konzil während der gesamten Laufzeit begleiten, ohne daß insgesamt eine endgültige Lösung des Problems gefunden worden wäre."[22] Mit der Aufforderung Johannes XXIII. an die Berichterstatter bei der Konzileröffnung zu Loyalität und Zurückhaltung schien der Roncalli-Papst zunächst an die medienskeptische Haltung aus früheren Zeiten anknüpfen zu wollen.[23] Doch dieser Vorsatz erwies sich in der zweiten Hälfte des 20. Jahrhunderts als endgültig nicht mehr durchführbar. Die mediale Berichterstattung erzeugte Interesse, beflügelte den kirchenpolitischen Diskurs und förderte so Tendenzen der Demokratisierung auch in der katholischen Kirche, wie beim Abstimmungsverhalten über das Dekret *Inter Mirifica* noch zu zeigen sein wird. Ein Gedanke, an den sich die Hierarchie, aber auch viele Laien erst noch gewöhnen mussten, verstanden große Teile von ihnen doch die öffentliche Diskussion kirchlicher Angelegenheiten als regelrechten Verrat. Nicht wenige Katholiken trauerten dem aus dem 19. Jahrhundert stammenden Dispositiv des katholischen „Ghettos" nach. Dabei dürften unterschiedliche Auffassungen von Diskussion als kommunikativer Gattung von Relevanz sein. Bedeutete, einen Dialog zu führen, zu diskutieren, lediglich Alternativvorschläge auf der Sachebene anzuregen oder konnte darunter auch aktive Partizipation im Sinne einer Vergemeinschaftung eine Rolle spielen?

Im Laufe des Konzils immer heftiger vorgetragene Kritik an der Informationspolitik des Vatikans führte schließlich dazu, dass es zu einigen Lockerungen kam. Neben dem bereits bestehenden Büro wurden zunächst nationale Presseämter und schließlich das *Comitato per la Stampa del Concilio* eingerichtet, das nur noch dem Plenum, nicht mehr der Kurie verpflichtet war; täglich wurde eine Übersicht mit einer Zusammenfassung der Tagesdiskussionen herausgegeben. Das bisherige Konzilsgeheimnis war nicht mehr zu halten.

Für die neue mediale Qualität fand Jan Grootaers das Bild von Ebbe und Flut[24]: Nachdem neben Theologen und Bischöfen auch Journalisten „als Multiplikatoren von Informationen, als Verbreiter von Stimmungen und Urteilen, als Sammler von Notizen"[25] nach Rom gereist kamen und so die Anteilnahme der „Welt" am Konzil verkörperten, übertrugen sie genauso wie die anderen Teilnehmer die von ihnen wahrgenommene Aura des Konzils in ihre Heimatländer, wie ihnen jeweils in den Ebbephasen der Intersessio bewusst wurde. Dieser „Gezeitenwechsel" ist in seiner Bedeutung für das Zweite Vatikanische Konzil nicht zu unterschätzen.

Dennoch enttäuschte das Konzilsdekret *Inter Mirifica* („Unter den Erfindungen"), das am 4. Dezember 1963 feierlich verabschiedet wurde. Auf dem Konzil der Kirche über die Kirche sollte die alte Skepsis gegenüber den „schlechten", d. h. säkularen Medien wieder die Oberhand gewinnen. Dies wird direkt im achten Abschnitt deutlich:

„‚Öffentliche Meinungen' üben heute einen bestimmenden und richtunggebenden Einfluß auf das private und öffentliche Leben der Menschen aller gesellschaftlichen Schichten aus. Darum müssen alle Glieder der Gesellschaft ihren Verpflichtungen zu Gerechtigkeit und Liebe auch in diesem Bereich nachkommen und mit Hilfe dieser Mittel ebenfalls zur Bildung und Verbreitung richtiger öffentlicher Meinungen beitragen."[26]

Die Kirche sah sich weiterhin dazu legitimiert, Grundsätze über die „richtige" Anwendung der Massenmedien zu postulieren. Folgt man der nachträglichen Bewertung zeitgenössischer Journalisten, so ist bei diesem Dokument von einem „Schnellschuss" auszugehen[27], der mit 503 „Non Placet"-Stimmen und nur 598 „Placet"-Stimmen nur knapp verabschiedet wurde und in der Rezeption als eines der schwächsten, weil deutlich vorkonziliar zu verortenden Konzilsdokumente gilt. Nicht nur, dass die Rolle der kirchlichen Medien außen vor gelassen wird, vor allem verfällt *Inter Mirifica* inhaltlich wieder in die bekannte Defensive und geht damit hinter die von Pius XII. geäußerte Anerkennung des Rechts auf freie Meinungsäußerung zurück. Immerhin wird in Abschnitt 15 und 16 anerkannt, dass die Kirche im Bereich der sozialen Kommunikationsmittel Nachholbedarf hat.

Wenig dürfte überraschen, dass sich hinter einer solchen, wieder statisch gehaltenen Definition von Wahrheit und Öffentlichkeit eine spannungsvolle Entstehungsgeschichte verbirgt. Während der Erarbeitung von *Inter Mirifica* kam es zu öffentlichen Protesten amerikanischer Journalisten zusammen mit theologischen Konzilsberatern. Doch letztlich wurde dieser Protest – genauso wie ein Eilantrag auf Änderung des Abschnitts zwölf des Dokumentes, versehen mit der Unterschrift von immerhin 97 Konzilsvätern – vom Sitzungspräsidenten im Keim erstickt.[28] Bei dieser Protestaktion ging es darum, den Eindruck zu vermeiden, dass in diesem Kapitel der Zensur das Wort geredet wird.[29] Diese Aktionen dürfen jedoch in ihrem symbolischen Gehalt nicht unterschätzt werden, zeigen sie doch, „dass inzwischen selbst unter hohen katholischen Würdenträgern ein anderes Verständnis von öffentlicher Meinung vorherrschte und praktisch umgesetzt wurde, als es in *Inter Mirifica* zum Ausdruck kam."[30] Insofern ist das katholische Pressewesen als relativer „Verlierer" des Zweiten Vatikanischen Konzils mangels eines überzeugend offerierten Identifikationsangebots zu verstehen. Vor dem Hintergrund darf es nicht verwundern, dass Michael Schmolke bereits 1971 in seiner Habilitationsschrift „Die schlechte Presse" festhielt:

„Nicht das Publizistik-Dekret *Inter Mirifica* und nicht einmal die dazu einsetzende Kritik, Gegenkritik und Kommentierung, sondern der weitere Verlauf des Konzils, aus dem ein neues Selbstverständnis der katholischen Kirche mindestens in Ansätzen hervorging, veranlassten einen neuen Aufbruch der katholischen Publizistik-Diskussion in Deutschland."[31]

Erst im Mai 1971 konnte Paul VI. – aufgrund familiärer Prägung und nach eigenen Angaben „ein Freund der Presse"[32] – mit der Pastoralinstruktion *Communio et Progressio* („Gemeinschaft und Fortschritt") endgültig die Hinwendung zu einem dialogischen Medienverständnis, wie man es eigentlich schon auf dem Zweiten Vatikanum hätte erwarten können, erfolgen lassen. In Abschnitt 24 heißt es:

„Die Kommunikationsmittel bilden gewissermaßen ein öffentliches Forum, auf dem das Gespräch der Menschen hin und her geht. Die Äußerung und der Kampf der verschiedenen Meinungen in der Öffentlichkeit greift tief in das Leben der Gesellschaft ein, bereichert es und beschleunigt ihren Fortschritt."[33]

Erstmals wird hier von der katholischen Kirche der Eigenwert der medialen Kommunikation anerkannt und damit Abstand von einer bloßen Gesinnungspresse genommen. Vielmehr müsse die katholische Presse sich als Nahtstelle zwischen Kirche und Welt verstehen. Dabei dürfte es kein Zufall sein, dass die Instruktion *Communio et Progressio* im Untertitel den Zusatz „veröffentlicht im Auftrag des Zweiten Vatikanischen Ökumenischen Konzils" enthält, stellt sie doch das eigentlich vom Konzil zu erwartende Dokument des *aggiornamento* dar und wollte aus dem Konzilsdekret praktische Konsequenzen ziehen. Mit diesem Dokument entdeckte die katholische Kirche also endgültig die Öffentlichkeit, und damit die Medien, neu und stellte sich – zumindest theoretisch – deren Eigenlogiken. Während die Pastoralinstruktion unter Experten durchaus Anerkennung fand, wurde sie in der Öffentlichkeit kaum wahrgenommen und ging unter.

Nachkonziliare Rezeptionsprozesse

Jenseits der Ebene amtlicher Dokumente erkannten nur wenige Verantwortliche das Missverhältnis zwischen der katholischen Kirche und den Medien. Einer von ihnen war der Limburger Weihbischof Walter Kampe (1909–1998), der im März 1964 ein äußerst selbstkritisches Referat hielt, das bis heute kaum beachtet blieb. Unter dem Titel „Die Stellung der Publizistik im deutschen Katholizismus"[34] sah Kampe die zunehmenden strukturellen Schwierigkeiten der katholischen Publizistik hin bis zu einer bedrohten Existenz darin begründet, dass es sich um eine Gesinnungspresse handle, die in einer pluralen Gesellschaft zunehmend alleine dastehe; die Strahlkraft in eine breitere, auch nichtkatholische Öffentlichkeit sei praktisch nicht vorhanden. Kampe folgerte daraus: „Es gibt keine konfessionell oder weltanschaulich geschlossenen Räume mehr. Der Grundsatz: ‚In einem katholischen Haus werden nur katholische Zeitungen gelesen', ist nicht mehr durchführbar." Er fuhr fort mit den Worten: „Unsere eigene Publizistik hat immer noch etwas Ängstliches und Schlechtgelüftetes an sich. Sie ist nicht frei genug, und wo sie sich frei gebärdet, traut man ihr es nicht recht zu."[35]

Neuere Arbeiten zur Religionsgeschichte geben Kampe und seiner Beobachtung vollkommen recht. Nicht nur, dass eine Abkehr vom bereits beschriebenen „Konsensjournalismus" der 1950er-Jahre, bei dem eine weitgehend unkritische Text- und auch Bildberichterstattung konstatiert werden konnte, einsetzte. Neben Berichten über die Konflikte zwischen als „fortschrittlich" bezeichneten Theologen und „Traditionalisten" wurde nun auch zwischen Kirche und Religion unterschieden. Letztere wurde mehr und mehr an eine individuelle Empfindung gekoppelt, die auch außerhalb der Institution Amtskirche praktiziert werden konnte. Auch anderweitig brodelte es hinter den Kulissen. Die allmähliche Auflösung nur vermeintlich festgeschriebener, traditionell verankerter und moralisch aufgeladener Verhaltensmuster wurde darüber hinaus als Befreiung propagiert. In Abgrenzung zur Lebensgestaltung der Eltern- und Großelterngeneration kam es zur Entwicklung alternativer Lebensentwürfe. Mit diesem unter dem Begriff „Wertewandel" gebündelten Prozess sahen sich auch viele Priester und Bischöfe zunehmend konfrontiert: Fragen, die ihre vor allem jüngere „Schäfchen" noch im Verlauf der 1950er-Jahre allenfalls hinter vorgehaltener Hand und im Flüsterton diskutiert hatten, wurden nun im wahrsten Sinne des Wortes publik. Dieser Prozess betraf vor allem die Einstellung der katholischen Kirche zu den in Veränderung begriffenen Geschlechterrollen und dem damit einhergehenden neuen Verständnis von Partnerschaft und Sexualität.

Entsprechend wirkte sich der in den darauffolgenden Jahren feststellbare Umschwung der Medien hin zu einer kritischeren, reflektierteren Berichterstattung aus. Die Welle der Politisierung ging weniger von einem einzigen Blatt als vielmehr von einer jüngeren Journalistengeneration aus, die verstärkt auf eine Konfliktkommunikation setzte. Kirche wurde nun als Behinderung von Individualität und Autonomie erfahren, kirchlich normierte Religiosität vor allem seitens der Illustrierten und Jugendmagazine gegen den Zeitgeist ausgespielt. In jedem Fall aber mussten die Medien nun als öffentliche Plattform in Fragen der Verfassung und Verfasstheit der Kirchen angesehen werden.

Humanae Vitae und „Publik"

Inwieweit sich nun ganz konkret die Grenzen dessen, was und wie bisher über Kirche und Religion medial kommuniziert wurde, ausweiteten, lässt sich in besonderer Konzentration an der Enzyklika *Humanae Vitae* Papst Pauls VI. aufzeigen, deren Veröffentlichung in der Bundesrepublik im epochemachenden Jahr 1968 von einem ungeheuren medialen Negativecho begleitet wurde. Denn kann das Zweite Vatikanum als Signal für den Aufbruch in das moderne Zeitalter gedeutet werden, so steht diese Enzyklika, um mit den Worten des Münsteraner Sozialethikers Karl Gabriel zu sprechen, für den „Absturz in die Moderne".[36] Durch das päpstliche Urteil, dass Katholiken die Benutzung künstlicher Mittel zur

Empfängnisverhütung verwehrt sei, verloren kirchliche Deutungsmuster für eine jüngere Generation ihre Plausibilität, da sie kaum noch mit dem gesellschaftlichen Wertesystem übereinstimmten. Zugespitzt formuliert, verstieß die Enzyklika auf vielfältigste Weisen gegen das öffentliche Bewusstsein der 1960er-Jahre und wurde so zu einem der vielleicht meist zitierten Beispiele für einen Veränderungsprozess innerhalb des Katholizismus. Dabei trat die Pille selbst als Gegenstand der theologischen Auseinandersetzungen nach und nach zurück, es standen zunehmend die päpstliche Autorität und die Amtskirche zur Diskussion. Diese vielfältigen medialen Debatten verlagerten sich von der theologischen Fachöffentlichkeit hin zu einer ungleich größeren Laienöffentlichkeit und verhandelten so die Grenzen des Sagbaren neu.

Ebenfalls im Jahr 1968, einer Art symbolischen Hochwassermarke für die skizzierten Entwicklungen, wurde die erste Ausgabe der katholischen Wochenzeitung „Publik" auf den Markt gebracht. In diesem zunächst sehr ambitioniert betriebenen, finanziell von den westdeutschen Diözesen getragenen Projekt wollte sich die katholische Kirche ganz bewußt der medialen Eigenlogiken bedienen und das konziliare *aggiornamento* fortführen. Vor der Folie der veränderten Art der Berichterstattung sollte der eingeschlagene Dialog mit der Welt eine angemessene publizistische Plattform bekommen. Nur drei Jahre später, im Jahr 1971, mußte die Wochenzeitung jedoch aus vorgeblich finanziellen Gründen eingestellt werden. Es steht jedoch zu vermuten, dass ein Teil des bundesdeutschen Katholizismus, darunter auch viele Bischöfe, sich mit dem eingeschlagenen inhaltlichen Kurs der Wochenzeitung nicht mehr identifizieren konnte. Ihrer Wahrnehmung nach wurde „Publik" als zu „progressiv" und „links"-lastig empfunden. Damit geriet die Zeitung zugleich zwischen die Fronten einer von Diskontinuität und Reform bestimmten Kontroverse über die Rezeption des Konzils. Auf dem Scheitelpunkt der „modernen" 1960er-Jahre traf ein Erwartungsüberschuss bei den einen auf eine Abwehrhaltung bei den anderen.[37]

Neue Herausforderungen – von der Welt lernen

Das in den letzten Kapiteln skizzierte Szenario von verpassten Chancen im Verhältnis der katholischen Kirche zu den Medien darf jedoch nicht den Eindruck einer vollkommenen Chancenlosigkeit vermitteln. Zwar enttäuschte das konziliare Dokument über die Medien *Inter Miri-*

fica und auch der konziliare Rezeptionsprozess verlief, wie gezeigt, bislang wenig erfolgversprechend. Gleichzeitig hat das Zweite Vatikanische Konzil der katholischen Kirche durchaus Instrumente mit auf den Weg gegeben, wie sie sich den Herausforderungen des Medienzeitalters stellen kann. Denn es ist keineswegs so, dass alle Konzilstexte von einer einheitlichen Linie zeugen. Da von unterschiedlichen Kommissionen bearbeitet, lassen sich aus den verschiedenen Dokumenten, aber auch innerhalb nur eines Textes stets verschiedene Tiefenschichten, mehrdeutige Anspielungen und Aufgabenbeschreibungen herausfiltern. Das prägnanteste Beispiel dafür ist wohl die Pastoralkonstitution über die Kirche in der Welt von heute, *Gaudium et Spes* („Freude und Hoffnung"), über die es schon während ihres Entstehungsprozesses kontroverseste Diskussionen in der Konzilsaula gab und die erst am letzten Sitzungstag des Konzils im Dezember 1965 endgültig verabschiedet werden konnte. Es ist kein Zufall, dass sich viele katholische Journalisten in der postkonziliaren Phase bis in die Gegenwart hinein, was ihren Öffentlichkeitsauftrag anbelangt, auf jene Pastoralkonstitution berufen und nicht auf *Inter Mirifica*.[38]

In der Tat hatte *Gaudium et Spes* erstmals die relative Autonomie der weltlichen Sachbereiche bzw. die Eigenständigkeit einer ausdifferenzierten Gesellschaft mit entsprechenden Subsystemen, also auch die der Presse, anerkannt. In Abschnitt 36 heißt es:

„Durch ihr Geschaffensein selber nämlich haben alle Einzelwirklichkeiten ihren festen Eigenstand, ihre eigene Wahrheit, ihre eigene Gutheit sowie ihre Eigengesetzlichkeit und ihre eigenen Ordnungen, die der Mensch unter Anerkennung der den einzelnen Wissenschaften und Techniken eigenen Methode achten muß."[39]

Zusammen mit Abschnitt 44 von *Gaudium et Spes* kann von einem regelrechten Paradigmenwechsel gesprochen werden. Dort heißt es nämlich:

„Wie es aber im Interesse der Welt liegt, die Kirche als gesellschaftliche Wirklichkeit der Geschichte und als deren Ferment anzuerkennen, so ist sich die Kirche auch darüber im klaren, wieviel sie selbst der Geschichte und Entwicklung der Menschheit verdankt. Die Erfahrung der geschichtlichen Vergangenheit, der Fortschritt der Wissenschaften, die Reichtümer, die in den verschiedenen Formen der menschlichen Kultur liegen, durch die die Menschennatur immer klarer zur Erscheinung kommt und neue Wege zur Wahrheit aufgetan werden, gereichen auch der Kirche zum Vorteil."[40]

Es wird klar: Die Kirche begreift sich als eine in der Welt lebende Größe; sie ist daher auch eine von ihrer Umwelt lernende Kirche. Karl Rahner interpretierte diesen Abschnitt dahingehend, dass die Kirche nicht aus der Offenbarung alleine leben kann. Um handeln zu können, brauche sie vielmehr eine Erkenntnis der Situation, in der sie lebt – dabei handelt es sich um eine nicht zu ihrem originären *depositum fidei*, also zum Glaubensgut der Kirche gehörende Erkenntnis.[41] Christlicher Glaube findet sich erst, pastoraltheologisch gesprochen, wenn er sich von seinem externen Kontext neu sieht und empfängt. Eine solche Ekklesiologie kann man mit dem Begriff „pastoralgemeinschaftlich" definieren: „Anders als die Religionsgemeinschaft Kirche ist die Pastoralgemeinschaft Kirche nicht mit dem zu greifen, was Kirche vor den anderen darstellt und was ihr gut tut, sondern erschließt sich über das, was die anderen für die Kirche darstellen und was ihr not tut."[42] Will die Kirche sich den neuen medialen Herausforderungen stellen, muss sie auch die Eigenlogiken dieses Systems ernst nehmen und sich an ihrem säkularen Kontext neu vitalisieren. Dies bedeutet nicht nur, den Papst twittern zu lassen oder eigene Pressefotografen am Vatikan zu unterhalten. Möchte sie von ihrer Umwelt nicht zu einer Parallel- oder Sondergesellschaft degradiert werden, gilt es, die mediale Berichterstattung als Seismografen der Gesellschaft zu verstehen und sich von Journalisten selbstkritisch Fragen gefallen zu lassen, um Klischees und Vorurteile zu verhindern. Dies meint freilich nicht, dem Zeitgeist zwanghaft hinterherzulaufen. Die Kirche muss sehr wohl aber darüber nachdenken, warum im Jahr 2015 ein Bischof nicht mehr von seinem Diözesanen akzeptiert wird, wenn er einen zu autoritären Führungsstil – gekoppelt mit einer prunkvollen Inneneinrichtung – an den Tag legt. Kurzum: Sie muss ihre Übersetzungsfähigkeit in die Gesellschaft gewährleisten.

Sebastian Rimestad

Der Präsident und der Patriarch.
Deutsche Medien über die Beziehung zwischen Politik und Religion in Russland

Wenn Medien über internationale Ereignisse und Entwicklungen berichten, agieren sie nicht im luftleeren Raum, sondern werden durch politische und wirtschaftliche Motive gelenkt. Andererseits haben auch die Empfänger der Nachricht, die Mediennutzer, eigene Vorstellungen und Motive, die ihre Perzeption beeinflussen. Diese Vorstellungen und Motive sind allerdings über lange Zeit herangewachsen und viele Medienakteure wissen sie zu bedienen. Ein typisches Beispiel ist die Berichterstattung über den Islam, der gerne als diktatorisch und unflexibel dargestellt wird, wie in einigen der anderen Beiträgen dieses Bandes nachzulesen ist. Ein ähnliches Bild lässt sich allerdings auch in Bezug auf das in Russland und Osteuropa vorherrschende orthodoxe Christentum feststellen, insbesondere die aus westlicher Sicht unpassende Annäherung zwischen Kirche und Staat, im Falle Russlands zwischen dem Präsidenten der Russländische Föderation und dem Patriarchen von Moskau, der die Russische Orthodoxe Kirche vorsteht. In diesem Kapitel werde ich das deutsche Medienbild dieser Beziehung mit religionswissenschaftlichen Einsichten dekonstruieren, um ein differenzierteres Bild der Staat-Kirche Beziehung in Russland aufzubauen. Das Medienbild wird anhand einiger ausgewählter Zeitungsartikel ausgearbeitet, die als exemplarisch für den Diskurs gelten können. Bei der Analyse verwende ich die Werkzeuge, die in der Einleitung zu diesem Band vorgeschlagen werden.

Dann bricht das Vaterland zusammen

Das erste Beispiel ist eine Kurzmeldung von *Focus Online* vom April 2013, mit dem Titel „Orthodoxer Patriarch will Frauen nur am Herd sehen".[1] Als Dachzeile ist ein Zitat des Patriarchen benutzt: „Dann bricht das Vaterland zusammen". Der restliche Text der Meldung lautet wie folgt:

Der Patriarch der russisch-orthodoxen Kirche hat den Feminismus in scharfen Worten kritisiert. Dieses „Phänomen" sei „sehr gefährlich". Werde die Aufgabenverteilung zwischen Mann und Frau zerstört, „dann bricht alles zusammen".

Dies stand am Mittwoch in einer Erklärung des russisch-orthodoxen Patriarch Kirill I. auf der Webseite des Patriarchats. Feministen propagierten eine „Pseudo-Freiheit" für Frauen, die sich vor allem „außerhalb der Ehe und außerhalb der Familie" abspielen solle, kritisierte der Patriarch.

Die „Ideologie" des Feminismus widerspreche den Werten der Familie, sagte Kirill zudem bei einem Treffen mit einer orthodoxen Frauenorganisation. Der Mann müsse arbeiten und Geld verdienen.

Traditionelle Rolle der Frau ist „überaus wichtig"

Dagegen müsse sich die Frau mit dem Haushalt und den Kindern befassen. Diese Rolle der Frau sei „überaus wichtig", sagte Kirill. Werde die Aufgabenverteilung zerstört, „dann bricht alles zusammen – die Familie und im weiteren Sinne das Vaterland".

Kirill I. steht dem russischen Präsidenten Wladimir Putin nahe. Er hatte sich unter anderem für den umstrittenen Prozess gegen die Punkband Pussy Riot eingesetzt.

Die Analyse dieses Texts anhand der ersten fünf Kategorien der Medienanalyse ist relativ einfach:

1. Leitthema: Das Leitthema des Artikels ist eine Meinungsäußerung vom russisch-orthodoxen Patriarchen Kirill I zu einem gesellschaftlich relevanten Thema, nämlich dem Feminismus.

2. Rhetorik: Diese Äußerungen werden mit Verfremdung beschrieben, als ob eine Meinung, wie sie der Patriarch hegen würde, eine Sensation wäre. Die Nutzung von Anführungszeichen verstärkt diesen Eindruck.

3. Implizite Wertung: Für das in Deutschland erscheinende Magazin Focus ist der Feminismus eindeutig etwas positives, was der russisch-orthodoxe Patriarch nicht einfach so kritisieren darf. Es wird darauf hingewiesen, dass der Patriarch eine traditionelle Rolle der Frau wünsche, die im Feminismus als Unterdrückung wahrgenommen wird. Damit liegt eine implizite Wertung des russisch-orthodoxen Patriarchen als frauenfeindlicher Unterdrücker zur Hand. In den Abschlusssätzen des Artikels wird nochmal kurz auf die Beziehung zwischen Religion und Politik eingegangen. Die implizite Wertung hierbei ist, dass Religion doch in der Politik wenig zu suchen hätte. Das wird noch einmal durch die Bildauswahl verstärkt, zu der ich noch kommen werde.

4. Sachinformation: Durch die Kürze des Artikels wird natürlich nur ein kleiner Teil der Meinungsäußerung dargelegt. Dieser Teil ist oberflächlich und unvollständig, so dass es dem Leser nicht einfach fällt, sich eine sachgerechte Meinung zu machen. Das ist natürlich bewusst so gemacht, um Neugierde zu erwecken und damit Klicks zu erzeugen, die Werbeeinnahmen generieren. Der kurze Hinweis auf die Verquickung von Politik und Religion in Russland am Ende sowie der Link zu einem weiterführenden Artikel über den Prozess gegen Pussy Riot dient natürlich demselben Zweck. Auf diesen Prozess werde ich auch noch zurückkommen.

5. Bildauswahl: Die Bildauswahl – Patriarch Kirill neben dem russischen Präsidenten Wladimir Putin, der schaut, als ob er gerade irgendeine Kritik von dem Patriarchen abweisen möchte – wirkt natürlich verstärkend auf die eben genannte Rhetorik und implizite Wertung. Es suggeriert, dass der russische Staatsapparat die Äußerungen des Patriarchen unterstützt, ohne dass dies irgendwie belegt wird. Es besteht tatsächlich wenig Verbindung zwischen Bild und Artikeltext. Es würde niemand auf die Idee kommen, das Bild eines westlichen Staatsoberhauptes zusammen mit dem römischen Papst über einen Artikel bezüglich der Verhütungspolitik der Katholischen Kirche zu stellen, zum Beispiel, was aber durchaus eine ähnliche Wirkung erzielen könnte.

Es geht also im Großen und Ganzen um Übersetzung: Das, was ein Mann in Russland – Patriarch Kirill I – verlautbart, soll für ein deutsches Medienpublikum schmackhaft und interessant gemacht werden. Dabei nimmt der Journalist sich einige Freiheiten und lässt einige Informationen einfach aus. Das Schwierige an diesem Fall, in Kontrast zu Darstellungen des Islams oder des Hinduismus, ist aber dass Patriarch Kirill das Oberhaupt einer christlichen Kirche ist, die damit nicht gänzlich fremd sein sollte. Der deutsche Leser könnte meinen, er kenne doch das Christentum und wisse, dass das, was ein christliches Oberhaupt sage, für die weltliche Politik nicht so wichtig sei. Wenn der Papst sagt, man solle nicht verhüten, dann hindert das keineswegs die Masse der westlichen Bevölkerung daran, doch zu verhüten und es hat keinerlei politische Konsequenzen. Also, könne man schlussfolgern, wenn Patriarch Kirill etwas zum Feminismus sagt, dann sei das eine Aussage, die jeder Gläubige in Russland so auslegen könne, wie er es für richtig halte. Erst durch den Bezug zum Staatsapparat wird die Sache interessant, denn so könnte man weitere Konsequenzen der Ablehnung des Feminismus in der weltlichen Politik Russlands befürchten. Dadurch erst werden die Äußerungen des Patriarchen für ein breiteres Publikum, auch in Deutschland, relevant.

Gefährliche Freunde

Es ist klar, dass in dieser Übersetzung einiges auf der Strecke liegen bleibt. Einiges davon ist ganz klar Intention, anderes ist der extremen Kürze des Artikels zu verdanken. Ein anderer Artikel von der sehr seriös auftretenden Wochenzeitung „Die Zeit" vom August 2012 behandelt speziell die Beziehung zwischen Patriarch Kirill und Präsident Putin, im Lichte des umstrittenen Prozesses gegen die Punk-Performance-Gruppe „Pussy Riot".[2] Viele der soeben erwähnten Kritikpunkte treffen auch für diesen Artikel zu, zumindest für die ersten drei Absätze:

Gefährliche Freunde

[Im Vorspann:] Wladimir Putin hat einen mächtigen Verbündeten: den Patriarchen der russisch-orthodoxen Kirche. Seite an Seite kämpfen sie für ein neues Russland nach ihren Vorstellungen.

[Im Textkörper:] Wladimir Putin hat einen guten Freund. Sein bürgerlicher Name lautet Wladimir Gundjajew. Die beiden können sich aufeinander verlassen. Als Zehntausende auf Moskaus Straßen brüllten: »Russland ohne Putin!«, stellte sich Gundjajew hin und sagte: Beruhigt euch, Leute, diesem Putin könnt ihr vertrauen. Als Gundjajew, ein Mann mit Visionen, nicht mehr wusste, wie er seine Träume bezahlen sollte, schlug Putin vor, ihm ein paar Grundstücke in bester Lage zu übereignen. Was Freunde eben so füreinander tun. Da gibt es nur ein Problem. Dieser Wladimir Gundjajew heißt seit dem 1. Februar 2009 Kyrill I. Der heilige Synod wählte ihn zum 16. Patriarchen von Moskau und der gesamten Rus. 100 Millionen Gläubige hören auf sein Wort.

Es war ebendiese Männerfreundschaft, die die Band Pussy Riot in der Moskauer Christ-Erlöser-Kathedrale beschimpfte. Und es war ebendieser Auftritt, in dem Putin und Kyrill jenen »aggressiven Liberalismus« erkennen, gegen den sie eintreten.

Mit einer neuen nationalen Idee wollen Putin und Kyrill Russland gemeinsam aus der Postsowjet-Sinnleere ziehen. Putin spricht allgemein von traditionellen russischen Werten, Patriarch Kyrill wurde kurz nach seiner Amtseinführung konkreter. Die Grundwerte der russischen Zivilisation seien von jeher Vaterlandsliebe, eine Moral, die auch die natürliche Umwelt heilighält, und Treue zur Familie. Dass Russland laut Verfassung ein säkularer Staat ist, hält die beiden nicht davon ab, gemeinsame Sache zu machen.

Neben dem besonderen Journalismus-Stil (viele einfache, kurze Sätze, die für sich genommen so aussehen, als würden die Journalisten ihre Leser verdummen wollen) beinhaltet dieser Artikel dieselben suggestiven Bemerkungen wie der vorige – und das betrifft die allermeisten deutschen Medienberichte zu Religion in Russland. Das Bild, das den Artikel begleitet, zeigt einen freundlich lächelnden Wladimir Putin im Anzug, ihm gegenüber Patriarch Kirill im liturgischen Gewand. Das Bild ist ähnlich wie das oben erwähnte aus dem Focus-Online Artikel. Diesmal aber passt das Bild zum Text. Ohne auf eine tiefer gehende Analyse dieses Artikels einzugehen, soll hier eher der Kontext mit wissenschaftlichen Argumenten beleuchtet werden. Es ist deutlich, dass das, was in Russland in der Beziehung zwischen Religion und Politik geschieht, mit westlichen Augen auf den ersten Blick Verfremdung und Kritik hervorruft. Allerdings muss man etwas tiefer greifen als dieser journalistische Jargon es tut, will man das Geschehene verstehen.

Das Punk-Gebet der ‚Pussy Riot'

Zunächst ein paar Worte zu Pussy Riot, die in beiden Artikeln erwähnt werden, obgleich ihr Fall nur andeutungsweise erklärt wird. Im Februar 2012 wollte die so genannte Punk-Performance-Gruppe ‚Pussy Riot' ihren Protest gegen die Präsidentschaft Putins mit einem ‚Punk-Gebet' untermauern.[3] Dafür sind einige ihrer Mitglieder, mit bunten Strumpfhosen, Kleidern und Sturmmasken in die größte orthodoxe Kathedrale Moskaus gestürmt um sich dort filmen zu lassen. Später wurde aus dem Rohmaterial ein Musikvideo zusammengeschnitten und auf die online-Plattform YouTube hochgeladen.[4] In diesem ‚Punk-Gebet' wird die Gottesmutter Maria gebeten, Feministin zu werden, Putin zu vertreiben und die Verquickung von Religion und Politik in Russland zu beenden. Das Video auf YouTube ist mit viel mehr Musik und einen deutlicheren Text unterlegt als der ursprüngliche ‚Auftritt' in der Christ-Erlöser-Kathedrale.

Drei der Mitglieder von Pussy Riot, die aus dem Video identifiziert werden konnten, wurden angeklagt und verhaftet wegen ‚Rowdytum, motiviert durch religiösen Hass'.[5] Am 17. August wurden zwei der Angeklagten zu jeweils zwei Jahre Haft im Straflager verurteilt. Dieses Gerichtsverfahren rief weltweite Empörung und Kritik hervor. Laut dem deutschen Theologen Joachim Willens, der ein ganzes Buch über die Affäre schrieb, liegt diese Kritik vornehmlich daran, dass „der Prozess gegen die *Pussy-Riot*-Mitglieder mit dem in westlichen Medien vorherrschenden Blick auf Russland [korrespondiert]. Im Bild der angeklagten Frauen erkennen westliche Beobachter Kämpferinnen für westliche, also moderne und zugleich universale Werte, die von einem repressiven Regime unterdrückt werden. Wer sich mit ihnen solidarisch erklärt, weiß sich auf der richtigen Seite und partizipiert im besten Falle von der internationalen Prominenz von Pussy Riot, ohne sich selbst in Gefahr zu begeben."[6] Es geht also darum, sich selbst darzustellen und eigene Werte zu profilieren, mehr als eine eingehende Kenntnis der Sachlage um den Prozess gegen Pussy Riot. Im deutschsprachigen Raum konnte man das wohl am deutlichsten erkennen, als die Stadt Wittenberg Pussy Riot für den Luther-Preis „das unerschrockene Wort" nominierte.[7] Die Entscheidung wurde international vielfach kritisiert und hatte letztlich auch keinen Erfolg.

Der Medienzirkus um Pussy Riot ist verständlich. Die Gruppe ist offensichtlich politisch aktiv und sie führte in der Hauptkathedrale der Russischen Orthodoxen Kirche eine politische Aktion durch, für die sie mit drastischen Strafen gemaßregelt wurden. Es ist sehr naheliegend, dadurch eine ungesunde Nähe zwischen Kirche und Staat zu konstruieren. Und natürlich, es gibt viele andere Anhaltspunkte, die im Zeit-Artikel erwähnt werden – Patriarch Kirills Aufruf zur Mäßigung während einer Demonstration, Präsident Putins Übereignung lukrativer Immobilien an den Patriarchen etc. Schließlich kämpfen die beiden gemeinsam für eine neue nationale Idee für Russland, so der Zeit-Artikel. Diese neue nationale Idee soll Religion beinhalten, vornehmlich die Russische Orthodoxe Kirche.

Die Geschichte der Russischen Orthodoxie

Um das zu verstehen, muss man die Geschichte des orthodoxen Christentums, besonders in Russland, betrachten. Diese Betrachtung muss aus Platzgründen etwas schematisch ausfallen. Die Geschichte ist natürlich viel komplexer als hier in der Kürze dargestellt werden kann.

Seit der Ausbreitung des Christentums in verschiedene kulturelle Räume gab es unterschiedliche Ausprägungen, die sich durch politische Umstände weiter verstärkt haben. Das westliche, lateinische Christentum wurde durch den Zerfall des Weströmischen Reiches nach der Völkerwanderung im fünften Jahrhundert zu einer mehrere Reiche übergreifende Religion, dessen Zentrum der Papst in Rom war. Das östliche Christentum, auch griechisches oder orthodoxes Christentum genannt, galt weiterhin als Staatsreligion im Oströmischen (Byzantinischen) Reich.

Diese unterschiedlichen politischen Umstände führten zu verschiedene Auffassungen der Beziehung zwischen kirchliche und weltliche

Macht. Während im Westen der Papst in Rom über alle Christen, inklusive den politischen Herrschern, die Jurisdiktionshoheit in moralischen Fragen anstrebte, herrschte im Oströmischen Reich die so genannte *Symphonia*-Lehre.[8] Diese Lehre besagt, dass zwischen weltlicher und religiöser Herrschaft ein Gleichgewicht besteht, das auf Gegenseitigkeit beruht. Im Westen entwickelte sich die Zwei-Schwerter-Theorie, die deutlich zwischen der kaiserlichen und päpstlichen Macht unterschied. Im Osten bestand die *Symphonia*-Lehre auf ein harmonisches Miteinander der beiden Mächte, keine Trennung.

Das Gebiet zwischen Skandinavien im Norden und Byzanz im Süden, damals Rus genannt, wurde im Jahre 988 von den Oströmern christianisiert. Damals war Kiew die Hauptstadt der Rus, die allerdings im fünfzehnten Jahrhundert aufgrund von Einbrüchen der Mongolen weiter nördlich nach Moskau verlegt wurde. Als im Jahre 1453 die oströmische Hauptstadt Konstantinopel (heutiges Istanbul) von den Osmanen eingenommen wurde, entstand in Moskau die Idee des Dritten Roms. Sie besagte, dass das Erste Rom gefallen war, das Zweite Rom – Konstantinopel – ebenso, und dass nun deshalb ein drittes Rom – Moskau – die Führungsrolle der Christenheit übernehmen würde: „Denn zwei Rome sind gefallen, und das dritte steht. Ein viertes aber wird es nicht geben."[9] Obwohl sie nie offizielle Gültigkeit bekam, schwingt diese Lehre in der russischen Geschichte immer mit. Der russische Zar wird dadurch zum Nachfolger des Römischen Kaisers, der bis 1453 in Konstantinopel den Sitz gehabt hatte. Die Herrscher der Rus hatten auch die ostkirchliche *Symphonia*-Lehre übernommen, und das Verhältnis zwischen dem Zaren und dem Patriarchen von Moskau sollte ein harmonisches Gleichgewicht der göttlichen und weltlichen Macht darstellen. Selbstverständlich konnte dieses Ideal selten erreicht werden, und die Spannungen am Ende des siebzehnten Jahrhunderts wurden so stark, dass Zar Peter der Große, der sehr stark von westlichen Errungenschaften beeindruckt war, kurzerhand das Patriarchat abschaffte und an seiner Stelle ein Konsistorium nach protestantischem Modell einsetzen ließ.[10] Seit dem Jahre 1700 gab es also keinen Patriarchen von Moskau, der das symphonische Gleichgewicht aufrechterhalten konnte.

Nach über 200 Jahren, Anfang des zwanzigsten Jahrhunderts, war die Zeit reif, die Russische Orthodoxe Kirche, die sich zwar spirituell und theologisch weiterentwickelt hatte, sich aber strukturell noch im Korsett des Zaren Peters des Großen befand, den veränderten Bedingungen anzupassen. Zwischen den beiden Russischen Revolutionen von 1917 wurde, im August, ein Großes Konzil der Russischen Orthodoxen Kirche nach Moskau einberufen, das die Kirche erneuern sollte.[11] Sein erster Beschluss war die Wiedereinführung des Patriarchats und die Wahl eines Patriarchen von Moskau. Allerdings konnte das Konzil keine weiteren Beschlüsse fassen, denn die bolschewistische Machtübernahme nach der Oktoberrevolution war der Kirche gegenüber feindlich eingestellt.

Im Namen der Trennung von Staat und Kirche wurden Priester mit übertriebenen Steuersätzen – teilweise über 100 % Einkommensteuer – besteuert, Kirchen geschlossen und Bischöfe verurteilt.[12] Der neu gewählte Patriarch von Moskau hatte große Mühe, die Kirche leiten zu können und war selbst mehrfach im Gefängnis. Als er 1925 starb, durfte kein Nachfolger gewählt werden, weshalb ein so genannter ‚stellvertretender Patriarchatsverweser' die Kirche bis 1943 leitete.

In diesem Jahr, mitten im Zweiten Weltkrieg, lud Joseph Stalin, Generalsekretär der KPdSU, die vier in Russland verbliebenen Bischöfe – 1917 waren es noch über 160 gewesen – zu sich in den Kreml ein, um einen neuen Patriarchen zu wählen.[13] Diese ‚Wiedergeburt' der Russischen Orthodoxen Kirche bedeutete zwar, dass sie wieder legal existieren konnte, sie war aber auch dezimiert und wurde stark politisch kontrolliert. Es gab, innerhalb der Kirche, nur sehr vereinzelt Widerstand zum politischen Regime. Der Kirche wurde zudem eine rein religiöse Funktion zugewiesen. Neben dem gemeinsamen Gebet und der Liturgie durfte sie keinerlei gesellschaftliche Relevanz haben.

Die Russische Orthodoxe Kirche
seit dem Zusammenbruch des Kommunismus

Dies war die Lage bis 1988 die so genannte ‚*zweite Taufe der Rus*' stattfand. Im Auftakt zur 1000-Jahres-Feier der Christianisierung Russlands – und im Zuge der *perestroika*-Politik Gorbatschows – wurden Bestimmungen die Kirche betreffend gelockert und eine große Feier mit internationalem Publikum geplant.[14] Dieser Aufschwung an politischem Interesse für die Kirche hat auch ein breiteres Interesse für religiöse Themen in der Sowjetunion allgemein ans Tageslicht geführt, das mitverantwortlich für den gesellschaftlichen und politischen Umschwung der Wendezeit gewesen sein mag. Die Russische Orthodoxe Kirche durfte jetzt endlich die Rolle spielen, die ihr im Moskauer Konzil von 1917 zugedacht war. Und da schwang das Ideal der *Symphonia* unverkennbar mit. Ein sehr liberales sowjetisches Gesetz der Gewissensfreiheit wurde im Oktober 1990 verabschiedet. Kurz darauf verabschiedete die Russische Föderation ein noch liberaleres Gesetz, das religiösen Organisationen fast uneingeschränkte Freiheit gewährte, auf russischen Boden zu agieren. Als die Sowjetunion Ende 1991 aufgelöst wurde, war es das Russische Gesetz, das in Kraft blieb.[15] Dieses Gesetz, nach dem fast jeder eine religiöse Vereinigung gründen und in Russland frei agieren konnte, bevorzugte augenscheinlich Religionen mit Kapital. Besonders amerikanische protestantische Sekten schickten massenhaft Missionare nach Russland, wo sie mit Geld und Charisma die meist religionslosen Russen für ihre Organisationen gewannen. Der Russischen Orthodoxen Kirche gefiel das natürlich gar nicht und auch die russischen Politiker wehrten sich gegen diese ‚Amerikanisierung' der russischen Gesellschaft.

Es ist verständlich, das 1997 ein neues, viel restriktiveres Religionsgesetz für Russland eingeführt wurde, diesmal mit Anteilnahme der Russischen Orthodoxen Kirche.[16] Im Westen wurde die Vorbereitung des neuen Gesetzes oft als Rückschritt gedeutet, der zeigen würde, dass das totalitäre Denken aus den russischen Köpfen noch nicht verschwunden sei. Meines Erachtens handelt es sich aber eher um eine Korrektur der früheren Fehler. Auch in Deutschland ist Scientology, zum Beispiel, nicht automatisch als Religion anerkannt, nur weil ihre Vertreter sich als religiöse Akteure verstehen.

Nachdem die Russische Orthodoxe Kirche in den 1990er Jahren erstmal auf der Suche nach einer neuen Rolle gewesen war, war das erste Jahrzehnt des einundzwanzigsten Jahrhunderts von einem neu gewonnenen Selbstbewusstsein geprägt. Im so genannten Jubiläums-Bischofskonzil vom Jahre 2000 wurde ein Dokument verabschiedet, das die Rolle der Kirche in der Gesellschaft umriss.[17] Die „Grundlagen der Sozialen Konzeption der Russischen Orthodoxen Kirche" umfasst 16 Kapitel, die grundlegende Fragen der Beziehung zwischen Kirche und Gesellschaft behandeln. Darunter auch ein Kapitel zu Kirche und Staat. Hierin wird klargestellt, dass die Kirche nicht ein Teil des Staates sein soll, sondern mit ihm in verschiedenen Bereichen kooperieren kann. Dieser Passus ist sicher aus der historischen Erfahrung des Sowjetregimes entstanden, welches die Kirche oft als Instrument für eigene Zwecke eingesetzt hat. Obwohl der Text explizit das Ideal der *Symphonia* ablehnt, versteht die Kirche sich doch als Ergänzung zur weltlichen Politik, der eine Beteiligung an der Politik zusteht.

In diesem Kontext muss man die Nähe zwischen Patriarch Kirill und Präsident Putin verstehen. Der Präsident und der Patriarch verstehen sich beide als Vertreter der russischen Macht, die ihre Legitimität vom Römischen Reich geerbt hat. Mit dem Konzept der *Symphonia* im Gepäck und die Idee des Dritten Roms im Hinterkopf gibt es eine natürliche Nähe zwischen der Russischen Orthodoxen Kirche und dem Staat. Diese Nähe erscheint ungesund, wenn man mit westlichen Konzepten an die Sache herangeht, wie es die deutschen Medienberichte verständlicherweise tun. Für den russischen Betrachter und mit russischen Konzepten ist die Nähe gar nicht das Problem. Der Münsteraner Theologe Thomas Bremer, ein ausgezeichneter Kenner der gegenwärtigen Russischen Orthodoxen Kirche, meint: „Die enge Beziehung zum Staat wird […] eigentlich nur von einer Minderheit im Lande sowie von ausländischen Beobachtern als Problem gesehen."[18] Für die Russen ist es eher die Kritik aus dem Westen, die ihnen wie eine Bevormundung vorkommt, welche die Legitimität der russischen Idee anzweifelt. Die Übersetzungsarbeit, die nötig wäre, um die Verhältnisse in Russland und diejenigen im westlichen Europa auf einen gemeinsamen Nenner zu bringen, ist sehr aufwendig.

Russland und der Westen – ein Fazit

Dabei gibt es einen steten Strom westlicher Ideen und Konzepte, die in Russland Fuß fassen, und das schon seit vielen Jahrhunderten. Die Umstrukturierung der russischen Kirche durch Zar Peter dem Großen nach protestantischem Modell ist schon erwähnt worden, aber auch Pussy Riot ist ein eindeutiger Fall westlichen Haltungen, die nach Russland übergeschwappt sind, um dort in verwandelter Form – man könnte sagen, als Übersetzung – weiter zu agieren: Die Punk-Szene, der Feminismus und natürlich der Name ‚Pussy Riot'. Alle diese Konzepte fügen sich nicht nahtlos in die traditionelle russische Gesellschaft ein und werden deshalb von vielen einheimischen Kommentatoren sehr kritisch beäugt. Die Verurteilung der beiden Pussy Riot-Mitglieder zu zwei Jahren Haft im Straflager stieß zwar in der internationalen Presse auf sehr starke Kritik, wurde aber in Russland selbst größtenteils als angemessen empfunden. Dabei steht der Ort der Performance (Der aller heiligste Teil der Christ-Erlöser Kathedrale in Moskau, der Ambo vor der Ikonostase) und die benutzte Sprache (voller anstößiger Ausdrücke) im Vordergrund. Anders als im weitgehend säkularisierten West-Europa wird das Heilige in der Kirche von den meisten gläubigen Russen immer noch respektiert.

Die Kirche ist nicht nur eine Institution unter anderen, sondern ihre heiligen Räume sollen besonders respektiert und mit Ehrfurcht betreten werden. Hinzu kommt, dass die Russische Orthodoxe Kirche für viele Russen als identitätsstiftend für die russische Kultur angesehen wird. Wenn die Frauen der Pussy Riot im größten Heiligtum der Russischen Orthodoxen Kirche den Staat angreifen, greifen sie auch gleichzeitig die russische Kultur an.

Wenn ich hier die Verhältnisse in Russland zu verteidigen versuche, möchte ich keinesfalls damit sagen, dass ich alles, was in Russland passiert, gutheißen kann. Es gibt natürlich weiterhin viele Probleme und wenig positive Aspekte des Verhältnisses zwischen Staat und Kirche in Russland. Allerdings schließe ich mich Joachim Willems an, wenn er als Fazit festhält: „Religionsfreiheit in Russland ist […] momentan eher mittelbar bedroht. Das eigentliche Problem sind die allgemeinen Mängel im Blick auf die Wahrung von Menschenrechten, Demokratie und Rechtsstaatlichkeit."[19] Thomas Bremer deutet in seinem Fazit auf ähnliche Aspekte hin, in Bezug auf die Russische Orthodoxe Kirche: „Sie wird einen Weg finden müssen, die gesellschaftlichen Veränderungen im Lande und in der Welt zu akzeptieren und mit ihnen umzugehen, ohne ihre eigentlichen Sendungen zu verraten. Dabei wird sie eine Haltung zur Moderne entwickeln müssen, die ihr das gestattet. Nur so wird sie wohl in der Lage sein, die Entwicklung Russlands längerfristig positiv zu gestalten."[20] Die Übersetzung der im Westen gängigen modernen Individualisierungskonzepte in den russischen Kontext ist unumgänglich, und auch die Beziehung zwischen Kirche und Staat kommt da nicht umhin.

Zum Schluss möchte ich der Vollständigkeit halber erwähnen, dass die beiden inhaftierten Pussy Riot-Mitglieder im Zuge einer großen Amnestie kurz vor Weihnachten 2013 drei Monate vor Ablauf ihrer Haft wieder in die Freiheit entlassen wurden. Viele westliche Medien deuteten die Entlassung als PR-Stunt, um Putins Image vor den Olympischen Winterspielen in Sotschi aufzuwerten. Auch die beiden Hauptpersonen deuten es so. Sie haben erklärt, dass sie weiterhin für ein Russland ohne Putin kämpfen werden. Dabei haben sie eine Wiederholung des „Punk-Gebets" ausdrücklich nicht ausgeschlossen. Ein Sprecher der Russischen Orthodoxen Kirche äußerte allerdings die Hoffnung, dass „derlei Schweinereien nicht mehr passieren [würden, denn] auch Pussy Riot muss verstehen, dass es gläubige Menschen gibt, die christliche Werte und Heiligtümer sehr wertschätzen. Kein politisches Projekt und kein kreativer Akt sollte darauf zielen, diese Werte und Symbole zu erniedrigen."[21]

Für den Kirchenvertreter muss das Politische vom Religiösen also streng getrennt gesehen werden, zumindest wenn es um Kritik geht. Die Nähe zwischen Patriarch und Präsident ist dabei für ihn kein Anstoß, denn hier geht es ja um gegenseitige Unterstützung. Dies zeigt noch einmal deutlich das Konzept der *Symphonia*, wo sich politische und religiöse Macht komplementieren und Kritik unangebracht ist. Wie sich diese mit modernen Augen ambivalent und veraltet anmutende Beziehung zwischen Staat und Kirche in Russland entwickeln wird bleibt abzuwarten. Die Medienberichterstattung im Westen wird dem Thema allerdings kaum wirklich gerecht werden können, denn die nötige Übersetzungsarbeit, um die Komplexität des Themas für die Mediennutzer schmackhaft zu machen, ist viel zu aufwendig. Es bedarf deshalb unabhängiger Wissenschaftler und Experten, die in der Lage sind, das allgemein geläufige Medienbild differenziert zu betrachten und gegebenenfalls zu korrigieren.

Peter Zschunke

In der Stereotypenfalle:
Wenn Medien Religion zum Thema machen

Kognitive Dissonanz und konsonante Diskognition

Muslime und Terrorismus, Hindus und Witwenverbrennung, Buddhismus und Meditation –Weltreligionen sind in der Vorstellung jeweils anderer Kulturen mit typischen Vorstellungen verbunden, mit Stereotypen. Transportiert werden sie von Medien, meist eher unterschwellig, manchmal aber auch so explizit wie 2005 im Fall der Mohammed-Karikaturen in der dänischen Zeitung *Jyllands-Posten*. Eine der zwölf Zeichnungen karikierte Mohammed als personifizierte Bombe mit brennender Lunte. In mehreren islamischen Ländern kam es daraufhin zu blutigen Demonstrationen. Botschaften westlicher Länder gingen in Flammen auf, mehr als 130 Menschen verloren in den Unruhen ihr Leben.

Vordergründig ging es in der Debatte um den Konflikt zwischen Meinungsfreiheit und einer Religionsgemeinschaft, die sich in weiten Teilen von der Veröffentlichung der Zeichnungen beleidigt fühlte. Meinungsfreiheit schließt auch das Recht ein, religiöse Gefühle zu beleidigen – so argumentierten diejenigen Zeitungen, die den Abdruck der Karikaturen gegen kritische Appelle zu Besonnenheit verteidigten. Insbesondere müssten auch Kunst und Satire die Möglichkeit haben, ihre Themen in krasser Überzeichnung zuzuspitzen. So kenntlich gemacht, lassen sich Aussagen über Religionen von der Öffentlichkeit entsprechend einordnen. Einen größeren Einfluss auf das Bild der Religionen, wie es von Medien vermittelt wird, haben denn auch nicht solche Karikaturen, sondern die in der alltäglichen Berichterstattung vermittelten Stereotypen.

Der Begriff des Stereotyps geht auf den US-Sozialwissenschaftler Walter Lippmann zurück, der sich 1922 in seiner grundlegenden Studie *Public Opinion* mit der Objektivität von Medienberichterstattung befasst hat. Demnach ist die reale Umwelt viel zu groß und zu komplex, um von den Medien realitätsgetreu erfasst zu werden:

„There is neither time nor opportunity for intimate acquaintance. Instead we notice a trait which marks a well known type, and fill in the rest of the picture by means of the stereotypes we carry about in our heads."[1]

Der Beobachter trifft also nicht nur eine Auswahl, sondern vereinfacht seine Beobachtung, fokussiert sie in einem bestimmten Merkmal. Diese dienen dann als Kategorien oder Schemata für die Reduktion von Komplexität. Den aus der Drucktechnik übernommenen Begriff Stereotyp verwendete Lippmann ohne Wertung.

Stereotype sind demnach Mosaiksteine für vereinfachte Ansichten einer komplexen Welt. Und wir alle leben mit Stereotypen, weil wir nicht die Fähigkeit haben, zu allen Bestandteilen der Welt differenzierte Einsichten zu erlangen. Ein ohne Stereotypen lebender Mensch ist der jugendliche Parzival aus dem mittelalterlichen Versroman, der von seiner Mutter in einem einsamen Wald und Unwissenheit gehalten wird, fern von jeder Annäherung an Kenntnisse über die Welt und damit von den Voraussetzungen, ein gesellschaftliches Leben als Ritter führen zu können. Der junge Parzival hat gar keine Möglichkeit, Stereotype zu entwickeln und bleibt ohne diese Hilfsmittel der Weltbegreifung der einfältige und auf andere närrisch wirkende Tor. Aber er bleibt auch frei von den Falscheinschätzungen aufgrund stereotyper Betrachtungen.

Stereotype sollten immer unter Überprüfungsvorbehalt stehen, unter der Annahme, dass Begegnung und Erfahrung dazu führen können, die stereotype Betrachtung über den Haufen zu werfen. Aufgrund ihrer spezifischen Funktion, Weltverständnis zu erleichtern, ist das entscheidende Kriterium nicht so sehr die Realitätsnähe von Stereotypen. Der Theologe Jesper Svartvik von der Universität Lund in Südschweden sagt, es sei der falsche Ansatz, in Stereotypen nach Spurenelementen von Wahrheit zu fahnden – vielmehr komme es darauf an, ob ein Stereotyp für den darin verkürzten Gegenstand ausreichend und relevant sei:

„The question is not whether there is an element of truth in some stereotyping, but whether it is sufficient and relevant."[2]

Die Bildung von Stereotypen muss notgedrungen die große Breite von Abweichungsmöglichkeiten ignorieren, Stereotype sind intolerant gegenüber Ambiguität.

Fällt dieser Vorbehalt weg, dann verfestigt sich das Stereotyp und wird zum Klischee. Übermäßige und erstarrte Vereinfachung neigt dazu, bestimmte Merkmale einseitig hervorzuheben und zu verallgemeinern.

Werden diese mit einer negativen Bewertung und/oder mit Emotionen besetzt, entwickelt sich aus dem Klischee das Vorurteil. Die Grenzen sind fließend. Daher soll Stereotyp hier als Oberbegriff für alle vereinfachenden und verallgemeinernden Beschreibungen betrachtet werden, die eine Tendenz aufweisen, sich zu verfestigen und zu einem Bestandteil der gesellschaftlichen Mainstream-Meinung zu werden.

Stereotype haben ihren Ort in der öffentlichen Meinung, in der kulturellen Vorstellungswelt der breiten Mehrheit. Einzelne Personen oder Minderheiten können ihre eigenen vereinfachten Ansichten der komplexen Welt entwickeln. Diese werden dann aber nicht zum Stereotyp aufsteigen.

Diese Stereotypen sind eine Art Schutz für die Gesellschaft, eine Abwehreinrichtung gegen Fremdes. Bereits Lippmann sah bei seiner Begriffsbildung diesen Aspekt:

„They are the fortress of our tradition, and behind its defenses we can continue to feel ourselves safe in the position we occupy."[3]

Diese feste Burg der Umweltwahrnehmung wird ständig ausgebaut, in einem Mechanismus, den der US-Sozialpsychologe Leon Festinger (1957) als Theorie der kognitiven Dissonanz beschrieben hat.[4] Diese Dissonanz, das ist ein Zustand, in dem Kognitionen, das heißt Wahrnehmungen Gedanken, Gefühle, miteinander im Streit liegen, nicht vereinbar sind. Diese Verstörung wollen wir auflösen. Der Erfahrung von Dissonanz oder Inkonsistenz können wir beggnen, indem wir aktiv Informationen suchen, die uns in unseren festen Meinungen, in unserem Weltbild oder gesellschaftlichen Status bestätigen. Umgekehrt vermeiden wir Informationen, die zur Verstärkung von Dissonanz führen könnten. Potenziell verstörende Informationen werden einfach zur Seite gelegt oder von vornherein ignoriert.

Bei Lippmann ist diese später empirisch vielfach belegte Theorie bereits angelegt:

„For when a system of stereotypes is well fixed, our attention is called to those facts which support it, and diverted from those which contradict. ... What is alien will be rejected, what is different will fall upon unseeing eyes."[5]

Hier beschreibt Lippmann Stereotype ohne Überprüfungsvorbehalt, also eigentlich erstarrte Klischees und Vorurteile. Gerade weil diese tendenziell realitätsfremd sind, von der Begegnung mit realen Menschen und ihren Ideen immer wieder neu in Frage gestellt werden, sind Irritationen an der Tagesordnung. Diese fordern Korrekturen, Veränderung, Bewegung. Weil all das mit Unsicherheit und mit Ängsten verbunden ist, neigen wir dazu, verstörenden Informationen aus dem Weg zu gehen und uns lieber in der kleinen Welt von überschaubaren Stereotypen gemütlich einzurichten. Nichtwahrnehmen, Leugnen und Abwerten von Informationen – das sind zentrale Strategien zur Auflösung der verstörenden Dissonanzen. Dann scheitern auch Überzeugungskraft und Gespräche mit guten Argumenten.

Werden Stereotype auf ganze Bevölkerungsgruppen angewandt, sei es auf Nationen, Angehörige von Minderheiten, soziale Gruppen oder eben Angehörige einer Religionsgemeinschaft, dann haben sie vielfach nicht allein die Funktion, Komplexität zu reduzieren. Zusätzlich können sie dazu dienen, das Fremde weiter fremd sein zu lassen und Annäherung zu verhindern.

Mit dieser Orientierung werden dann auch die passenden Entscheidungen zur Mediennutzung getroffen:

„If someone is confident that Islam is an inherently an intrinsically violent religion, this person will refer to reports in the media that sustain this perception, while at the same time dismissing as irrelevant all evidence that points in the other direction."[6]

Eine derart angelegte Selektion von Informationen in einer breiten Öffentlichkeit bleibt nicht ohne Einfluss auf die Berichterstattung in den Medien. Denn diese richten sich in einem System der nachfragegesteuerten Kommunikation nach den Wünschen und Erwartungen ihres Publikums. Journalisten stecken in der Stereotypenfalle: Sie nehmen die vereinfachten Realitätsabbilder der Öffentlichkeit wahr und versuchen, diese zu bedienen. So entsteht ein sich selbst antreibender Kreislauf der Verfestigung von Stereotypen und einer sich daran orientierenden Medienberichterstattung. Eine professionelle journalistische Haltung sollte schon auch gängige Vorstellungen in Frage stellen und Abweichungen davon in den Blick nehmen, in der Berichterstattung überzeugend darstellen. Aber in einer verdichteten Arbeitswelt gibt es dafür oft nicht den nötigen Spielraum für die dafür erforderliche Recherche. Um Klischees aufzubrechen, muss man hinausgehen, auf Menschen zugehen. Der Alltag der meisten Journalisten ist jedoch am Schreibtisch festgebunden. Und dort gehört die Stereotypenfalle zum festen Inventar, gleich neben der PC-Tastatur.

Der Grad der Stereotypisierung ist je nach Gegenstand unterschiedlich hoch. Generell gilt: Je ferner ein Gegenstand der Lebenswelt des Journalisten wie des Publikums, desto größer die Wahrscheinlichkeit einer verkürzten, undifferenzierten Darstellung. Nähe und Ferne sind zentrale Nachrichtenwerte. Solche Kriterien entscheiden, ob ein Thema, ein Ereignis, überhaupt zum Gegenstand der Berichterstattung wird. In der Rangliste der Nachrichtenwerte stehen religiöse Themen weit unten. Selbst eine hochrangig besetzte Veranstaltung wie die nur etwa alle sieben Jahre stattfindende Versammlung des Weltkirchenrates (ÖRK) ist im November 2013 von der Berichterstattung überregionaler Zeitungen oder des Rundfunks nahezu vollständig ignoriert worden. Somit bieten die aktuellen Medien ihren Rezipienten kaum Gelegenheit, Stereotype fortlaufend zu überprüfen. Und sich selbst kaum die Chance, in der Berichterstattung über religiöse Themen aus der Stereotypenfalle auszubrechen.

Je weniger Informationen zur Verfügung stehen, desto realitätsfremder werden die aus Bruchstücken von Daten zusammengesetzten Bilder. Das können wir uns gut deutlich machen, wenn wir die Informationsmöglichkeiten in vergangenen Jahrhunderten betrachten.

„Woher weiß Luther eigentlich etwas vom Islam?" fragt der Heidelberger Kirchenhistoriker Johannes Ehmann und weist auf wenige polemische Traktate hin.[7]

Dabei setzte sich Luther für den Druck einer Koran-Übersetzung ein – in „der Meinung, aufgrund echter Korankenntnis den Islam zu kennen und als eine Religion von Lüstlingen und imperialistischen Totschlägern entlarven zu können".[8]

Das in drastischen Konturen gestanzte Bild von der fremden Religion diente Luther damals ebenso wie den westlichen Gesellschaften heute als Mittel, um die eigenen Überzeugungen und kulturellen Werte davon abzusetzen, die Sicherheit der eigenen Positionen zu festigen. Bezogen auf Frankreich sagt dazu der Journalist Thomas Deltombe:

„On instrumentalise l'islam, consciemment ou inconsciemment, pour faire passer des messages et définir la France: ce qu'elle n'aurait pas due être avant, ce qu'elle ne devrait pas être aujourd'hui et ce qu'elle ne devrait pas être dans l'avenir."[9]

Es geht also gar nicht so sehr darum, Informationen über Fremdes zu vermitteln, als vielmehr darum, das Eigene zu bestimmen, die eigene kulturelle Gemeinschaft zu definieren.

Je größer eine in ihren zentralen Werten gefestigte und sich stereotyp nach außen abgrenzende Öffentlichkeit, desto stärker die Neigung, Informationen über fremde Kulturen auszublenden. Dies zeigt sich etwa im Stellenwert der Auslandsberichterstattung in unterschiedlichen Medienlandschaften. Die Öffentlichkeit in einem kleinen Land wie der Schweiz richtet ihren Blick sehr viel intensiver auf das Geschehen im Ausland als die Bewohner großer Länder wie die USA. Paradoxerweise ist das Interesse am Geschehen in anderen Ländern im Zuge der Globalisierung zurückgegangen – innerhalb von 25 Jahren ist die Zahl der Auslandsnachrichten in acht ausgewählten US-Zeitungen um 53 Prozent gesunken.[10] In den USA belegen zahlreiche Umfragen die aus einer kärglichen Auslandsberichterstattung resultierende geringe Kenntnis über Europa und noch mehr über außereuropäische Kulturen. So waren 2012 von den Highschool-Abgängern in den USA 47 Prozent nicht in der Lage, Libyen in Nordafrika zu verorten, 72 Prozent wussten nicht, dass Afghanistan zu Mittelasien gehört.[11]

Sich neugierig Lebensmodellen in anderen Kulturen zuzuwenden, könnte die feste Verankerung der gesellschaftlichen Sinnorientierung ins Wanken bringen, die Lebensweisen der kapitalistischen Zivilisation in Frage stellen. So befördert das sozialpsychologische Phänomen der kognitiven Dissonanz eine konsonante Diskognition, den abgestimmten Wohlklang einer stabilisierenden Nichtwahrnehmung – auch wenn es diesen Begriff einer Diskognition ja eigentlich nicht gibt.

Da nichtchristliche Religionen überwiegend in Regionen außerhalb Europas und Nordamerikas beheimatet sind, sind ihre Chancen auf die Vermittlung differenzierter Informationen gleich zweifach reduziert. Zum einen findet Religion in einer weitgehend säkularen Gesellschaft nur wenig Interesse. Zum anderen ist die Berichterstattung aus dem Nahen Osten, Afrika und Asien entweder sehr reduziert oder auf ausgewählte Aspekte wie Sicherheit und Terrorismus eingeschränkt.

„Bete zu Gott und schlachte" – Stereotype in der Medienberichterstattung

Ein differenzierter oder gar empathischer Zugang zu Theologie und Praxis der Weltreligionen will sich nicht so recht in die genannten Bedingungen der Medienberichterstattung einfügen. Kommerziell operierende Medienhäuser verlangen von ihren Angestellten weniger die

Vermittlungsleistung eines kulturellen Übersetzers, sondern eher, dass sie Erwartungen ihres Publikums bedienen. Zum Selbstverständnis von Auslandskorrespondenten gehört es, für die Öffentlichkeit daheim zu schreiben, das Geschehen in ihrem Berichterstattungsgebiet dem Horizont ihrer Leser, Zuhörer und Zuschauer anzupassen. Sie sollen Ereignisse in fernen Ländern durch die *deutsche Brille* betrachten, dem stereotypen Verständnisrahmen ihres Publikums anpassen.

Was ist zum Beispiel die News, wenn die Weltmarktpreise für Kakao entgegen den Erwartungen doch nicht steigen, sondern gleich bleiben? Zwei Möglichkeiten gibt es, diese Information zu präsentieren: Den Anbauländern entgehen die erhofften und vielleicht dringend benötigten Mehreinnahmen. Und in den Ländern der Konsumenten muss Schokolade nicht teurer werden. Selbst die Redaktion für Entwicklungspolitik beim *Evangelischen Pressedienst* (epd) entschied sich für die Perspektive des eigenen Publikums:

Trotz hoher Kakaopreise können Schokoladenpreise stabil bleiben

Naschkatzen können zumindest vorerst aufatmen. Trotz hoher Kakaopreise wird Schokolade vor Weihnachten nicht unbedingt teurer. Die Kehrseite: Der Preis ist nicht hoch genug, dass die Kakaobauern in Westafrika davon profitieren können.

Bonn. Trotz steigender Kakaopreise auf dem Weltmarkt ist keineswegs sicher, dass in Deutschland Schokolade vor Weihnachten teurer wird. Nach Angaben des Bundesverbandes der Deutschen Süßwarenindustrie in Bonn ist die internationale Marktentwicklung schwer einschätzbar. «Die Prognosen gehen davon aus, dass der Kakaopreis weiter steigt, weil das Angebot im Vergleich zur Nachfrage sinkt», sagte Verbandssprecher Torben Erbrath dem Evangelischen Pressedienst (epd). Ob sich die Verbraucher auf steigende Schokoladenpreise einstellen müssen, sei nicht abzusehen.

Sicherlich ist der Blick auf das eigene Publikum ein ganz wesentlicher Baustein beim journalistischen Brückenbauen, bei der Vermittlung neuer Informationen. Dabei fällt aber zu oft das Verständnis für ferne Menschen und ihre Nöte ins Leere.

Werden Akteure aus einer fremden Kultur und mit einer fremden Religion dargestellt, spielen oft unterschwellig vorhandene, irrationale Stimmungslagen wie diffuse Ängste eine Rolle:

„Le sujet de l'islam semble raviver dans l'esprit de beaucoup des peurs profondément ancrées relatives à la perte d'identité, à l'oppression des femmes, ou encore au poids de l'ascétisme religieux."[12]

In der Berichterstattung über den Islam, der wegen extremistischer Gruppen besonders im Blick der Medien steht, wird häufig das Klischee bedient, dass diese Religion blutrünstig sei. Dafür wird auch schon mal aus dem Koran zitiert, während der Rekurs auf Lehrschriften von Religionen sonst kaum üblich ist. Dies findet sich etwa in diesem Agenturbericht aus dem Jahr 1988:

23.07.1988, 1:09

Moslems feiern das Opferfest – Ein Schaf gehört dazu

Kairo – Millionen Moslems in aller Welt rüsten sich jetzt für den «Großen Beiram», eines der beiden wichtigsten Feste des Islam. In diesen Tagen fühlen sie sich so mit den glücklichen Gläubigen verbunden, die sich den Traum eines jeden Moslems erfüllen konnten und auf die Pilgerfahrt nach Mekka, die Hadsch, gingen. Ein Schaf als Opfertier gehört dazu. Deshalb blökt in diesen Tagen auch in vielen Häusern der ägyptischen Metropole Kairo ein Schaf, das am kommenden Sonntag geschlachtet werden soll. ... «Bete zu Gott und schlachte», heißt es im Koran, dem heiligen Buch des Islam.

Tatsächlich steht dort in der Sure 108:2: *So bete zu deinem Herrn und opfere*. Gemeint ist das Schlachten von Opfertieren. Die Übersetzung mit *schlachten* wirkt aber blutrünstiger. Von dort aus ist es dann nur noch ein kurzer Weg, um eine generelle Unfriedlichkeit zu unterstellen, wie hier in einem weiteren Agenturbericht:

So, 02.08.1987, 11:36

Islamischer Glaubenskrieg in Mekka

Manama – Das Blutbad während der diesjährigen traditionellen Pilgerreise nach Saudi-Arabien, nur wenige Tage vor dem höchsten islamischen Fest, dem vier Tage dauernden Eid el Adha (Opferfest), hat den tiefen Riß in der Geschichte des Islam wieder aufleben lassen. Zudem sind die Vorfälle in Mekka, wo ab Dienstag Hunderttausende von Schafen ihr Leben lassen werden, ein Indiz dafür, daß die Hoffnung auf Frieden im Golf für absehbare Zeit wohl illusorisch ist.

Zu den besonders hartnäckigen Klischees gehört die Vorstellung von den Jungfrauen als Lohn für islamische Selbstmordattentäter, hier transportiert in einem Agentur-Hintergrund von 1996:

Di, 05.03.1996, 15:27

Hintergrund

Selbstmord im Islam tabu – Extremisten versprechen Platz im Paradies

Hamburg (dpa) – Der Selbstmord ist im Islam grundsätzlich ebenso tabuisiert wie im Christentum. Wer seinem Leben bewußt ein Ende setzt, kann in der Regel nicht auf einem muslimischen Friedhof beerdigt werden. Für extremistisch-islamische Organisationen wie die palästinensische Hamas sind Selbstmordattentäter jedoch Märtyrer, die nach der religiösen Überlieferung mit einem Platz im Paradies belohnt werden.

[...]

Von den geistlichen Drahtziehern der Selbstmord-Attentate in Israel wird den jungen palästinensischen Todeskandidaten ein besonderer Platz im Paradies mit schönen Jungfrauen versprochen, was neben dem Haß auf den jüdischen Staat ein wichtiges Tatmotiv ist.

Tatsächlich haben die jungen Männer oft sehr konkrete Vorstellungen von der Belohnung, die sie im Paradies erwartet.

Die Chance, aktuelle Ereignisse zu nutzen, um Informationen über eine fremde Kultur zu vermitteln, wird zwar ansatzweise genutzt, mündet dann aber regelmäßig in den immer gleichen Stereotypen. Das zeigt sich etwa in der Berichterstattung über die Pilgerfahrt nach Mekka, die mit ihrer großen Zahl von Teilnehmern die klassischen Nachrichtenwerte erfüllt und die vom Fernsehen gewünschten Bilder liefert. Gerade die Berichte über den Hadsch sind aber extrem klischeebehaftet. Mekka, so scheint es, ist Jahr für Jahr eine ewig gleiche Wiederkehr von vier Motiven:

- Pflicht – einmal im Leben muss ein gläubiger Muslim nach Mekka
- Andrang – mehrere Millionen Menschen auf einem Haufen, damit wird auch die Angst transportiert, dass die Fremden mehr sein könnten als die Angehörigen der eigenen Kultur
- Hitze
- Sicherheit – das ganze Ereignis ist ein solches Pulverfass, dass es jederzeit explodieren und schlimme Folgen haben kann

Fr, 07.07.1989, 1:09

Saudi-Arabien/Islam/

Tausende von Moslems auf dem Weg nach Mekka

Riad – Tausende von Moslems pilgern in diesen Tagen wieder nach Saudi-Arabien, um den Geburtsort Mohammeds in Mekka und die Große Moschee in Medina zu besuchen. Es gehört zur religiösen Pflicht der islamischen Gläubigen, einmal in ihrem Leben die Heiligen Stätten besucht zu haben – jährlich brechen rund eine Million Menschen zu den Wallfahrtsorten auf. Den Höhepunkt der Pilgerfahrt bildet das wichtigste Fest im islamischen Kalender: das Opferfest. Damit wird der Bereitschaft Abrahams gedacht, seinen Sohn auf Gottes Befehl hin zu töten. In diesem Jahr wird das Opferfest am 13. Juli gefeiert.

Saudi-Arabien hat viel unternommen, um den großen Ansturm der Pilger zu bewältigen. Das Gelände um die Moschee in Mekka – in ihrem Innern steht die Kaaba, ein großer grauer Steinwürfel mit schwarzem Brokat überzogen – wurde mit einem Aufwand von mehreren Millionen Dollar erweitert, neue Straßen wurden gebaut, weitere Strom- und Wasseranschlüsse gelegt. Immerhin soll das Gelände um die Moschee jetzt anstelle von 400 000 rund 600 000 Pilger fassen. Die Moslems glauben, daß der fensterlose Würfel von Abraham und seinem Sohn Ismael gebaut wurde.

Die meisten religiösen Veranstaltungen werden im Freien bei Temperaturen von 45 Grad Celsius stattfinden. Die Behörden wollen angesichts der glühenden Hitze 7 000 kleine Kühlschränke aufstellen, um die Pilger mit kaltem Wasser zu versorgen. König Fahd von Saudi-Arabien hat 40 Millionen Flaschen Wasser einkaufen lassen, als Geschenk für die Gläubigen. Wem es dennoch zu heiß wird, der kann von rund 400 Lastwagen Hilfe erwarten: sie verteilen Eis an die Gläubigen. Für die eventuellen Hitzeopfer stehen Hunderte von Rettungswagen bereit.

Tausende von Polizisten sorgen für die Sicherheit der Gläubigen. In diesem Jahr dürften allerdings die Wallfahrer aus Iran ausbleiben. Saudi-Arabien hatte ihnen vorgeworfen, 1987 blutige Auseinandersetzungen angezettelt haben, nach saudi-arabischen Angaben kamen dabei rund 400 Menschen ums Leben. Die Saudis brachen im vergangenen Jahr die diplomatischen Beziehungen zu Teheran ab. Sie warfen den Iranern vor, die Wallfahrten zu politischen Zwecken zu mißbrauchen. Die Iraner sind andererseits darüber verärgert, daß Saudi-Arabien jedem Land nur eine begrenzte Pilgerquote gestattet hat.

Dieses Arrangement aus den gleichen Versatzstücken findet sich in allen Medien, vom Agenturbericht über die überregionale Tageszeitung bis zum TV-Spot oder dem Online-Bericht.

Eher selten kommt es vor, dass Medien über die eigenen Klischees nachdenken. So schrieb Harald Staun in einem Beitrag mit dem Titel „Welche Bilder wir zeigen" in der Frankfurter Allgemeinen Sonntagszeitung (16.9.2012):

Woher wissen wir schon, zum Beispiel, ob die verblendeten islamistischen Märtyrer wirklich an die 77 Jungfrauen im Paradies glauben? Ist nicht unser Glaube daran, dass sie es tun, viel unerschütterlicher?

Vergleichsweise harmlos wirkt die Verfestigung von Stereotypen, wenn sie nicht die Funktion einer politischen Festlegung hat, sondern der Unterhaltung des Publikums dient. Das ist etwa der Fall, wenn religiöse Praktiken vor allem unter dem Aspekt der Folklore betrachtet werden. Hierzu gehört diese Darstellung tanzender Derwische:

Fr, 12.06.1992, 4:39

Sudan/Religion/

Feature – 55 Zeilen mit Bild

In der Entrückung des Tanzes suchen die Derwische die Nähe Gottes

Von Jörg Fischer

Omdurman – Aufgewirbelter Sand hat den öden Platz am Rande von Omdurman in ein unwirkliches hellgelbes Licht getaucht. In weiße und grüne Galabias gekleidete Männer wiegen sich im Takt rhythmischer Klänge von Trommeln, Schellen und Pauken. In dem von ihnen gebildeten Kreis tanzen sich andere Derwische stundenlang in Ekstase. Jeden Freitag vor dem Abendgebet treffen sich Hunderte von Anhängern islamischer Bruderschaften vor dem Kuppelgrabmal ihres Heiligen Hamed el Nil auf der der sudanesischen Hauptstadt Khartum gegenüberliegenden Nilseite.

Im Niltal lebt der Sufismus, die islamische Mystik, der vor 700 Jahren mit der Bildung von Derwisch-Orden (Turuk) begann, auch am Ende des zwanzigsten Jahrhundert intensiv fort. Beim Dhikr, ihrer Zusammenkunft, suchen die Anhänger unzähliger mystischer Bruderschaften die Nähe zu Gott. «Die Musik errinnert dich an das Leben nach dem Tode. Du bist elektrisiert und entrückt, als ob du nicht in dieser Welt bist», schildert Scheich Abdel Rahim, Führer eines der Orden, strahlend seine Gefühle.

In den Reihen der Derwische von Omdurman humpeln Krüppel oder taumeln geistig Behinderte. Sie glauben an die heilende Kraft von Hamed el Nil. Gesunde erhoffen sich die Lösung ihrer Alltagsprobleme. Den Ortsheiligen der Turuk wird die Gabe nachgesagt, Wunder zu tun. Um ihr Leben und Sterben ranken sich Legenden. [...]

Die meisten Orden aber blicken ins Jenseits, was nur im Sinne der Regierungen der immer mehr verarmenden Nilländer liegen kann, die den sozialen Sprengstoff der Armut fürchten müssen. So bleiben auch die Derwische von Omdurman unbehelligt. «Ich bekenne, das es keinen Gott gibt außer Allah.» Nach zweistündigem ununterbrochenem Tanze blickt Tarik in den von den letzten Sonnenstrahlen ockergelb gefärbten Himmel. «Du fühlst die Hitze. Du fühlst die Stärke Gottes», sagt der Derwisch, dessen Augen in seinem schweißüberstömten Gesicht glücklich strahlen. Dann reiht er sich unter seine auf Bastmatten knienden Glaubensbrüder ein, die sich nach Mekka wenden.

Da wir im Reigen stereotyper Medienberichterstattung nun schon in Afrika angekommen sind, möge hier noch ein Blick auf Vorstellungswelten jenseits der Weltreligionen angefügt werden. Hier fehlt jedes Bemühen um das Verständnis von fremder Glaubenspraxis, der Blick von außen will gar nicht verstehen:

Fr, 05.02.1993, 10:13

Papst/Afrika/

Papst muß duldsam sein: Wilde Voodoo-Mädchen und ein böses Gerücht

von Laszlo Trankovits

Cotonou (dpa) – Ein Papst muß duldsam sein. Erst tanzen vor ihm zehn junge Frauen in engen roten Tüchern mit fast ekstatischen Bewegungen, begleitet von wilden Trommeln und leidenschaftlichen Gesängen zu Ehren der afrikanischen Voodoo-Götter. Dann stürmten die ehrwürdigen Voodoo-Großmeister und Häuptlinge mit ihren abenteuerlichen Kopfbedeckungen von Phantasiekronen über Tropenhelmen bis Turban, reich geschmückt mit Ketten und allerlei merkwürdigen Fetischen auf ihn zu, um vom Heiligen Vater persönlich eine Gedenkmünze in Empfang zu nehmen.

Alles in allem war die Begegnung zwischen Papst Johannes Paul II und den Anhängern des traditionellen Voodoo-Kults im westafrikanischen Benin nicht sonderlich würdig. Große Worte über religiöse Toleranz und gemeinsame Werte. Ansonsten mehr ein Tohuwabohu und der sichtliche Stolz von Voodoo-Großkommandeur Sosso Guedehona Gue – seine Krone war die schönste von allen – mit der Papst-Visite dermaßen gewürdigt zu werden. [...]

In den Salons ebenso wie in den Hütten Benins wird getuschelt, der Papst sei nur gekommen, weil hier eine Woche später eines der größten Voodoo-Festivals in der afrikanischen Geschichte stattfindet. Die Präsidenten der Elfenbeinküste, Nigerias, Senegals, Ghanas, Togos und natürlich Benins haben die Schirmherrschaft übernommen. Große Namen aus der Welt der schwarzen Musik wie Harry Belafonte, Stevie Wonder und Coretta King sind in Cotonou angekündigt. Offenbar, so denken auch manche westlichen Diplomaten, habe die Kirche mit dem Papstbesuch ein spektakuläres Gegengewicht zu dem Festival des alten afrikanischen Heidenkultes setzen wollen. [...]

In der Berichterstattung über Weltreligionen wird oft nicht zwischen Religion und Kultur differenziert. Vielfach bekommen Religionen eine stereotype Darstellung aufgedrückt, deren Entstehung eher dem kulturellen, manchmal auch dem politischen Umfeld geschuldet ist. Dies zeigt sich etwa in der üblichen Bezeichnung Israels als jüdischer Staat. Beim Islam können wir wenigstens sprachlich differenzieren, so dass sich kulturelle Aspekte eher mit dem Adjektiv „islamisch", religiöse Aspekte im engeren Sinne als „muslimisch" abbilden lassen. So können wir von islamischen, kaum aber von muslimischen Staaten sprechen.

Zu unterscheiden von der stereotyp-behafteten Berichterstattung über religiöse Gegenstände ist die nicht nur berechtigte, sondern notwendige Kritik an bestimmtem Verhalten von religiösen Akteuren. Das trifft auf Urteile islamischer Gerichte etwa in Fällen von Ehebruch ebenso zu wie auf die zahlreichen Fälle von sexueller Gewalt an Kindern durch christliche Geistliche sowie die Versuche, diese Fälle zu vertuschen. Die Prozesse der Stereotypenbildung können allerdings bewirken, dass solche Informationen über Fehlverhalten religiöser Akteure undifferenziert auf alle Religionsgemeinschaften bezogen werden. Das zeigt sich etwa daran, dass die große Aufmerksamkeit der Öffentlichkeit für den Limburger „Protzbischof" Franz-Peter Tebartz-van Elst im Herbst 2013 auch verstärkte Austritte aus der evangelischen Kirche zur Folge hatte.

Netz gegen die Stereotypenfalle

Im Bewusstsein der Stereotypenfalle in der Berichterstattung über Religionen können Medien versuchen, Prozesse anzustoßen, die das Verständnis fremder Sinnorientierungskonzepte fördern. Das fängt bei der personellen Zusammensetzung von Redaktionen an. Journalistische Teams, die über die Vielfalt von Religionen wie von anderen Lebensäußerungen berichten, sollten auch in sich selbst vielfältig sein. Wenn sich Journalisten in soziologisch homogenen Redaktionen unbewusst an Erwartungen ihrer Kollegen orientieren, verstärkt dies die Tendenz zu stereotyper Berichterstattung. Die *Society of Professional Journalists* (SPJ) in den USA tritt deswegen dafür ein, in der Zusammensetzung von Redaktionen bewusst Menschen aus ganz unterschiedlichen Bevölkerungsgruppen und Lebenszusammenhängen zu berücksichtigen.[13]

Wenn konfessionelle Medien wie der Evangelische Pressedienst (epd) oder die Katholische Nachrichtenagentur (KNA) die Zugehörigkeit zur eigenen Glaubensgemeinschaft oder zumindest zu einem Bekenntnis der Arbeitsgemeinschaft Christlicher Kirchen (ACK) zur Einstellungsvoraussetzung machen, setzen sie sich in der Berichterstattung über andere Religionen verstärkt den Risiken der Stereotypenfalle aus – und der Neigung zur unkritischen Darstellung von Entwicklungen im eigenen konfessionellen Lager. Hingegen hatte die Chefredakteurin der „tageszeitung" (taz), Ines Pohl, den möglichen Qualitätsgewinn durch redaktionelle Vielfalt im Blick, als sie sich im Oktober 2013 dafür aussprach, den Anteil von Migranten in der Redaktion von 3 auf 20 Prozent zu erhöhen.

Aber auch jeder einzelne Journalist kann sich dagegen wappnen, in die Stereotypenfalle zu tappen. Vielen ist die begrenzte eigene Sachkompetenz durchaus bewusst: „Religious illiteracy among reporters is an acute problem recognized within the professional ranks of journalism."[14]

Journalisten sind mit wertenden Darstellungen entsprechend vorsichtig und vermeiden holzschnittartige Beschreibungen. Dieses Bewusstsein hat deutlich zugenommen, seitdem das Internet den Medien das einstige Monopol bei der Vermittlung von Nachrichten genommen hat. In Sozialen Netzwerken wie Twitter stehen Medienberichte ständig auf dem Prüfstand einer schnell und kritisch reagierenden Öffentlichkeit. Journalisten müssen sich für undifferenzierte Darstellungen rechtfertigen. Auch Minderheiten können sich so gegen klischeebehaftete Berichte wehren. In den Medien arbeitende Menschen haben so nicht nur die Erwartungen der Mainstream-Öffentlichkeit vor Augen, sondern auch Reaktionen im Netz wie einen *Shitstorm* von Betroffenen. Massenkommunikation ist keine Einbahnstraße mehr – wie noch bis etwa Mitte der 1990er Jahre. Das Netz fördert Kritik und diese die Qualität der Medienberichterstattung.

Eine differenzierte Berichterstattung über religiöse Themen – sei es aus fremden oder eigenen kulturellen Zusammenhängen – hat nur dann eine Chance, wenn Redaktionen sich die dafür nötige Sachkompetenz aneignen: „Questions of fairness, empathy, and objectivity are closely linked to familiarity and knowledge of the subject matter."[15]

Erschwert wird eine fundierte Informationsvermittlung durch die etablierten Aufmerksamkeitsfilter der Medien. Sie nehmen Religionsgemeinschaften erst dann in den Blick, wenn Nachrichtenwerte wie Konflikt gegeben sind. Kleine Religionsgemeinschaften, die friedlich mit sich und ihrer Umwelt umgehen, haben kaum eine Chance auf vertiefende mediale Beachtung.

Letztlich öffnen sich nur dann Wege für einen verständnisvollen Zugang zu einer Religion, wenn in Stereotypen erstarrte Bilder ständig an ihren tradierten wie an ihren gelebten Inhalten überprüft werden. Das ist insbesondere auch deswegen unumgänglich, weil *der* Islam oder *das* Christentum ja keineswegs eine einheitliche Religion ist, sondern in vielen, oft ganz unterschiedlichen gläubigen Menschen mit vielfältigen Facetten Gestalt annimmt.

In einem Vortrag auf der Internet-Konferenz re:publica in Berlin initiierte der Netzphilosoph Gunter Dueck im Mai 2013 einen Aufruf zum metakulturellen Diskurs.[16]

In einer launigen Rede beschrieb er die Mechanismen ritueller Bekräftigung von eigenen Vorstellungswelten – wobei er auch die Konferenzteilnehmer einbezog. Denn ein Motiv für den Besuch bestimmter Veranstaltungen sei immer die Bestätigung der vorgefassten Glaubenswelten: „Dieses Seelenbad ist schön. Die Realität ist aber draußen."

Begegnen sich dann Angehörige unterschiedlicher Gruppen, kommt es meist zu rituellen Streitigkeiten, zum plakativen Aufeinanderprallen stereotyper Vorstellungen. Mal was anderes wäre *ethnokulturelle Empathie*, wie es Dueck bezeichnete, der Versuch, „zu verstehen und nicht immer draufhauen und schimpfen, weil das wieder Gewalt erzeugt".

Was Dueck am Beispiel eines Ehestreits auf „zwei verschiedene Menschenbilder von einer Zahnpastatube" bezog, lässt sich auf unterschiedliche soziokulturelle Gruppen und eben auch auf Religionsgemeinschaften erweitern. Sein Vorschlag: „Wir unterhalten uns über die Grundwerte, die damit verbunden sind, und reden mal miteinander".

Dies setzt die Bereitschaft voraus, aufeinander zuzugehen, sich auf Begegnungen einzulassen, den engen Käfig der Stereotype zu verlassen, souverän mit Medieninformationen umzugehen. Ja, die Kapazität zur Aufnahme von Informationen ist wohl begrenzt. Aber es gibt Alternativen zur stereotypen Behaglichkeit. Und vielleicht ist es gerade der Zugang der Religion, der dazu befähigt, einen Weg aus der Ohnmacht heraus zu finden, indem Sehnsucht nach Verständigung ernst genommen wird, Verständigung mit dem, mit der ganz anderen gesucht wird – wenn sie gefunden wird, können die Krücken der Stereotypen abgelegt werden.

Aufgabe der Medien ist es, solche Prozesse zu unterstützen, kreative Filter in der Informationsfülle zu bieten, Aufmerksamkeit und Achtsamkeit neu zu organisieren und so einen Ausweg aus der Stereotypenfalle zu finden. Dafür müssen sich Journalisten und verantwortliche Redakteure bewusst machen, an welchen Ecken stereotype Zugänge ihre Berichterstattung einschränken. Ansätze der ethnokulturellen Empathie sollte einen festen Platz finden im professionellen Handwerkskasten der Berichterstattung über fremde Religionen.

Liriam Sponholz

Religion als medialer Konfliktstoff.
Der Islam in den Polemiken von Thilo Sarrazin und Oriana Fallaci

Das hegemoniale Bild des Islams in den Medien ist wiederholt durch verschiedene Forschungen rekonstruiert worden, die stets ähnliche Ergebnisse erbracht haben: Der Islam wird in den Medien zusammen mit Fragen des Terrorismus, der Frauenunterdrückung, der Migration oder des Bevölkerungswachstums thematisiert und dabei systematisch negativ bewertet. Der Islam gilt als Synonym für Radikalität, Rückständigkeit, Irrationalität und Gewaltbereitschaft, die Muslime werden als Bedrohung dargestellt (vgl. Karis 2013: 13; Hafez und Richter 2007: 41ff.; Ates 2006: 153ff. u.a.). Das Ziel dieses Aufsatzes ist es zu analysieren, wie ein solches mediales Bild des Islams entstehen kann.

Das negative Bild entwickelt sich durch die Aktivierung einer Antinomie, die in unserem sozialen Wissensbestand, präziser gesagt, dem *Commonsense*, latent vorhanden ist. Infolge sozialer, historischer oder medialer Ereignisse (wie die Polemiken um Sarrazin und Fallaci illustrieren) wird eine Antinomie aktiviert, in deren Folge ein Bild des Islams generiert wird.

Dabei bildet heutzutage die Antinomie Islam vs. Westen die zentrale Polarisierung, auf der sich eine Reihe schon existierender Antinomien (Ausländer vs. Inländer, Westen vs. Rest der Welt, Frau vs. Mann, Christentum vs. Islam) gruppieren. Wie dieser Prozess verläuft wird anhand zweier medialer Polemiken illustriert, die durch die Aussagen des deutschen SPD-Politikers Thilo Sarrazin und der italienischen Schriftstellerin Oriana Fallaci ausgelöst wurden.

Im Folgenden soll zunächst erläutert werden, was mit dem Begriff *Commonsense* konkret gemeint ist. Danach wird das Verhältnis zwischen *Commonsense* und Medien analysiert. Anschließend wird gezeigt, wie sich die Medien in den Fällen Fallaci und Sarrazin der *Commonsense*-Bilder nicht nur bedienen, sondern sie eigenständig weiter elaborieren, um eine Polarisierung zwischen dem Westen und dem Islam zu aktivieren. Zuletzt wird diskutiert, inwieweit Rationalität einem solchen Denken entgegenstehen kann und welche Schlussfolgerungen zu ziehen sind.

1. Unsere alltägliche Welt der Selbstverständlichkeit

Wenn man auf der Straße stolpert und sich die Knie aufkratzt, dann sucht man nicht bei Google Scholar, was man zu tun hat, sondern wäscht die Verletzung mit Wasser und Seife aus und/oder benutzt ein entzündungslinderndes Mittel wie Kamillan, um die Wunde zu säubern. Wenn man nachts auf einer Straße am Hauptbahnhof entlanggeht, kein anderer Mensch auf dieser Straße zu sehen ist, und man plötzlich einen Mann mit Kapuze hinter sich bemerkt, dann sucht man nicht schnell im Handy die neue Nummer des Crime and Criminality Journal, sondern läuft einfach schneller. All diese Handlungen beruhen auf einem Typ von Erkenntnis, den wir in unserem Alltag ohne Hinterfragen verwenden:

„Die relative Fraglosigkeit unseres Alltags gründet in einer ‚Welt des Selbstverständlichen', einem stillen, impliziten Wissen, das in alle alltäglichen und nicht-alltäglichen Lebensbereiche in aufdringlich realer Weise hineinragt. Diese Welt ist weitgehend unproblematisch und, wenngleich durch das Auftauchen problematischer, nicht ohne weiteres kompatibler Sachverhalte immer wieder Erschütterungen ausgesetzt, im allgemeinen recht stabil." (Albersmeyer-Bingen 1986: Vorwort)

Dieses stille, implizite Wissen, diese „Welt des Selbstverständlichen" bildet das, was man hier unter *Commonsense* versteht. Es handelt sich um einen sozialen Wissensbestand, der aus der alltäglichen Welt, in der man lebt, entsteht. Habermas bezieht sich darauf, wenn er auf die „Lebenswelt" in Kommunikationssituationen verweist, d. h. auf den unthematischen mitgegebenen Horizont, innerhalb dessen sich die Kommunikationsteilnehmer gemeinsam bewegen, wenn sie sich thematisch auf etwas in der Welt beziehen (Habermas 1981a: 123).

Commonsense ist als eine Erkenntnis zu begreifen, die aus einer Überlagerung von Denk- und Handlungsmustern besteht, die kollektiv geteilt und als selbstverständlich betrachtet wird. Quellen dieser Erkenntnis sind primäre und sekundäre Erfahrungen, die im Alltag gemacht werden.

Die primären Erfahrungen werden direkt erlebt, während uns die sekundären Erfahrungen durch unsere Mitmenschen, durch die Medien oder durch andere Erkenntnisproduzenten (wie die Wissenschaft) vermittelt werden (vgl. Sponholz 2009: 133).

Der *Commonsense* stellt den Ausgangspunkt aller Typen von Erkenntnisprozessen dar (vgl. Popper 1984; Santaella 2001). Dessen

Haupteigenschaften sind Routinisierung, Universalität, Kollektivität und Selbstverständlichkeit.

In Bezug auf die Routinisierung ist die Rolle des Alltags als Quelle hervorzuheben. Im Alltag entwickelt man Lösungen, um sich in der eigenen Umwelt zurechtzufinden. Funktionieren diese Lösungen einmal, neigt man dazu, sie beizubehalten, und so werden sie zum Bestandteil unseres „Wissens". Sie verwandeln sich in das, was „jeder weiß". Holthoon und Olson (1987: 3) verstehen daher *Commonsense* als Urteile und als Fähigkeit, selbstverständliche Wahrheiten zu erkennen. Wenn man sich auf die Orientierungsfunktion des *Commonsense* beschränkt, dann wird er vor allem als „gesunder Menschenverstand" betrachtet.

Daraus entsteht die Funktion dieses Typs von Erkenntnis, eine allgemeine Richtung für soziale Interaktion zu liefern (vgl. Lindenberg 1987: 202; Holthoon und Olson 1987: 3). Dadurch wird deutlich, dass *Commonsense* nicht nur Handlungsmuster für alltägliche, grundlegende Aufgaben, die unser Überleben ermöglichen, liefert, sondern auch Denkmuster, wodurch wir in einer Gesellschaft unsere Beziehungen zueinander gestalten.

Diese Erkenntnis beansprucht eine universale Geltung. Das bedeutet konkret, dass Erfahrungen generalisiert und als solche gespeichert werden. Wenn eine Erfahrung dem *Commonsense* widerspricht, wird sie durch das Vorwissen – d. h. durch die vorher gespeicherten Denk- und Handlungsmuster – beurteilt und dadurch passend gemacht:

„Die Angehörigen (einer Lebenswelt, Anmerkung L.S.) leben gewiss mit dem Bewusstsein des Risikos, dass jederzeit neue Situationen auftreten können, dass sie ständig neue Situationen bewältigen müssen; aber diese Situationen können das naive Vertrauen in die Lebenswelt nicht erschüttern. Die kommunikative Alltagspraxis ist unvereinbar mit der Hypothese, dass ‚alles ganz anders sein könnte'." (Habermas 1981b: 200; vgl. auch Habermas 1981a: 107)

Commonsense wird sozial erworben, er wird kollektiv generiert. Das soll aber nicht bedeuten, dass alle in einer Gesellschaft ihn teilen, sondern nur, dass er keinesfalls individuell zuordenbar ist. Dabei wird *Commonsense* mal als *menschliches* Urteilsvermögen (vgl. Albersmeyer-Bingen 1986), mal als gesellschaftliches Produkt definiert (vgl. Schütz und Luckmann 1979).

Eng verbunden mit diesen Eigenschaften ist der Selbstverständlichkeitscharakter. Der Alltag und der Zwang zum Handeln, der damit verbunden ist, erlauben es *nicht*, dass die dabei zur Anwendung kommenden

Handlungs- und Denkmuster Argumentationsprozessen unterzogen werden. Der *Commonsense* bildet gerade den dissensgesicherten Horizont, vor dessen Hintergrund man handelt und gegebenenfalls argumentiert bzw. argumentieren kann (vgl. Habermas 1981a: 189–190).

Worin aber besteht das Problem, eine Erkenntnis als selbstverständlich zu behandeln? Ganz allgemein lässt sich dazu sagen, dass, wenn etwas selbstverständlich ist, man es eben auch nicht in Frage stellt. Wenn man es nicht in Frage stellt, dann wird auch nicht weiter nach Antworten gesucht. Damit wird:
– die Suche nach einer weiteren Annäherung an die Realität aufgegeben (vgl. Popper 1984: 81);
– der Erkenntnisstand eingegipst;
– im Fall einer Suche nach der Realität nur darauf gezielt, das „Selbstverständliche" zu bestätigen.

Man gibt so der Realität keine Chance anders auszusehen, so dass man nicht einschätzen kann, wie weit oder wie nah sich diese Erkenntnis der Realität annähert. Anders formuliert: Keiner weiß, ob es tatsächlich stimmt.

Dadurch bleibt diese unsichere Erkenntnisquelle Grundlage unserer Handlungen, und wir können anhand der falschen Prämissen „sorglos" weiter handeln.

Das kann zu fatalen Konsequenzen führen: Wenn ein großer Mann mit Kapuze auf der anderen Straßenseite geht, wird er als Gefahr wahrgenommen. Wenn er noch dazu schwarz ist, dann kommt eine weitere „selbstverständliche Wahrheit" hinzu, die wir in unseren sozialen Wissensbeständen gespeichert haben (Lindenberg 1987: 202; Holthoon und Olson 1987: 3) und die Angst wächst. Auf Basis dieser „Selbstverständlichkeiten" handelte z. B. George Zimmermann, das Mitglied einer Bürgerwehr in den USA, als er 2012 den 17-jährigen Schwarzen Trayvon Martin erschoss, als dieser unterwegs war, um Gummibärchen zu kaufen. Auch in Deutschland sind derartige Fälle öffentlich geworden: 2009 schoss ein Polizist in Dresden, als er in Reaktion auf eine gewaltsame Auseinandersetzung in den Gerichtssaal gerufen wurde, auf den Ehemann des Opfers, statt auf den Täter. Dieser hatte gerade dessen schwangere Frau in dem Gerichtssaal mit einem Messer attackiert. Die Frau, es war die Ägypterin Marwa El-Sherbini, starb an ihren Verletzungen, während ihr Mann, ebenfalls Ägypter, obgleich durch den Schuss des Polizisten und durch die Stiche des Täters schwer verletzt, knapp überlebte. In diese Reihe gehört auch der Fall des Brasilianers Jean Charles de Menezes, der 2005 in London die U-Bahn nehmen wollte und dort von einer Sondereinheit der britischen Polizei aus unmittelbarer Nähe erschossen wurde, weil diese nach den Terroranschlägen in dem andersaussehenden Menezes mit seiner dicken Jacke einen potentiellen Selbstmordattentäter sah. Diese Fälle illustrieren, dass Handeln auf Basis von Erkenntnissen, die für uns selbstverständlich sind, gefährlich sein kann.

Im Alltag können wir aber nicht ständig unsere Handlungen hinterfragen. Alltägliches Handeln verlangt ein Vorwissen, das vor Dissens gesichert wird, das als selbstverständlich betrachtet wird, damit man überhaupt handeln kann. Man kann von dem *Commonsense* keine neuen Denkmuster erwarten, sondern muss das von den Erkenntnisproduzenten verlangen, die als Quellen des *Commonsense* dienen, wie z. B. Medien und Wissenschaft.

2. Commonsense in modernen Gesellschaften

Ständig nach dem Warum zu fragen ist nicht alltagstauglich. Darum muss man sich auf eine Auffassung der Welt festlegen, um überhaupt handeln zu können. Gibt es aber in modernen Gesellschaften noch irgendein unproblematisches, selbstverständliches Wissen? Heute ist die Rede, dass Zucker dick macht. Vor 50 Jahren hat Zucker schlank gemacht. Und Rotwein? Ist er gesund oder macht er krank? Und bis wann hat diese Erkenntnis Gültigkeit? Bis zur nächsten wissenschaftlichen Studie? Unsere Welt ist komplexer geworden, unsere Erkenntnis kurzlebiger:

„In der rationalisierten Lebenswelt wird der Verständigungsbedarf immer weniger durch einen kritikfesten Bestand an traditionell beglaubigten Interpretationen gedeckt; auf dem Niveau eines vollständig dezentrierten Weltverständnisses muss der Konsensbedarf immer häufiger durch ein riskantes, weil rational motiviertes Einverständnis befriedigt werden – sei es unmittelbar durch die Interpretationsleistungen der Beteiligten, oder durch ein sekundär eingewöhntes professionalisiertes Wissen von Experten." (Habermas 1981a: 456)

Wir verdanken die Komplexität unserer Welt grundlegend zwei Prozessen: der Rationalisierung und der Entmythologisierung (Habermas 1981a: 15ff.). In vormodernen Gesellschaften hatte Gott das Sagen, politische Autorität überschnitt sich mit familiären/Clanartigen Hierarchien (Habermas 1981b: 235). Mit der Entmythologisierung wird Gott als Ordnungsgeber und -garant vom Thron gestoßen (vgl. Habermas 1981b: 127, 237).

Die Welt, die uns gegenüber steht, wurde unübersichtlich. Sie wurde groß und weiter als unsere Augen reichen. Die Welt ist einer göttlichen Ordnungsidee entzogen (vgl. Habermas 1981a: 15), aber nicht nur Gott, sondern auch wir selbst haben keine Kontrolle mehr über viele Bereiche unseres Lebens (vgl. Habermas 1981a: 351–353). Unser Überleben wird zum Teil durch ein Wirtschaftssystem diktiert, das den Austausch der Güter regelt, das wir aber kaum überblicken noch wirklich verstehen. Autorität wird hierbei weder von Gott noch von einem Patriarchen vorgegeben, sondern durch ein politisches System, das eigene Regeln hat, ausgeübt (vgl. Habermas 1981a: 300ff.; Habermas 1981b: 89, 232f., 242, 250, 268, 279).

Die damit einhergehende Rationalisierung führt ihrerseits dazu, dass Handlungen begründet werden müssen (Habermas 1981a: 80, 228), so dass wir weniger Selbstverständlichkeit und mehr Dissens haben. Bedeuten Entmythologisierung und Rationalisierung aber das Ende des Selbstverständlichen?

Das Rationale hat heute alle Blicke auf sich gezogen. In seiner Analyse dieses Prozesses setzt Habermas den Fokus nahezu ausschließlich auf rationale, d. h. begründete Handlungen (vgl. Habermas 1981b: 258). Der Sozialpsychologe Serge Moscovici geht sogar noch weiter und behauptet, es gäbe keinen *Commonsense* (im Sinn eines selbstverständlichen Wissens) mehr, da unser Wissen in modernen Gesellschaften ständig Erschütterungen ausgesetzt sei (vgl. Flick 1995: 68; vgl. auch Moscovici 2000: 41, 66ff.).

Es stimmt, dass die Welt unter einer göttlichen Ordnung deutlich „selbstverständlicher" war, dass vieles, was als selbstverständlich wahrgenommen wurde, heutzutage eine Begründung verlangt. Wir besitzen aber weiterhin einen Bereich unseres Wissens über die Welt, der vor Dissens geschützt ist, um handeln zu können.

Auf der einen Seite bedeutet der Prozess der Entmythologisierung einen Verlust von Selbstverständlichkeit. Auf der anderen Seite verkompliziert dieser Verlust die Verhältnisse, so dass wir nicht die ganze Zeit „rational" handeln können. *Commonsense* ist zwar keine sichere Erkenntnis und kann unsere Handlungen fehlleiten, ist aber für unsere Orientierung unabdingbar (vgl. Schütz und Luckmann 1979).

Der Rationalisierungsprozess und die Entmythologisierung führten also nicht zu einem Ende der Selbstverständlichkeit. Das Gegenteil ist der Fall: Je mehr sich die Komplexität erhöht und der damit verbundene Kontrollverlust steigt, umso mehr brauchen wir ein alltagstaugliches Wissen. Ansonsten droht uns Orientierungslosigkeit. Rationalisierung ersetzt nicht den *Commonsense*, sondern verändert ihn. Diese Veränderung manifestiert sich in folgenden Punkten:

- *Zunahme der Komplexität*: Durch die Erhöhung der gesellschaftlichen Komplexität ist die Welt nicht mehr direkt wahrnehmbar, so dass sich der *Commonsense* nicht nur aus primären Erfahrungen speist. Man braucht neue Mittel, um die Welt wahrnehmbar zu machen (vgl. Meditsch 1992). Die Mittel, die moderne Gesellschaften hervorgebracht haben, um die Welt wieder wahrnehmbar und übersichtlich zu machen, sind die Massenmedien (vgl. Groth 1964: 121).
- *Reduktion der Reichweite des Selbstverständlichen*: Vieles, was selbstverständlich war, muss heute begründet werden (vgl. Moscovici 1995, 2000; Habermas 1981a).
- *Ständige Erschütterung:* Was heute selbstverständlich ist, kann morgen nicht mehr sein (vgl. Moscovici 1995, 2000; Habermas 1981a).

Was aber hat der *Commonsense* mit dem Bild des Islams in den Medien zu tun? Auf der einen Seite bildet der *Commonsense* die Erkenntnis, die wir im Alltag verwenden, um unsere intergruppalen Beziehungen – inklusive der zu Muslimen – zu gestalten (vgl. Raudsepp 2005: 466). Auf der anderen Seite stehen *Commonsense* und Medien in einer wechselseitigen Beziehung zueinander: Mediale Bilder werden zum *Commonsense*, zugleich wird *Commonsense* durch die Medien aktiviert (vgl. Park 1967: 50; Sommer 1995: 242ff.).

3. Von den Medien zum Commonsense

Medien können nicht – wie es in der Öffentlichkeitstheorie oft geschieht (vgl. Gerhards und Neidhardt 1993) – auf die Aufgabe von Herstellung von Öffentlichkeit für politische Themen bzw. der Legitimierung politischen Handelns reduziert werden. Dieses mag die Aufgabe der Parteipresse im 19. Jahrhundert gewesen sein (vgl. Habermas 1990), die modernen *Massen*medien, wie Fernsehen, Presse und Online-Medien, leisten für eine Gesellschaft viel mehr als das. Die Leistung all der Medien besteht zusammengefasst in dem, was der Zeitungswissenschaftler Otto Groth bereits in den 60er Jahren für die Presse formuliert hat:

„Der Mensch ist in die objektive Welt hineingestellt, er ist umschlossen von der Gesamtwirklichkeit der Natur, der Gesellschaft und der Kultur. In der Wechselwirkung mit ihr will er *sich erhalten* und *entfalten*, will er sich *stärken* und *bereichern*, will er *Nützliches gewinnen*, *Schädliches abwehren*. [...] Je mehr sich für die einzelnen ihre Gegenwelt erweiterte und bereicherte, je mehr sie sich komplizierte und intensivierte [...], desto regelmäßiger, sicherer und vollständiger, eiliger und rascher wurden auch die Mittel, die dem Menschen helfen sollten, jene Stellung zur Gegenwelt zu nehmen, sich ihr anzupassen und ihrer Herr zu werden [...] Unter diesen Mitteln stehen heute Zeitungen und Zeitschriften voran." (Groth 1964: 121–124)

Dies ist die Hauptfunktion der Medien: Sie erst ermöglichen uns eine Orientierung in der vielschichtigen und unübersichtlichen Welt, die uns alle umgibt (Meditsch 1992: 30). Diese Funktion gilt heute mehr denn je: Wir leben in komplexen, multikulturellen Gesellschaften, in denen verschiedene Wertesysteme und Handlungsmuster auf engstem Raum zusammentreffen und in denen wir uns bewegen müssen. Medienproduzierte Erkenntnisse, so wie der *Commonsense*, haben die Funktion, uns Orientierungsmuster für unsere alltäglichen Handlungen zu liefern (Park 1967: 42). Medien tun das, indem sie vortäuschen, primäre statt sekundäre Erfahrungen zu liefern (Genro Filho 1988: 58). Klassisches Beispiel dafür sind Live-Übertragungen durch das Fernsehen: man „sieht" was passiert.

Wie die Organisation „Reporter Ohne Grenzen" es einmal in einer Kampagne formuliert hat: Medien sind unsere Augen, wo unsere Blickweite nicht ausreicht. Sie beobachten, übersetzen und organisieren die Welt für uns. In diesem Sinn sind Medien ein unerlässliches Mittel, um Orientierung für unsere alltäglichen Handlungen zu liefern. Sie wandeln sich damit zugleich in eine der wichtigsten Quellen des *Commonsense*.

Das erklärt, wie mediale Bilder zum *Commonsense* werden, wie wird aber *Commonsense* zu medialen Bildern?

4. Vom Commonsense zu medialen Bildern

Commonsense besteht aus sozialen Wissensvorräten, es handelt sich also nicht um individuell erworbene Erkenntnis (vgl. Schütz und Luckmann 1979; Moscovici 2000; Flick 1995). In solchen Wissensvorräten existieren Antinomien, Polarisierungen oder Dualismen (Marková 2003: 184). Beispiele solcher Polarisierungen sind Mann vs. Frau, West vs. Ost, Schwarze vs. Weiße, Ausländer vs. Inländer.

Woraus aber besteht eine Polarisierung? Eine Polarisierung ist keine Gegenüberstellung, sondern eine Opposition: Es reicht nicht, dass ein Gegenstand wie z. B. die Mitglieder einer sozialen Gruppe, als die „Anderen" betrachtet werden. In einer Antinomie ist Einer das *Gegenteil* des Anderen. „Franzosen sind anders als Deutsche" ist z. B. eine Gegenüberstellung, aber keine Antinomie. Wenn sich z. B. eine Antinomie auf „Muslime" und „Westen" bezieht, werden Muslime unvermeidlich als Gegenteil des „Westens" bestimmt. Mehr als das: Es entsteht eine Asymmetrie, d. h. die Gegenseite wird wohl angesprochen, findet aber keine Anerkennung (Koselleck 1979: 211).

Diese Antinomien bevölkern unsere sozialen Wissensvorräte und bleiben latent, bis sie durch soziale, kulturelle und/oder politische Prozesse aktiviert werden (Marková 2003: 184). Wird eine Polarisierung in der medienöffentlichen Debatte aktiviert, generiert sie einen neuen oder aktualisiert einen bereits vorhandenen sozialen Wissensbestand. Im Verlauf dieser Prozesse entstehen durch die Definition, Klassifikation und Zuordnung von Objekten zueinander soziale Repräsentationen. Soziale Repräsentationen sind als Wertesysteme, Ideen und Handlungsmuster oder Praxen zu verstehen, mittels derer man Gegenstände nicht nur erkennt, sondern auch seine Beziehung zu ihnen gestaltet (vgl. Moscovici 2000). Sie sind das „Fragment", in dem sich unsere *Commonsense*-Erkenntnis zu einem Gegenstand offenbart.

Der Prozess der Generierung sozialer Repräsentationen infolge medialer Auseinandersetzungen ist insbesondere für intergruppale Beziehungen von Bedeutung. Zum einen haben sie eine kognitive Funktion als Grundlage der Wahrnehmung sozialer Gruppen, zum anderen bestimmen sie auch den Rahmen, innerhalb dessen diese Gruppen ihre Beziehungen zueinander gestalten (vgl. Moñivas 1994: 410).

Welche Prozesse haben dazu beigetragen, die Antinomie Islam vs. Westen aus dem *Commonsense* zu aktivieren?

Eine Antinomie Muslime vs. Christen ist nicht neu. Oriana Fallaci z. B. greift auf unsere Speicher von sozialen Wissensbeständen zurück, um eine Antinomie mit dem Islam zu aktivieren, indem sie auf die arabischen Invasionen im Mittelalter, die Kreuzzüge und die Kriege gegen das Osmanische Reich rekurriert (vgl. auch Cousin und Vitale 2012: 59). Es wäre aber ein Fehler zu sagen, dass diese Antinomie seit Jahrhunderten in der gleichen Form, mit der gleichen Funktion und im gleichen Kontext existiert hätte. Es wäre nicht nur ahistorisch, sondern auch eine Art, diese Antinomie in einer Art „anthropologische Konstante" zu verwandeln. Das würde bedeuten, die Idee eines „Feindbildes Islam" zur Selbstverständlichkeit zu erklären. Die Aufgabe der Wissenschaft ist aber nicht den *Commonsense* zu begründen, sondern ihn in Frage zu stellen, damit Erkenntnis vorangetrieben wird (Popper 1984: 72). Außerdem hat jede Aktivierung einen eigenen Kontext, der zu einer neuen Definition der Antinomie führt. Während des Kalten Krieges war das Gegenteil von Westen nicht der Islam.

Es gibt also Prozesse und Ereignisse, die zu einer Aktivierung führen. Zu den Prozessen, die zur Aktivierung dieser Polarisierung geführt haben, zählen:
– *Soziale Prozesse*: Migration aus islamisch geprägten Ländern nach Westeuropa in den 70er/80er Jahren (Allievi 2005: 4);
– *Innenpolitische Prozesse*: Das Ende des Kalten Kriegs und die „Notwendigkeit" eines neuen Feindbildes (vgl. Lewis 1994);
– *Kognitive Prozesse*: Ein theoretisches/ideologisches Erklärungsmuster zur Interpretation von Konflikten nach dem Kalten Krieg (Huntington et al.) (Allievi 2005: 4);
– *Außenpolitische Prozesse*: internationale Konflikte und Terrorismus (Allievi 2005: 4).

Prozesse können dazu beitragen, eine Antinomie in einer Gesellschaft zu aktivieren. Medien berichten aber nicht über Prozesse oder Themen, sondern über Einzelheiten oder Auffälligkeiten (Genro Filho 1988: 65; Neuberger 1996: 153). Damit man Antinomien *in den Medien* aktiviert, braucht man daher Ereignisse, d. h. zeitlich und örtlich abgeschlossene Geschehnisse (Kepplinger 2011: 69). Um es zu verdeutlichen: Medien berichten nicht über den Islam, sondern z. B. über die Ankündigung des Baus einer Moschee in Köln.

Welche Ereignisse haben dazu beigetragen, die Antinomie Islam vs. Westen aus dem *Commonsense* zu aktivieren? Zu den Ereignissen, die zur Aktivierung dieser Polarisierung in heutiger Form beigetragen haben, gehören u.a. folgende Ereignisse:
– die Islamische Revolution 1979
– die Polemiken um Salman Rushdie 1989
– der Terroranschlag vom 11.09.2001
– der dänische Karikaturenstreit (vgl. Karis 2012: 161ff.; Hafez 2002)

Das Problem der Islamophobie beginnt demnach nicht mit dem Terroranschlag vom 11. September. Bereits am 8. September 2001, also drei Tage *vor dem Anschlag*, forderte die UNO auf der Weltkonferenz gegen Rassismus in Durban die Staaten auf, aktiv dem Antisemitismus, dem Antiarabismus und der Islamophobie entgegenzuwirken (Allen 2004: 2).

Damit eine Antinomie aus dem *Commonsense mediale* Bilder produziert, muss sie aktiviert werden. Wie aber geschieht das? Welche Ideen werden auf den religiösen Inhalten errichtet und welche Rolle haben hierbei die Medien? Das soll nachfolgend anhand der Polemiken um die Aussagen Oriana Fallacis und Thilo Sarrazins analysiert werden.

Der Fokus der Analyse im Fall Fallaci liegt dabei auf der Antinomie selbst und der auf ihr errichteten inhaltlichen Struktur. Der Fall Sarrazin zeigt seinerseits, wie die Medien eine aktive Rolle übernehmen können und selbst an der Gestaltung der inhaltlichen Struktur mitwirken.

5. Die Generierung sozialer Repräsentationen im Rahmen einer Antinomie: der Fall Oriana Fallaci

Die Journalistin und Schriftstellerin Oriana Fallaci hatte eine außerordentlich erfolgreiche journalistische Karriere hinter sich. Sie fing in den 50er Jahren an, wurde 1967 nach Vietnam geschickt und damit zu der ersten italienischen Kriegskorrespondentin und interviewte später eine Reihe von prominenten Personen wie Yasser Arafat, Ajatollah Khomeini und Henry Kissinger. Ihre letzten publizistischen Erfolge[1] erreichte sie nach dem Terroranschlag von 11. September 2001 mit der Polemik, die wir hier analysieren werden. Sie starb 2006 an Krebs.

Oriana Fallaci ist ebenfalls dafür bekannt, abwertende Aussagen über unterschiedliche soziale Gruppen zu machen oder, in der Terminologie dieses Artikels, mit mehreren Antinomien zu arbeiten. Sie positionierte sich gegen Abtreibung (ausgenommen, wenn sie selbst von Bin Laden oder Zarqawi vergewaltigt werden würde); gegen die Ehe von Homosexuellen, steht der Migration äußerst kritisch gegenüber und hasst Mexikaner und Muslime, wobei die letzteren an erster Stelle kommen (Talbot 2006).

Die hier untersuchte Polemik betrifft die Medienreaktionen auf das Buch „Die Wut und der Stolz" von 2001. Es folgte auf den Terroranschlag vom 11. September. Die Polemik fing dabei nicht mit dem Buch, sondern mit einem vierseitigen Artikel mit dem gleichen Titel in der Zeitung *Corriere della Sera an*. Das spätere Buch wurde zu einem internationalen Bestseller und überholte damals sogar die Konkurrenz von *Harry Potter* und *Da Vinci Code* (Bialasiewicz 2006: 711).

In dem Artikel „beschreibt" sie das Attentat wie in einem Brief. Damals lebte sie in New York, erfuhr aber vom Anschlag durch das Fernsehen, woraus sie ebenfalls die Bilder entnimmt, mit denen sie das Ereignis beschreibt. Der Artikel ist klar und eindeutig auf der Antinomie Islam vs. Westen aufgebaut wie die folgenden Auszüge illustrieren:

– „... wo die Moscheen von Mailand, Turin und Rom von Schurken überquellen, die Hymnen an Osama Bin Laden singen, und von Terroristen, die darauf warten, die Kuppel des Petersdoms zu sprengen ..." (Fallaci 2001: 24)
– „Euer Heiligkeit, warum im Namen des Einen Gottes nehmt Ihr sie nicht in den Vatikan hinein? Natürlich nur unter der strikten Bedingung, daß sie sich davor zurückhalten, in die Sixtinische Kapelle und auf die Gemälde von Raffaello zu scheißen." (Fallaci 2001: 26)
– „Ich sage dir, daß wir keinen Platz haben für Muezzins, für Minarette, für falsche Abstinenzler, für ihr beschissenes Mittelalter, für ihren beschissenen Tschador. Und wenn wir Platz hätten, so würde ich ihn ihnen nicht geben. Denn es wäre gleichbedeutend mit dem Wegwerfen von Dante Alighieri, Leonardo da Vinci, Michelangelo, Raffaello, der Renaissance, des Risorgimento, der Freiheit, für die wir in Freud und Leid gekämpft und gewonnen haben, unser Vaterland." (Fallaci 2001: 26)

Aus dieser Antinomie entstehen zwei gegenseitige Repräsentationen. Die Repräsentation des Westens betont seine kulturelle Überlegenheit auf Basis von Säkularismus, Rationalität (als Entmythologisierung) und Gleichberechtigung der Frauen (Abbildung 1) und die der Muslime auf Basis von Religiosität, Terrorismus und Frauenunterdrückung (Abbildung 2).

Die Antinomie Islam vs. Westen durchdringt andere, wie die von Migranten vs. Einheimische, da in der Migration die Gefahr einer Islamisierung steckt. Migration wird als eine absichtliche, geplante Eroberungsstrategie gesehen. Die Frauenfrage – so wie alles andere – wird durch die Variable Religion determiniert.

Religion als medialer Konfliktstoff 129

Abbildung 1: Die Repräsentation des Westens bei Oriana Fallaci

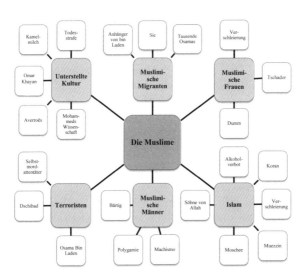

Abbildung 2: Die Repräsentation der Muslime bei Oriana Fallaci

6. Die aktive Rolle der Medien: der Fall Sarrazin

Thilo Sarrazin ist ein Politiker aus der Sozialdemokratischen Partei Deutschlands (SPD). Von 2002 bis 2009 war er Finanzsenator in Berlin. Zur Zeit der Polemik, die hier analysiert wird, war er auf Empfehlung des SPD-regierten Bundeslandes Berlin Vorstandsmitglied der Deutschen Bundesbank. Am 9. September 2010, nach mehreren Rücktrittsforderungen, verließ der SPD-Politiker freiwillig den Bundesbankvorstand und lebt seitdem nach eigenen Angaben als Publizist.

Das Auslöseereignis dieser Polemik war das Interview des damaligen Bundesbankvorstandes in der Zeitschrift *Lettre International*, das im September 2009 publiziert worden ist. Zehn Monate später, im August 2010, veröffentlichte Sarrazin das Buch „Deutschland schafft sich ab". Das Buch, dessen Grundthesen mit denen aus dem Interview übereinstimmen, wurde von der türkischstämmigen Publizistin Necla Kelek vorgestellt. „Deutschland schafft sich ab" wurde zu dem am häufigsten verkauften Sachbuch des Jahrzehnts.[2]

Im April 2013 rügte der Anti-Rassismus-Ausschuss (CERD) der UNO Deutschland wegen des Umganges mit dem Fall Sarrazin. Grundlage dafür war nicht das Bestseller, sondern das Interview von Sarrazin in der Zeitschrift *Lettre International*.

Die Medienreaktionen auf das Interview bereiteten den Boden für den späteren Bestseller. Darum ist die Analyse der Medienresonanz auf das Interview so wichtig: Durch das Interview konnte Sarrazin erfahren, ob er Medienaufmerksamkeit bekommen oder ob er mit seinen abwertenden Aussagen tabuisiert werden würde.

Die hier dargestellten Daten beruhen auf einer Vollerhebung der Pressetexte in den deutschen Qualitätszeitungen von der Veröffentlichung des Interviews bis zwei Tage vor der Veröffentlichung des Buches.[3]

6.1 Eine Palette von Antinomien
Ähnlich wie bei Fallaci kann man bei Sarrazin beobachten, dass der Diskurs nicht auf einer Antinomie aufbaut, sondern eine Palette von Polarisierungen angeboten werden, die sich um eine Hauptantinomie gruppiert. In seinem Interview in *Lettre International* spricht Sarrazin unterschiedliche Polarisierungen an. Damit stellt der Polemiker eine Plattform bereit, auf der unterschiedliche Formen von Ungleichwertigkeiten angeboten werden (Abbildung 3).

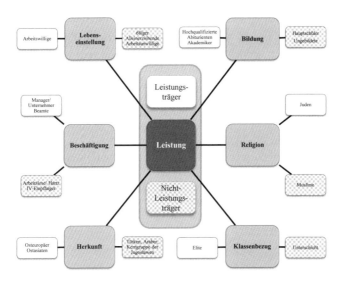

Abbildung 3: Zuordnung der Repräsentationen nach der Hauptpolarisierung Sarrazins

Die Hauptpolarisierung in Sarrazins Interview ist die zwischen Leistungsträgern und Nicht-Leistungsträgern, die sich unmittelbar dem Thema „Sozialstaat" zuordnen lässt (vgl. auch Friedrich 2011). Nach Sarrazins Logik sind Migranten weder prinzipiell Leistungsträger noch Nicht-Leistungsträger. Die „guten Migranten" (hauptsächlich Osteuropäer und Ostasiaten) sind Leistungsträger, während Türken, Araber und „die Kerngruppe der Jugoslawen" dem anderen Pol zugeordnet werden. „Schlechte Migranten" sind aber nicht die einzigen Nicht-Leistungsträger, sondern teilen diese Position u.a. mit Hartz IV-Empfängern, Alleinerziehenden, Hauptschülern oder Sozialwissenschaftlern.

Religion spielte im Interview eine untergeordnete Rolle: Osteuropäische Juden fallen aufgrund ihrer angeblich höheren Intelligenz unter die Gruppe der Leistungsträger, während muslimische Einwanderer auch hier wiederum als Nicht-Leistungsträger eingestuft werden. Entscheidend ist aber nicht ihre Religionszugehörigkeit, sondern ihre soziale Position und Lebenseinstellung: von Sozialhilfe leben statt sich am Markt durchzukämpfen, nicht arbeitswillig sein, keine Arbeit haben, nicht gebraucht werden usw.

Die Presse hat die Hauptpolarisierung „Leistungsträger vs. Nicht-Leistungsträger" jedoch nicht angenommen und stattdessen diese in eine Debatte um Migranten transformiert. Damit schrieb die Presse dieser Antinomie ein höheres publizistisches Potential zu, als einer ebenfalls möglichen Polarisierung um den Sozialstaat.

Das zeigt, dass Polemiker es durch ihren Diskurs schaffen, *einige* latente Denkmuster in einer Gesellschaft durch die Medien zu aktivieren. Andere werden aber nicht diskutiert, sei es weil ihnen Medien keine Relevanz zuschreiben, sei es weil sie als nicht diskutabel betrachtet werden. Aus diesen Gründen verfehlte Sarrazin die Medien, als er in seinem Interview eine Polarisierung um den Sozialstaat anbot.

Wie aber bekam die Debatte um Migranten ihre religiöse Färbung? Betrachtet man die Nennungen der einzelnen sozialen Gruppen, sind Migranten und Türken die am häufigsten genannten Gruppen (Abbildung 4). Darauf folgen Muslime und Araber.

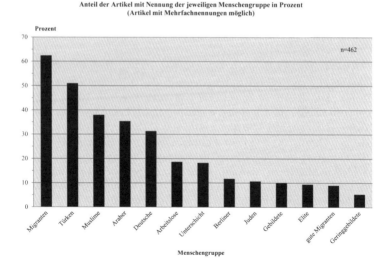

Abbildung 4: Bedeutung sozialer Gruppen in der Sarrazin-Kontroverse

Dabei wird auch Sarrazins These von „guten" und „schlechten Migranten" nicht von der Presse beachtet, weil die „schlechten Migranten", die Türken, in der Berichterstattung zum Synonym für Migranten werden. Der Fokus und die Gleichsetzung von Migranten und Türken ist keine Selbstverständlichkeit. Über 81% der Personen mit Migrationshintergrund in Deutschland sind weder Türken noch haben sie türkische Vorfahren (Statistisches Bundesamt 2011: 8).

Im Verlauf der Polemik werden durch die Gleichsetzung von Migranten mit Türken und Arabern diese allmählich zu Muslimen generalisiert. Die zunehmend religiöse Färbung der Debatte erkennt man sowohl an den Ereignissen, die Sarrazin selbst generiert hat, um Medienaufmerksamkeit beizubehalten, als auch an der ansteigenden Anzahl von Nennungen von Muslimen während der heißen Phase der Kontroverse, d. h. den ersten vier Wochen, innerhalb derer über 50% der Berichte erschienen waren (Abbildung 5).

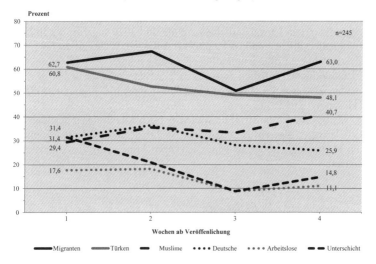

Abbildung 5: Bedeutungswandel der sozialen Gruppen in der „heißen Phase" der Sarrazin-Kontroverse

Sarrazin versuchte die Berichterstattung immer wieder zu befeuern, indem er sich stärker auf Muslime fokussierte. Im Dezember 2009 forderte er ein Kopftuchverbot in Schulen, im Juni 2010 behauptete er, dass Deutschland aufgrund der muslimischen Zuwanderer aus der Türkei, dem Nahen und Mittleren Osten und aus Afrika auf natürlichem Weg immer dümmer werde.

Die religiöse Deutung zeigt sich darin, dass Muslime die einzige Gruppe sind, deren Nennung in der Berichterstattung angestiegen ist und das auf sehr deutliche Weise: von 29% zu Beginn der Polemik auf 41% nach vier Wochen der medienöffentlichen Auseinandersetzung.

Nicht nur die Diskrepanz zwischen Sarrazins ursprünglicher Antinomie und der Medienaufmerksamkeit, sondern auch die Diskrepanz zwischen dieser und der Bevölkerungsmeinung ist bemerkenswert: Diejenigen Gruppen, die anhand sozioökonomischer Kriterien konstruiert werden („Arbeitslose", „Unterschicht", „Elite"), werden in der Berichterstattung der Polemik kaum thematisiert. Dies ist umso erstaunlicher vor dem Hintergrund, dass ausgerechnet seit 2009 ein ansteigender Trend zur Abwertung von Langzeitarbeitslosen beobachtet wird (Heitmeyer 2012: 38). Nach der Langzeitstudie „Deutsche Zustände" zur gruppenbezogenen Menschenfeindlichkeit, ist die Zustimmung zu abwertenden Aussagen gegen Langzeitarbeitslose 2009 und 2010 sogar höher als bei fremdenfeindlichen und islamophoben Aussagen. Während die höchste Zustimmung zu fremdenfeindlichen Aussagen unter 50% blieb und zu islamfeindlichen Inhalten maximal 39% betrug, erreichte sie bei abwertenden Aussagen über Langzeitarbeitslose in diesem Zeitraum über 60% (Heitmeyer 2012: 38).

Zugespitzt formuliert: Die Wahrscheinlichkeit, mit einer beleidigenden Aussagen gegen Muslime zu einer Nachricht zu werden, ist aufgrund der Medienlogik höher, als wenn man gegen Arme und/oder Arbeitslose wettert.

7. Commonsense oder Rationalität?

Wie bereits dargestellt, sind sowohl Selbstverständlichkeiten als auch rationale, begründete Erkenntnisse im modernen Wissen vorhanden. Die Frage ist nun: In welchem Verhältnis stehen Selbstverständlichkeiten und Rationalität in Mediendiskursen wie den Polemiken um die Aussagen von Sarrazin oder Fallaci? Obwohl Antinomien wie Islam vs. Westen aus dem *Commonsense* kommen, werden sie in beiden Fällen in den Medien keinesfalls als selbstverständlich behandelt, sondern ausführlich diskutiert. Sie werden einem Argumentationsprozess unterzogen und reichhaltig begründet. In diesem Prozess sind aber ebenfalls Selbstverständlichkeiten vorhanden. Diese ermöglichen erst einen Argumentationsprozess.

Um es deutlich zu machen: Erst wenn unterschiedliche Sprecher das gleiche Problem erkennen und über das Gleiche reden, können sie überhaupt darüber diskutieren. „Kommunikativ handelnde Subjekte verständigen sich stets im Horizont einer Lebenswelt" (Habermas 1981a: 107).

Das Problem selbst wird aber nicht in Frage gestellt. Man diskutiert – absolut rational – über das Problem „Islam vs. Westen", sieht den Islam mal als eine Bedrohung, mal als eine Folge kultureller Vielfalt oder mal sogar als Bereicherung. Man stimmt Fallaci zu oder kritisiert sie vehement, aber lässt den *Commonsense* stehen. Habermas verdeutlicht dies wie folgt:

„Jeder Verständigungsvorgang findet vor dem Hintergrund eines kulturell eingespielten Vorverständnisses statt. Das Hintergrundwissen bleibt als Ganzes unproblematisch; nur der Teil des Wissensvorrates, den die Interaktionsteilnehmer für ihre Interpretationen jeweils benützen und thematisieren, wird auf die Probe gestellt" (Habermas 1981a: 150, vgl. auch Habermas 1981b: 115)

Ist aber Religion die determinierende Variable? Wann? Unter welchen Umständen? Welche Variablen beeinflussen die Ausübung der Religion? Welche Variablen beeinflussen das Verhältnis der Religion zur Frauenfrage? Und warum diskutiert man die Antinomie Islam vs. Westen statt die von Frau vs. Mann, die angeblich so wichtig ist? Geht es bei solchen Debatten tatsächlich um Frauen?

8. Jenseits der Antinomie

Jenseits der Aktivierung einer Antinomie anhand solcher Ereignisse bestehen auch andere Repräsentationen. Moderne Gesellschaften sind – wie beschrieben – komplexer. In ihnen herrscht eine große Menge an Dissens: In ein und derselben Gesellschaft existieren mehrere Wertesysteme. Das bedeutet aber auch, dass es in einer Gesellschaft mehrere Repräsentationen über den gleichen Gegenstand gibt (vgl. Moscovici 2000).

Auf der anderen Seite sind solche Repräsentationen ungleich verteilt. Manche Repräsentationen sind hegemonial, andere nicht (vgl. Moscovici 2000). Das bedeutet aber keinesfalls, dass es keine anderen gibt. Die hegemoniale Repräsentation des Islams bzw. der Muslime in den deutschen und europäischen Medien ist:
- der Muslim: zurückgeblieben, unaufgeklärt, gewaltbereit, frauenfeindlich, weniger intelligent (vgl. Karis 2013: 13; Hafez und Richter 2007: 41ff.; Ates 2006: 153ff.);
- die Muslimin: passiv und unterdrückt (vgl. Navarro 2010: 100; Paulus 2007: 218; Farrokhzad 2006: 55ff.).

Es sind aber nicht nur andere Repräsentationen möglich, sondern es gibt sie tatsächlich. Malcolm D. Brown (2006) hat soziale Repräsentationen des Islams bzw. der „Muslime" in Frankreich und in England vor dem 11. September 2001 untersucht. Hier sind ein paar seiner Beispiele, die ein anderes Bild zeigen:
- In einem Artikel in einer Lokalzeitung aus Lille aus dem Jahr 1975 wird ein Markt beschrieben, der ein wichtiger Platz in dem wirtschaftlichen und sozialen Leben vieler Nordafrikaner in Lille ist. Die Beschreibung zielt auf Exotismus: wie ziehen sich die Leute an, wie grüßen sie sich. Das Ganze ist aber nicht negativ besetzt. Die Religion wird mit keinem Wort erwähnt.
- In einem anderen Artikel aus dem gleichen Zeitraum berichtet eine Lokalzeitung über die Spende einer Kapelle durch eine katholische monastische Gemeinde an eine muslimische Gemeinde aus der Region von Lillie. Es wurde über den Verlauf der Bauarbeiten berichtet, die von der algerischen Regierung finanziert wurden. Der Fokus lag auf der Konstruktion der 28 Meter hohen Minarette, die mehr als zwei Jahre gedauert hatte.

Diese Beispiele zeigen, dass es möglich ist, sich jenseits des Rahmens einer Antinomie wahrzunehmen (zu nicht-hegemonialen Repräsentationen des Islams und des Westens, siehe auch Muscati 2010: 252, 258).

9. Schlussfolgerung

Es ist klar, dass der *Commonsense* – diese „selbstverständliche Wahrheit" – auf der einen Seite Gefahren in sich birgt. Auf der anderen Seite ist er für unsere Orientierung unabdingbar. Man kann sich ohne soziale Repräsentationen in seinem Alltag nicht orientieren. Man braucht Deutungsmuster. Erst Selbstverständlichkeit kann Handlungen in modernen, komplexen Gesellschaften ermöglichen. Es geht nicht nur um unsere Beziehungen mit der Um-, sondern auch mit der Mitwelt: Wir verwenden *Commonsense*, um unsere intergruppalen Beziehungen zu gestalten. Es ist ebenfalls nicht zu verneinen, dass viele von den Bildern, die durch die Medien geliefert werden, zum Teil unseres Alltagswissen bzw. unseres *Commonsense* werden.

Welche Orientierungsleistung erfüllen die Medien mit dem Bild eines vollbärtigen Mannes mit einer Bombe als Turban (wie im Fall der dänischen Mohammed-Karikaturen von 2005)? Die aktuellen medialen Repräsentationen des Islams orientieren uns nicht und schaden unseren intergruppalen Beziehungen.

Die Fälle Fallaci und Sarrazin zeigen zudem, dass Rationalität per se keine Garantie gegen solche Repräsentationen bietet. Das Gegenteil ist der Fall: Die Argumentationsprozesse, denen ihre Aussagen unterzogen wurden, dienten eher deren Legitimierung. Durch Argumentation wird diesen Aussagen ein Geltungsanspruch (nach Wahrheit, nach Normkonformität etc.) zuerkannt und „ein Geltungsanspruch enthält die Behauptung, dass etwas *anerkennungswürdig* ist" (Habermas 1981a: 196).

Um solche Repräsentationen zu überwinden ist eine kritische Rationalität notwendig, die die „Unmittelbarkeit" dieser Erkenntnis aufhebt, die unsere „selbstverständlichen Wahrheiten" problematisiert bzw. begründungsnotwendig macht (vgl. Habermas 1981a: 450) und *gleichzeitig* versucht, sie bis auf den Grund hin zu falsifizieren (vgl. Popper 1994: 14ff.). Auf diese Weise könnten neue Handlungs- und Denkmuster und damit eine neue Selbstverständlichkeit entstehen. Wenn auf der einen Seite Handlungen Selbstverständlichkeit brauchen, verlangt Orientierung auf der anderen Seite eine zuverlässige Erkenntnis der Welt um uns herum.

Der Journalismus, der eine Annäherung an die Realität anstrebt, kann den *Commonsense* in Bezug auf seine Orientierungsfunktion voranbringen: Statt ständig Bilder von Frauen mit Kopftuch zu zeigen, sollten vielmehr Berichte, Reportagen und Kommentare über die Faktoren erscheinen, die dazu führen, warum Frauen immer noch mit Hindernissen zu kämpfen haben, ihr Leben selbst zu bestimmen und am häufigsten Opfer von häuslicher Gewalt werden. Wenn die Religion einer der determinierenden Faktoren ist, dann muss das analysiert werden: Welche

Religionsgruppe? Welche Interpretation oder welche Ausübung innerhalb dieser Religionsgruppe? Zusammen mit welchen Faktoren wird das Problem virulent? Man muss aber ebenfalls mit der Hypothese arbeiten, dass Religion nicht die determinierende Variable ist (vgl. dazu Muscati 2010: 253). Man muss der Realität eine Chance geben, anders auszusehen. Erkenntnisse, die im Rahmen von Antinomien oder Polarisierungen gewonnen werden, können das prinzipiell nicht leisten. Und – wie bereits analysiert – ist ein Denken ausschließlich in Antinomien weder eine Medienexklusivität noch ein medieninhärentes Phänomen.

Horst Pöttker

„Sei doch kein Muselman"
Was Christen, Muslime und Religionsferne aus den Medien übereinander erfahren

> C-A-F-F-E-E,
> Trink' nicht so viel Kaffee,
> Nicht für Kinder ist der Türkentrank,
> Schwächt die Nerven,
> Macht dich blass und krank,
> Sei doch kein Muselman,
> Der ihn nicht lassen kann.

Uns Älteren ist das Kinderlied noch im Ohr. Ich kann es auswendig, obwohl es 60 Jahre her ist, seit meine Mutter es mir gesungen hat. Allerdings hat sie viel und starken Kaffee getrunken. Das mag ein Hinweis darauf sein, dass es hier weniger um das Lieblingsgetränk der Deutschen ging als um unser Verhältnis zur Türkei und zum Islam, die das Lied gleichsetzt. Die Religion derjenigen, von denen wir Europäer uns spätestens seit den osmanischen Belagerungen Wiens 1529 und 1683 vom Orient her bedroht fühlen, scheint uns seit jeher eine krank machende Droge, vor der wir unsere Kinder warnen müssen.

Einführung

Christoph Bultmann weist beharrlich auf eine krude Zitatfälschung in einem überregionalen Qualitätsmedium hin.[1] In einer „Der Pate" überschriebenen, in August 2012 erschienenen „Spiegel"-Geschichte von Maximilian Popp über den einflussreichen muslimischen Prediger und Stifter Fethullah Gülen wird dieser mit der Äußerung zitiert, man müsse sich der Kurden mit Gewalt entledigen:

„In einer Videobotschaft forderte er [Gülen] im November 2011 das türkische Militär zum Angriff auf kurdische Separatisten auf: ‚Lokalisiert sie, umzingelt sie, zerschlagt ihre Einheiten, lasst Feuer auf ihre Häuser regnen, überzieht ihr Klagegeschrei mit noch mehr Wehgeschrei, schneidet ihnen die Wurzeln ab, und macht ihrer Sache ein Ende. '"

Gülen hatte aber das Gegenteil gesagt:

„Mein Gott, sichere uns Geschlossenheit, Verständigung, Versöhnung und Konsens. Bring die Menschen zur Vernunft, denen du Vernunft wünschst. Gewähre ihren Herzen und Köpfen Frieden. Falls es unter den auf die Feindseligkeit bestehenden Terroristen solche gibt, die sich keine Vernunft wünschen und denen du keine Vernunft wünschst, richte ihnen eine heillose Verwirrung an, zerstöre ihre Einheit, lass Feuer und Wehklagen in ihre Häuser kommen, schneide ihnen die Wurzel ab und bereite ihrer Sache ein Ende."

So heißt es gut lesbar in deutscher Übersetzung auf dem Textstreifen unter einem Auszug aus Gülens Videobotschaft vom 06.12.2011 auf der Website des Gülen-nahen Forums für interkulturellen Dialog (FID e.V.) in Berlin. Um sicher zu sein, dass es sich um eine Zitatfälschung handelt, muss man des Türkischen nicht mächtig sein.

Bultmann hat sich an etliche Medien und mehrere Male auch an den Deutschen Presserat gewandt, um eine Korrektur des falschen Zitats zu erwirken. Vergeblich. Es ist anzunehmen, dass das notorische Beharren auf der Fälschung, die Gülen einen Aufruf zu brutaler Gewalt unterschiebt, mit verbreiteter Islamophobie, genauer: mit islamfeindlichen Stereotypen (Islam = Gewaltbereitschaft) zusammenhängt. Medien korrigieren ungern etwas, das ihr Publikum gern liest oder hört, auch wenn es offenkundig nicht zutrifft. Das gilt offenbar auch für den Deutschen Presserat, obwohl die Ziffer 3 seines Verhaltenskodex für Journalisten (vgl. http://www.presserat.de/pressekodex) ausdrücklich verlangt:

„Veröffentlichte Nachrichten oder Behauptungen, insbesondere personenbezogener Art, die sich nachträglich als falsch erweisen, hat das Publikationsorgan, das sie gebracht hat, unverzüglich von sich aus in angemessener Weise richtig zu stellen."

Beruht die Zitatfälschung nun tatsächlich auf einem „Stereotyp", also einer in unserer Kultur verbreiteten negativen Vorstellung vom Islam, oder handelt es sich um einen Einzelfall? Schließlich gehört die Religionsfreiheit und daher der Respekt vor der Religiosität anderer zu den in der Erklärung der Vereinten Nationen vom 10. Dezember 1948 garantierten Menschenrechten und damit auch -pflichten,[2] an die gerade wir Deutsche gebunden sind, weil auf die Bestialitäten Deutscher gegen Juden,

Kommunisten und andere „Andersgläubige" die UNO-Erklärung historisch zurückzuführen ist.

Im Folgenden will ich zunächst klären, wie weit es mit dem Respekt gegenüber Muslimen in Deutschland tatsächlich her ist, indem ich unter die Lupe nehme, was Christen und religionsferne Menschen aus deutschen Medien über den Islam erfahren. Das ist nicht nur für Muslime interessant. Denn was wir über den Islam erfahren, erfahren wir ja über Potentiale von Religion überhaupt. Auch deshalb werde ich ebenso umgekehrt fragen, was Muslime aus unseren Medien über Christen oder Religionsferne erfahren.

Als Sozialwissenschaftler gehe ich von der Grundfrage meiner Disziplin aus, die nicht transzendental, sondern pragmatisch zu verstehen ist: Wie ist es möglich, dass Gesellschaft zustande kommt? Wie wird aus Teilen, aus unterschiedlichen Individuen, Gruppen und ihren Handlung(sweis)en, ein soziales Ganzes? Prozesse, aus denen dies resultiert, nennen wir „Integration".[3] Sozialwissenschaft kommt ohne den Begriff der Integration nicht aus. Auch Religionen und die öffentlich kommunizierten Bilder von ihnen betrachtet sie daraufhin, was sie zum Zusammenhalt von Gesellschaft(en) beitragen.

Die Gesellschaft, deren Integration unser besonderes Interesse gilt, ist eine moderne, durch funktionale Differenzierung hochgradig komplexe und parzellierte Gesellschaft. Zu den vielen Unterschieden, die hier zwischen Individuen und Gruppen, Berufen und Institutionen bestehen, kommen in der Migrationsgesellschaft *kulturelle* Differenzen zwischen einheimischen und eingewanderten Ethnien. Menschen mit Migrationshintergrund machen heute etwa 20 Prozent der deutschen Wohnbevölkerung aus, in den jüngeren Altersgruppen und in den westlichen Bundesländern sind die Anteile erheblich höher. Ein Aspekt dieser kulturellen Diversität ist die Vielfalt der Konfessionen und Religionen. Konnten die Väter und Mütter des Grundgesetzes 1949 noch von einer durch die Zugehörigkeit zu einer christlichen Kirche religiös einigermaßen homogenen Bevölkerung ausgehen, traf das 2011 nur noch für 62 Prozent der Deutschen zu, während etwa ein Drittel ohne institutionelle Religionszugehörigkeit ist und an die fünf Prozent (vier Millionen) Muslime sind. Daneben gibt es kleinere Anteile von Buddhisten, Juden, Hindus, Jesiden und anderen Religionen.[4]

Angesichts dieser Vielfalt hat es beim Kriterium Religion wie bei anderen kulturellen Kriterien, z. B. dem Musikgeschmack, den Kleidungs- und Speisesitten oder dem Dialekt, wenig Sinn sich vorzustellen, dass Integration auf einer Gleichheit oder wenigstens Ähnlichkeit der Menschen und ihrer Handlungsweisen beruhe. Ich lege deshalb den Begriff der „interkulturellen Integration" zugrunde, also die Vorstellung, dass gesellschaftlicher Zusammenhalt bei akzeptierten kulturellen Differenzen dadurch zustande kommt, dass die Teile der Gesellschaft zutreffend übereinander informiert sind, sich wechselseitig – auch wegen ihrer Leistungen („Funktionen") für das Ganze – respektieren und allgemeine Werte wie die Menschenrechte gemeinsam gelten lassen.[5] Konfessionelle Überzeugungen und Regeln gehören in den Bereich der zulässigen, den sozialen Zusammenhalt nicht gefährdenden kulturellen Differenzen. Integrationshemmend wirkt demnach z. B., wenn durch Differenzen bei religiös begründeten Kleidungs- oder Speise-Sitten definierte „Andere" geringschätzig behandelt werden; Diffamierung führt zur Abkapselung der Diffamierten, was auf der Seite der Diffamierenden Vorurteile, mit denen Diffamierungen gerechtfertigt werden, zu bestätigen scheint und so verstärkt. Interaktionistisch betrachtet, unter Berücksichtigung der Wechselwirkungen zwischen aufeinander bezogenen Handlungsweisen, ist Diffamierung integrationsgefährdend, weil sie die Kommunikation zwischen den differenten Teilen der Gesellschaft hemmt, die den Prozess antreiben kann, der die Teile zum sozialen Ganzen werden lässt.

Dabei kann es sich auch um konflikthafte Kommunikation handeln, die für den Zusammenhalt von Gesellschaften u.U. durchaus wichtig ist.[6] Im Rahmen interkultureller Integration werden Konflikte jedoch nicht von Diffamierung begleitet, sondern auf der Grundlage allseits akzeptierter Menschenrechte ausgetragen. Gegenseitiger Respekt über kulturelle Differenzen hinweg setzt voraus, dass die verschiedenen ethnischen Gruppen einander zur Kenntnis nehmen und übereinander Bescheid wissen. Zutreffende und umfassende *Information* über die „Anderen" in der Migrationsgesellschaft ist daher für interkulturelle Integration von entscheidender Bedeutung.

Innerhalb der Sozialwissenschaften komme ich aus dem Fach Journalistik, das die Aufgabe hat, den Journalistenberuf durch Forschung (Innovationen) und Lehre (Ausbildung) zu unterstützen, ähnlich wie die Medizin den Arztberuf oder die Pädagogik den Beruf des Lehrers. Berufe haben Aufgaben zu erfüllen, die für andere nützlich sind, weshalb sie Chancen auf ein kontinuierliches Einkommen bieten[7] und für eine wissenschaftlich fundierte Ausbildung zu ihnen öffentliche Mittel zur Verfügung gestellt werden.

Journalisten haben die Aufgabe, unerschrocken, fair und umfassend Öffentlichkeit herzustellen, d. h. die Welt so transparent zu machen, wie sie ist. Professionelle Journalisten erzählen Geschichten, aber sie denken sie sich nicht aus, sondern sie sind dabei an die zutreffende und angemessene Wiedergabe ihrer Gegenstände gebunden.

Daraus folgt, dass ein Sozialwissenschaftler aus dem Fach Journalistik die Darstellung des Islams in den Medien nicht untersuchen kann, ohne über den Islam selbst etwas zu wissen, das sich der Analyse und Beurteilung von dessen Darstellung in den Medien zugrunde legen lässt. Es muss hier also zunächst etwas über den Islam festgestellt werden, das als Ausgangspunkt der Analyse und als Maßstab zur Beurteilung ihrer Ergebnisse brauchbar ist. Dafür liegt als Königsweg kultur- und sozialwissenschaftlichen Erkennens das *Vergleichen* nahe – in diesem Fall mit anderen Religionen, besonders mit dem Christentum.

Faktische Annahmen über den Islam

Fragen wir also, was Religionswissenschaftler und Orientalisten zum Vergleich von Islam und Christentum sagen, um den Gegenstand Islam zu charakterisieren.[8] Meine Quellen sind Studien aus der Feder von Annemarie Schimmel,[9] vor allem aber von dem anglo-amerikanischen Islam- und Nahost-Wissenschaftler Michael Cook.[10] Cook und Schimmel sind sich über eine Besonderheit des Islams einig, die ihn vom Christentum und anderen Religionen unterscheidet. Cook schreibt von der besonderen „Allgegenwart", die dem Gott des Islams, Allah,[11] „in weltlichen Angelegenheiten" zukomme,[12] und dass es sich bei dieser Allgegenwart „bezeichnenderweise um eine ganz öffentliche Form von Leitung"[13] des sozialen und politischen Geschehens handele. Schimmel spricht ähnlich vom „ungeheuren Einfluß", den „der Koran noch heute auf das Leben der Muslime [...] auf allen Gebieten der Kultur [...] hat."[14] „So gründet sich das islamische Leben in allen seinen Äußerungen auf den Koran."[15] Sie schreibt dann noch von der für Nichtmuslime schwer vorstellbaren „Macht [...], die dieses Buch für rund 350 Millionen Gläubige hat".[16]

Die außergewöhnliche Wirkungskraft des islamischen Gottglaubens im Lebensalltag hängt damit zusammen, dass in der muslimischen Tradition stärker als im Christentum zwischen zwei Menschengruppen unterschieden wird: denjenigen, die den rechten Weg beschreiten, und denjenigen, die in die Irre gehen. Diese Unterscheidung wird bereits in der ersten der 114 Suren des Korans getroffen, der Fatiha („Eröffnende"), „die vom gläubigen Muslim [...] bei jedem Gebet wiederholt wird"[17]:

> *„Im Namen Allahs, des Erbarmers, des Barmherzigen!*
> Lob sei Allah, dem Weltenherrn,
> Dem Erbarmer, dem Barmherzigen,
> Dem König am Tag des Gerichts!
> Dir dienen wir und zu Dir rufen um Hilfe wir;
> Leite uns den rechten Pfad,
> Den Pfad derer, denen Du gnädig bist,
> Nicht derer, denen Du zürnst, und nicht der Irrenden."[18]

Dass Gott denjenigen, die *nicht* den rechten Weg gehen, zürnen und sie am „Tag des Gerichts" bestrafen wird, kommt auch in der Bibel vor, aber im Koran steht es an erster Stelle und wird von denen, die sich auf dem rechten Weg sehen, mindestens fünf Mal am Tag wiederholt, während im Neuen Testament der – auch im Koran formulierte – Gedanke der Barmherzigkeit und der Zuspruch der Vergebung an den gläubigen Menschen wichtiger erscheint.[19] Der starke Akzent auf der rechten Lebensführung und die damit verbundene Furcht, sie zu verfehlen, erschweren es in der muslimischen Kultur, Glauben und Alltag, Religion und Politik so zu trennen, wie wir es in der westlichen Kultur seit der Aufklärung gewohnt sind und wie es für eine plurikulturelle Einwanderungsgesellschaft nötig erscheint.

Muslime fragen nicht selten, wo ihre Religionsfreiheit bliebe, wenn der besondere Einfluss des Islams auf den Staat, der für ihre Glaubensüberzeugungen konstitutiv ist, von einem Staat abgelehnt wird, der sich gegenüber Religionsgemeinschaften neutral verhält? Ich fürchte, an diesem Punkt muss die Religionsfreiheit von Muslimen in der modernen Migrationsgesellschaft tatsächlich eingeschränkt werden, wie ja Menschenrechte in der sozialen Praxis immer dann eingeschränkt werden müssen, wenn sie mit anderen Menschenrechten oder denselben Menschenrechten anderer kollidieren.

Wenn die Trennung von Religion und Politik im Islam schwerer fällt als in der christlich geprägten Moderne, heißt das nicht, dass sie der aufgeklärten Moderne in einem für interkulturelle Integration erforderlichen Maße gelungen wäre.[20] Und es heißt auch nicht, dass diese Trennung für die muslimische Religionsgemeinschaft unmöglich wäre. Islamische Gelehrte wie Mouhanad Khorchide weisen darauf hin, dass sich *grundsätzliche und unwandelbare* Inhalte des Korans und der Tradition von solchen unterscheiden lassen, die auf die sozio-kulturellen Verhältnisse auf der arabischen Halbinsel zur Zeit Mohammeds zurückzuführen sind, und dass sich solche historisch gebundenen Glaubenselemente durchaus verändern lassen.[21] Khorchide ist im muslimischen Milieu nicht unumstritten,[22] aber unter Theologen, Beobachtern der Migrationsgesellschaft[23] und Befürwortern interkultureller Integration auch nicht vereinzelt. Wie er fordern auch andere, der Islam müsse der Moderne angepasst werden, nicht umgekehrt.

Das wirft die Frage nach Objekten und Methoden, Chancen und Grenzen solcher Anpassung auf. Michael Cook hat die Flexibilität des Islams und der Koranauslegung untersucht und drei Probleme analysiert: den Wahrheitsanspruch des Islams im Verhältnis zum wissenschaftlichen Weltbild der Moderne, den Umgang mit Andersgläubigen und Religionslosen sowie das muslimische Bild von Männern und Frauen und vom Verhältnis der Geschlechter zueinander.

Muslimischer Wahrheitsanspruch und wissenschaftliches Weltbild

Bei der Vereinbarkeit des Glaubens an den alles erschaffenden Gott mit dem wissenschaftlichen Weltbild der Moderne unterscheidet sich der Islam wenig vom Christentum. Ob wir uns nun der Behauptung des Korans gegenüber sehen, Allah habe Menschen tatsächlich in Affen verwandelt, weil sie die Sabbatruhe nicht eingehalten hätten, oder den Behauptungen der Bibel über Jesu Wunderheilungen bzw. des Alten Testaments, „Jona sei ‚im Leibe des Fisches drei Tage und drei Nächte' gewesen"[24], läuft auf den gleichen Widerspruch hinaus. Die jungfräuliche Empfängnis Marias wird in beiden Heiligen Schriften behauptet, die Himmelfahrt des gottgleichen Menschen Jesus Christus allerdings nicht.

Ist es nicht sogar der Islam, dessen radikaler Monotheismus besser zur wissenschaftlichen Denkweise der Moderne passt als das Christentum, das die Gottheit in drei Teile aufspaltet, von denen einer auch noch von Fleisch und Blut ist? Moderne Kommentatoren finden im Koran genug Stellen, auf die sie sich berufen können, um zu erklären, Allah sei im Alltag weniger als aktuell Agierender denn als Ursprung von allem präsent.

„Ein Universum, das von einer immer gleichen göttlichen Gewohnheit regiert wird, ist nicht ganz dasselbe wie eines, das von den Naturgesetzen beherrscht wird, aber es passt viel besser dazu als ein Weltall, in dem Gott willkürlich und unberechenbar in den gewöhnlichen Gang der Dinge eingreift." (49)

In beiden Religionen gibt es fundamentalistische Oppositionsbewegungen gegen eine Theologie, die auf solche Weise Gottglauben und Naturwissenschaft in Übereinstimmung bringt. Im Christentum bezeichnen wir Fundamentalismus dieser Art als „Kreationismus", weil er die Schöpfungsgeschichte der Bibel wörtlich nimmt. Aber auch islamische Theologen wie der syrische Fundamentalist Saʿīd Ḥawwā wenden sich gegen eine bloße Metaphorik etwa der Koran-Erzählung über die Verwandlung von Menschen in Affen und bestehen auf der wörtlichen Bedeutung (vgl. 50).

Wenn sich Fundamentalismus als Antwort auf theologische Modernisierungsbestrebungen gegenwärtig im Islam stärker durchzusetzen scheint als im Christentum, liegt das also nicht daran, dass der Islam ursprünglich mit dem wissenschaftlichen Weltbild weniger vereinbar wäre. Zu berücksichtigen ist vielmehr, dass das Christentum im Laufe seiner Entwicklung stärker durch die europäische Aufklärung geprägt worden ist. Abgesehen von diesem historischen Argument leuchtet nicht ein, warum der muslimische Gottglauben von der Warte des wissenschaftlichen Weltbilds her weniger akzeptabel wäre als der christliche. Dass es eher umgekehrt ist, könnte ein Ansatzpunkt für einen offenen Umgang mit dem Islam in modernen Migrationsgesellschaften und ihren Medien jenseits von Feindbildern sein.

Umgang mit Andersgläubigen und Religionslosen

Was Toleranz gegenüber Ungläubigen betrifft, ist sie in beiden Heiligen Schriften und ihrer traditionellen Auslegung wenig ausgeprägt. Auch hier erscheint der Islam ursprünglich sogar etwas milder. Während nämlich in Sure 9, Vers 5 immerhin die Möglichkeit offen gehalten wird, sich zu Allah und seinem Propheten zu bekehren, zu „bereuen und das Gebet [zu] verrichten und die Armensteuer [zu] zahlen"[25], um Bestrafungen als „Götzendiener"[26] zu entgehen, ist dieser Ausweg dem Alten Testament in bestimmten Kontexten fremd, wo z. B. in 5. Mose 20, Vers 16 „der Herr, dein Gott" den Israeliten schlicht den Befehl gibt, in den Städten andersgläubiger Völker, die er ihnen „zum Erbe geben wird", konsequent „nicht leben [zu] lassen, was Odem hat". In beiden Traditionen gibt es allerdings auch tolerantere Stimmen, in der christlichen schon vom Alten Testament z. B. in Jesaja 56,1–8 her und dann besonders im Neuen Testament, in der muslimischen u.a. im 256. Vers der zweiten Sure, in dem es heißt: „Es sei kein Zwang im Glauben."[27]

Solche Widersprüche innerhalb der Heiligen Schriften sind stets Herausforderungen für Theologen gewesen. Deren auf beiden Seiten über die Jahrhunderte sich hinziehenden Diskussionen ist nach Cook zu entnehmen, dass sich religiöse Toleranz im modernen Christentum trotz der rigiden Anfänge stärker durchgesetzt hat als im Islam. So kommentiert etwa Saʿīd Ḥawwā den Kein-Zwang-Vers „mit der Bemerkung, alle Korangelehrten seien sich einig, dass ein arabischer Heide nur die Wahl zwischen dem Islam oder dem Schwert habe, wohingegen Juden und Christen auch noch die Option bliebe, Tribut zu zahlen" (54).

Die geringere Anpassungsfähigkeit des Islams an die Glaubensfreiheit geht also ebenfalls nicht auf den ursprünglichen Kern der Tradition, sondern wohl wiederum auf eine kräftigere Prägung des Christentums durch die europäische Aufklärung zurück, die es nicht nur absorbiert, sondern in Gestalt der protestantischen Reformation auch selbst vorangetrieben hat. Daran ist die Chance geknüpft, dass sich im Islam durch weitere Auseinandersetzungen mit der aufgeklärten Moderne eine ähnliche Vereinbarkeit mit den Menschenrechten entwickeln kann wie im heutigen Christentum diesseits auch hier zu findender fundamentalistischer Anwandlungen.

Das Bild von Männern und Frauen und vom Verhältnis der Geschlechter

Die Gender-Problematik scheint der schwierigste Punkt bei der Frage nach der Modernisierbarkeit des Islams. Auch hier gibt es eine Gemeinsamkeit, nämlich die durch beide Heilige Schriften unterstützte Unterprivilegierung von Frauen. An dieser Stelle zeigt sich der Islam jedoch von Anfang an härter und unduldsamer.

Manche Koranstellen klingen wie chauvinistischer Männlichkeitswahn. So der berüchtigte Vers 34 der vierten Sure, mit der Allah Mohammed in Medina Folgendes offenbart hat:

„Die Männer sind den Weibern überlegen wegen dessen, was Allah den einen vor den andern gegeben hat, und weil sie von ihrem Geld (für die Weiber) auslegen. Die rechtschaffenen Frauen sind gehorsam und sorgsam in der Abwesenheit (ihrer Gatten) [...]. Diejenigen aber, für deren Widerspenstigkeit ihr fürchtet – warnet sie, verbannet sie in die Schlafgemächer und schlagt sie."[28]

Muslime haben früh bemerkt, dass nord- und westeuropäische Männer (etwas) mehr Respekt, vielleicht auch mehr Furcht vor ihren Frauen hatten, als es diese Vorschrift des Korans zum Ausdruck bringt.

„Bis zum Beginn der Moderne gab es für die Muslime jedoch keinen Grund, in dieser nordeuropäischen Eigenart mehr zu sehen als eine ethnografische Kuriosität [...]. Seit dem 19. Jahrhundert hat sich die Lage jedoch drastisch verändert. Unter den Nordeuropäern und in den Bevölkerungen nordeuropäischen Ursprungs haben sich die Rollen von Mann und Frau noch weiter vom traditionellen islamischen Schema entfernt; ja in diesen Gesellschaften gibt es sogar eine aktive, offen feministische Frauenbewegung. Gleichzeitig hat dieses nordeuropäische Rollenbild in der globalen Kultur insgesamt bis zu einem gewissen Grad normativen Status erlangt." (56)

Diese Herausforderung hat dazu geführt, dass unter islamischen Theologen über die Grenzen diskutiert wird, die einem Ehemann bei der Wahrnehmung seines Rechts, die Frau zu züchtigen, gesetzt sind. „So legen sie beispielsweise Wert auf die Feststellung, dass die Ausübung dieses Rechtes nur ein letztes Mittel sein kann." (61) Und islamische Theologen weisen darauf hin, dass das Züchtigungsrecht nur den Ehemännern zukomme, nicht aber allen Männern im Verhältnis zu Frauen.

Ohne die Konsequenzen aus dem zitierten Vers der Sure 4 infrage zu stellen, ergehen sich modernisierungsfreundliche Koraninterpret(inn)en gelegentlich auch in Lobeshymnen auf das weibliche Geschlecht. Ridā bemerkt, „dass viele Frauen ihre Ehemänner auf den verschiedensten Gebieten überträfen; *Maghniyya* geht sogar so weit zu behaupten, dass viele Frauen besser seien als tausend Männer zusammen." Die Iranerin *Nusrat Amīn*, „eine der wenigen Frauen, die einen Kommentar zum Koran verfasst haben" (59), führt ins Feld, der zitierte Koranvers beschneide weder die Eigentumsrechte noch die sozialen und politischen Freiheiten von Frauen. Trotz solcher Relativierungen wird freilich auch von der modernisierungsfreundlichen islamischen Theologie am Prinzip der männlichen Überlegenheit nicht gerüttelt.

Auch zum Verhältnis der Geschlechter ist die moderne islamische Theologie also alles andere als einheitlich, es zeigen sich Diskrepanzen, die beim Geschlechterverhältnis allerdings mehr als anderswo an der reibungslosen Anpassbarkeit des Islams an die Moderne zweifeln lassen. Ḥawwā ignoriert die Frage in seinem Korankommentar völlig (vgl. 62). Das ist aus der Sicht der Journalistik bedenklicher als diskriminierende Äußerungen über Frauen, mit denen man sich auseinandersetzen kann, während das Schweigen, das Nicht-Thematisieren jeden Diskurs ausschließt, auch den kritischen.

Der Islam und die Aufklärung

Cook meint eine Systematik im Ablauf der Auseinandersetzung des Islams mit der Moderne zu erkennen:

„Schematisch vereinfacht, folgen auf die traditionellen Kommentatoren die Modernisten, auf diese wiederum die Fundamentalisten. Das bedeutet einmal, dass die Fundamentalisten von ihren traditionsverhafteten Vorfahren zwei Generationen entfernt sind. Außerdem sind die westlichen Werte, denen sich jene gegenüberstehen, nicht nur modische Zeiterscheinungen, sondern vermutlich unerlässliche Bausteine der Welt, welche die Menschheit auf absehbare Zeit bewohnen wird. Diese Überlegungen legen den Schluss nahe, dass die gegenwärtige Stärke einer fundamentalistischen Interpretation der Heiligen Schrift in der islamischen Welt sich als wenig dauerhaft erweisen könnte." (62f.)

Wie in der islamischen Theologie gibt es also auch in der Orientalistik eine Strömung, die von der Anpassbarkeit des Islams an die Moderne ausgeht. Das gelte für diverse Elemente der muslimischen Kultur allerdings in unterschiedlichem Maße.

Islam, Judentum und Christentum haben als „abrahamitische" Religionen gemeinsame Wurzeln, große Teile des Korans wie die Josephs-Erzählungen in Sure 12 stimmen mit der Bibel überein. Fast alles, was an den monotheistischen Religionen überzeugt oder was ihre fundamentalistischen Strömungen sich gegenseitig vorwerfen, gilt für sie alle drei. Jede Zustimmung zu und jede Kritik an einer von ihnen lässt sich auf alle drei beziehen und mit Zitaten aus ihren Heiligen Schriften belegen.

Dennoch halten Journalisten und ihre wissenschaftlichen Begleiter an der Prämisse fest, dass Gegenstände, deren mediale Darstellung analysiert werden soll, in ihren Besonderheiten zu beachten sind. Und eine Besonderheit des Islams ist, dass er weniger als das Christentum durch die europäische Aufklärung hindurchgegangen ist. Daraus ergibt sich im Hinblick auf den Islam ein stärkerer Bedarf an Anpassung an die für die europäischen Migrationsgesellschaften und die globale Staatengemeinschaft prägenden Leitideen von Menschenrechten und Demokratie, der sich bei sachgerechter Darstellung in der Medienberichterstattung als kritisches Potenzial gegenüber dem Islam reflektiert.

Fraglich ist allerdings, wie offen die von der Tradition der Aufklärung geprägte Moderne überhaupt für eine Anpassung des Islams an ihre zentralen Werte ist? Wird diese Anpassung von der Darstellung des Islams in den Medien gefördert? Da in den europäischen Migrationsgesellschaften die Tradition der Aufklärung *die* prägende kulturelle Kraft ist, darf auch bei der Frage nach aktuellen Medienbildern nicht vergessen werden, was in der Epoche der Aufklärung über deren Gegenstand, in diesem Fall den Islam, gesagt worden ist. In Deutschland denken wir dabei an Lessings dramatisches Gedicht „Nathan der Weise" von 1779, dessen berühmte Ringparabel nicht nur Gleichwertigkeit, sondern Austauschbarkeit der drei monotheistischen Weltreligionen voraussetzt, woraus sich die Aufforderung zu interreligiöser Toleranz ergibt.[29]

In Frankreich, dem Mutterland der Aufklärung, ist 1721 allerdings auch ein Roman erschienen, der wenig für europäische Offenheit gegenüber dem Islam spricht. In seinen „Persischen Briefen"[30] lässt Montesquieu „zwei durch Europa reisende Perser mit dem unverstellten Blick der Fremden die Ungereimtheiten der abendländischen ‚zivilisierten' Lebensformen bloßstellen", wie es im Umschlagtext der deutschsprachigen Reclam-Ausgabe für den Schulgebrauch heißt. Dort wird zwar behauptet: „Mit seinem Kampf gegen menschliche Borniertheit und seinem entschiedenen Plädoyer für die Toleranz gehört Montesquieus Werk zu den unvermindert aktuellen Dokumenten der europäischen Aufklärung." Gleichwohl transportiert der Briefroman durch seine fiktionalen Einblicke in die Welt des Orients – inklusive des Harems und der Moschee – Begriffe von der muslimischen Kultur, die den Islam als zurückgebliebene, irrationale, despotische Religion erscheinen lassen. Was die Vereinbarkeit mit dem wissenschaftlichen Weltbild betrifft, schreibt Usbek, einer der beiden Reisenden, an einen „Mullah Mehmet Ali" im persischen Ghom:

„Warum nimmt uns unser Gesetzgeber das Schweinefleisch und alles Fleisch, das er als unrein bezeichnet? Warum verbietet er uns, tote Körper zu berühren, und warum schreibt er uns vor, ständig, um die Seele zu reinigen, den Körper zu waschen? Nach meiner Ansicht sind die Dinge an sich weder rein noch unrein." (40)

Was Mirza, der andere Reisende, aus Isfahan an seinen Freund Usbek berichtet, der bereits unterwegs nach Westen ist, bezieht sich auf die Thematik der Toleranz und der Trennung von Religion und zivilem Leben:

„Ich habe mit Mullahs gesprochen, die mich mit ihren Zitaten aus dem Koran zur Verzweiflung bringen, denn ich rede mit ihnen nicht als Rechtgläubiger, sondern als Mann, als Staatsbürger, als Familienvater." (27)

Und zur Gender-Problematik schreibt die im persischen Harem Usbeks zurückgebliebene Roxane angesichts ihres bevorstehenden Freitods im letzten Brief des Romans an ihren Herrn und Gebieter in Paris:

„Wie konntest Du nur denken, ich sei so einfältig und würde mir vorstellen, ich sei nur auf der Erde, um Deine Launen zu bewundern? Und Du hättest das Recht, alle meine Begierden zu unterdrücken, während Du selbst Dir alles erlaubst? Nein! Ich habe in der Knechtschaft leben können, aber ich war immer frei." (300)

Gerade weil Montesquieu von den aufgeklärten Positionen seiner Epoche aus den Islam betrachtet, stellt er bei aller Aufforderung zur Toleranz an ihm Merkmale der Unterlegenheit wie rituelle Rigidität oder despotischen Chauvinismus fest. Da den „Persischen Briefen" ein großer Bucherfolg beschieden war – bis 1755 erschienen über 30 Ausgaben –, trugen sie zur Verbreitung abschätziger Vorstellungen vom Islam in Europa[31] bei, die in der westlichen Kultur bis heute virulent sind.

Medienberichte über den Islam

Diese Virulenz hat u. a. Sabine Schiffer in ihrer kulturwissenschaftlichen Dissertation[32] belegt. Nach Vorüberlegungen zur Realitätskonstruktion durch Feindbilder in gesellschaftlichen Diskursen, zur Funktion von Stereotypen und zur Sinn-Induktion bei der Rezeption an sich getrennter Bedeutungselemente hat sie drei Angebote aus dem Medienalltag einer Inhaltsanalyse unterzogen: Eine 1998 erschienene Spezial-Ausgabe des Nachrichtenmagazins „Der Spiegel" mit dem Titel „Rätsel Islam", bei der sie sich das Titelblatt vorgenommen hat, das das „Bild eines halben, verschleierten Frauengesichts" zeigt, „von dem man [...] nur ein Auge zu sehen bekommt, welches mit einer als Krummsäbel umgestalteten Augenbraue versehen ist" (81); den Sprachgebrauch der Medien bei Lehnwörtern wie Allah, Harem, Islam, Kadi, Koran, Minarett, Moschee, Moslem, Mullah, Scharia, Sultan oder Sure (108); und eine Reihe von Berichten der Asienkorrespondentin Gabriele Venzky über den Fall Taslima Nasrin, über den Schiffer schreibt:

„Taslima Nasrin, Ärztin und Schriftstellerin aus Bangladesch, machte vor einigen Jahren von sich reden – als Verfolgte islamischer Fundamentalisten ihres Landes. Ihr Schicksal passte in bereits bekannte Schablonen, nämlich die Verfolgung von Schriftstellern in so genannten islamischen Ländern – prototypisch hierfür steht der Fall Salman Rushdie – sowie die antiislamische Frauenrechtsbewegung [...]. An bereits etablierte Einstellungen zu den genannten Zusammenhängen konnte die Berichterstattung über die Verfolgung Taslima Nasrins somit anknüpfen." (139)

Bereits dieses Zitat zeigt, dass auch Schiffer bei ihrem Diskurs-Modell kulturwissenschaftlicher Forschung zum Bild des Islams in den Medien nicht ohne ein Vorverständnis auskommt. Bei ihr kommt das u. a. darin zum Ausdruck, dass sie die Verfolgung Nasrins relativiert, indem sie an anderen Stellen deren „Fall" in Anführungsstriche setzt oder deren schriftstellerisches Potenzial infrage stellt. Auch Schiffers Analysen liegen also Annahmen über die Gegenstände der von ihr analysierten Mediendarstellungen zugrunde. Dem hermeneutischen Zirkel kann man nicht entkommen.

Dennoch ist von Untersuchungen wie der Schiffers manches zu lernen. Es zeigt sich, dass ein alter europäischer Diskurs über die Unterlegenheit des Islams, der im Mittelalter mit den Kreuzzügen anhebt, in der Reformation durch Martin Luther fortgeführt wird[33] und sich auch in der Aufklärungsepoche nachweisen lässt, in der Gegenwart nichts an Schärfe verloren hat, wobei die traditionellen Merkmale der Unterlegenheit – atavistischer Gottesbegriff, Intoleranz gegenüber Andersgläubigen und Unterdrückung des weiblichen Geschlechts – immer noch von entscheidender Bedeutung für die mediale Konstruktion des einerseits herablassenden, andererseits bedrohlichen Bildes vom Islam sind.

Beim arabo-islamischen Terminus „Allah" stellt Schiffer fest, dass er „sehr häufig pars pro toto den Islam als Ganzes" (112) vertritt, der seinerseits in den Texten mit Gewaltbereitschaft und Frauenunterdrückung konnotiert wird. Das weist darauf hin, dass Muslimen in den Medien eine Vorstellung von Gott nachgesagt wird, die dessen Allmacht über den Menschen betont, während der konsequent monotheistische Charakter des muslimischen Gottesbegriffs weniger thematisiert, das mit der Moderne verträgliche Potenzial des Islams weniger ausgelotet wird.

Die Analyse der Korrespondentenberichte Gabriele Venskys legt Rückschlüsse darauf nahe, ob dem Islam eine grundsätzliche Tendenz zur Verfolgung Andersgläubiger unterstellt oder ein Toleranzpotential gegenüber Nicht-Muslimen zugestanden wird. Schiffer stellt fest, dass in den Berichten über die Verfolgung Taslima Nasrins durch die Aktivierung von Diskurs-Konzepten wie Fanatismus, Hexenjagd, Lynchjustiz, Mittelalter usw. der Eindruck eines angeblichen „Klimas der Intoleranz" (157) sowie „von Zensur und Verfolgung Andersdenkender" (159) hervorgerufen wird, für das die Medien den Islam und seine fundamentalistischen Mullahs verantwortlich machen. Auch hier wird eine Tendenz der Medien zur Konzentration auf die vormodernen, historisch gebundenen Kulturanteile des Islams sichtbar, während Komponenten, die für seine Veränderbarkeit durch die Berührung mit Aufklärung und Moderne sprechen, in den Medien weniger zur verbalen oder visuellen Sprache kommen.

Die wirkungsmächtige Visualität von Medieninhalten berücksichtigt Schiffer besonders bei der Untersuchung des „Spiegel"-Specials „Rätsel Islam", die vor allem der Darstellung der Rolle der Frau im Islam gewidmet ist. Sie stellt zunächst fest, dass drei Texte der Themenausgabe „relativ kritisch mit dem jetzt geführten Diskurs" über den Islam als eine Religion umgehen, für die die Herabwürdigung des weiblichen Geschlechts typisch sei. Diese gegenüber islamophoben Tendenzen kritischen Textbeiträge würden jedoch „durch Bilder, typografische Hervorhebungen durch Fett- und Farbdrucke sowie Schaukästen und Karikaturen" in die Botschaft des hegemonialen, bereits durch das Titelblatt aufgerufenen Diskurses zurückgeordnet: „Islam ist Gewalt, Bedrohung, Rückschritt und Frauenunterdrückung." (100) Und weiter: „Nachdem [...] die muslimische Frau" auf diese Weise „zum unterdrückten Wesen schlechthin" gemacht werde, „eignet sich der Schleier hervorragend als sichtbares Zeichen, als Symbol für den Islam, dem die Gründe für jegliche Unterdrückung unterstellt werden." (85) Kurz: „Die verschleierte Muslima oder auch ihr Schleier allein haben Hochkonjunktur bei der Darstellung des Islams in den westlichen Medien." (82) Auch beim Gender-Thema stellen die Medien offenbar die düstere, repressive Seite des Islams in den Vordergrund, die es im Christentum ursprünglich ähnlich gab, dort heute aber stärker relativiert erscheint.

Stellt man solche Befunde in einen interaktionistischen Kontext, der außerdem auch die Beschaffenheit der Berichterstattungsgegenstände bei der Analyse von Medienbildern berücksichtigt, fällt vor allem das *Desinteresse der Medien an den Modernisierungspotentialen* des Islams, der Mangel an einer dynamischen Perspektive in der Berichterstattung auf.

Feindbild Islam – Gründe und Gegenkräfte

In allen drei Fragen, die uns zur Charakterisierung des Islams dienten, zeigt sich eine Konzentration seiner Mediendarstellung auf die bedrohlichen, starren Aspekte, während die flexible, für Menschenrechte und Moderne offene Seite weniger Beachtung findet. Das muss als Barriere für interkulturelle Integration zwischen christlicher oder religionsferner Mehrheit und muslimischer Minderheit betrachtet werden, weil dieser Prozess auf wechselseitiges Verstehen angewiesen ist. Von wem man sich bedroht fühlt, vor dem wird man kaum Respekt entwickeln können.

Gleichzeitig zeigt sich, dass dieses Hemmnis sich nur schwer überwinden lässt. Die sehr lange, von der Aufklärung nur unvollständig unterbrochene, wenn nicht sogar verstärkte Kontinuität des bedrohlichen Bildes vom Islam lässt darauf schließen, dass dieses Feindbild außerordentlich tief im (Unter-)Bewusstsein der westlichen Kultur verankert ist.

Medien spiegeln und konturieren nur das in der westlichen Populärkultur verbreitete Bild vom Islam, indem sie sich dem anpassen, was das Publikum denkt und fühlt, um bei diesem anzukommen. Dass Menschen sich am liebsten dem zuwenden, am leichtesten das aufnehmen und am besten das behalten, was mit ihren Vorverständnissen übereinstimmt,[34] ist seit der Theorie von der kognitiven Dissonanzvermeidung[35] in der Rezeptionsforschung bekannt. Hinzu kommt, dass Negativismus und Bedrohlichkeit seit jeher als Kriterien fungieren, nach denen Journalisten entscheiden, ob sie etwas zur Nachricht machen, wobei es sich wieder nur um antizipierte Aufmerksamkeitskriterien des Publikums handelt. Wenn Journalisten ihr Publikum erreichen wollen, was die von ihnen angebotenen Inhalte ja erst zu Informationen werden lässt, dann kommen sie um die Orientierung an solchen, seit Walter Lippmann[36] bekannten und in einer langen Forschungstradition untersuchten Nachrichtenwertfaktoren nicht herum. Nicht nur Muslime, auch Politiker und Bänker, ja sogar Bischöfe werden in den Medien überwiegend negativ dargestellt.

Gewisse Chancen, durch Medienberichterstattung zur Emanzipation von traditioneller Islamophobie beizutragen, ergeben sich aus der *Berufsethik*, die von Journalisten verlangt, über einen Gegenstand möglichst wahr, d. h. auf der Basis von Recherche richtig und umfassend, ohne Auslassen im öffentlichen Interesse liegender Informationen zu berichten. Zweifellos liegt es in einer Migrationsgesellschaft im öffentlichen Interesse an interkultureller Integration, dass Christen und Religionsferne über den Islam auch das erfahren, was für seine Flexibilität, seine Anpassbarkeit an die Moderne und seine Aufnahmebereitschaft für die – in der UNO-Erklärung von 1948 auch in arabischer Sprache festgehaltenen – Menschenrechte steht.

Anders, als eine zur „Zurückordnung" in den antiislamischen Diskurs führende Materialauswahl der Forschung es erscheinen lässt, finden sich in den Medien durchaus Hinweise auf die produktiven Aspekte des Islams und der muslimischen Gemeinschaft. Im Oktober 2013 erschien in der „Zeit", also mit einer Auflage von etwa 600.000 Exemplaren,[37] ein ganzseitiges Interview nebst großem Foto[38] mit Mouhanad Khorchide anlässlich seines oben erwähnten Buches.[39] Im Buch und auch im Interview fordert Khorchide das Abwerfen von historischem Ballast und eine Öffnung des Islams für die Moderne, wobei er zwangsläufig von dessen Anpassbarkeit ausgeht. Dass Khorchide ähnlich wie 300 Jahre vor ihm Montesquieu auf den „restriktiven Geist" hinweist, der seit dem neunten Jahrhundert in der muslimischen Welt vorherrsche, ist kaum vermeidbar, wenn er diesen rückwärtsgewandten, ans längst Vergangene konkret gebundenen Geist überwinden will. Gleichzeitig lässt es sich aber auch als Komponente des antiislamischen Diskurses deuten, was das unvermeidlich Zirkelhafte, Tautologische von Diskursanalysen in diesem Fall deutlich macht.

Ist „Die Zeit" aber nicht ein elitäres Ausnahmemedium, das die breite Bevölkerung als wichtigsten Träger des islamophoben Diskurses gar nicht erreicht? In einer populären, in Supermärkten billig angebotenen Darstellung des Islams heißt es z. B.:

„Moderne islamische Völkerrechtler [...] interpretieren den Frieden [...] nicht nur als Endzustand, sondern übertragen ihn auf den Normalzustand zwischen heutigen Staaten (auch unterschiedlicher Glaubensausrichtung). Sie berufen sich dabei auf Aussagen des Korans, die den Kriegszustand allein als Verteidigungskrieg legitimieren. Friede ist dagegen geboten, wenn auch die ‚Feinde des Islam' keine Übergriffe begehen – so etwa in Sure 8, 63: ‚Sind sie [die Feinde] aber zum Frieden geneigt, so sei auch du ihm geneigt und vertrau auf Allah ...'. Nach dieser Position hat der Islam also Frieden zu halten, wenn er nicht selbst angegriffen wird."[40]

Die dänischen Mohammed-Karikaturen wurden auch in Massenblättern thematisiert. Im undifferenzierten Schrei einerseits nach Pressefreiheit, andererseits nach religiösem Respekt ging damals unter, dass vermutlich alle zwölf Karikaturen die Empfindungen vieler Muslime verletzt haben, dass aber zwei darunter sind, bei denen das Menschenrecht auf Presse- und Informationsfreiheit das konkurrierende Menschenrecht auf freie Religionsausübung überwiegt, weil an ihnen wegen ihres Inhalts und ihrer Qualität ein besonderes öffentliches Interesse besteht: Der Zeichner Jens Julius ließ eine lange Riege gewaltbereiter Terroristen auf einen Propheten treffen, der ihrem Traum von erotischer Seligkeit im Paradies mit dem Ausruf „Stop. Stop. We have run out of virgins!" ein Ende setzt, der Zeichner Franz Füchsel ließ einen Propheten, der gerade einen kritischen Blick auf ein Karikaturenblatt wirft, mit beschwichtigender Geste zwei fanatisierte Muslime aufhalten, die mit Schwert und moderneren Waffen gestikulierend auf eine Strafaktion losziehen wollen; „Easy, my friends, when it comes to the point it is only a drawing made by a non-believing Dane ...", ist der ebenso ernüchternde wie erhellende Ausspruch des Propheten in dieser Situation.

Diese beiden Karikaturen demonstrieren auf witzige Weise, dass es innerhalb des Islams Kritik an Fundamentalismus und Gewaltbereitschaft und eine Öffnung für Aufklärung und Moderne gibt. Es war nicht nur richtig, sondern im Sinne der Informationspflicht von Journalisten notwendig, diese beiden Cartoons zu publizieren, während es bei den anderen zehn wohl besser gewesen wäre, wenn Journalisten, um die religiösen Empfindungen von Muslimen nicht zu verletzen, auf ihre Veröffentlichung verzichtet hätten.

Hätte der Deutsche Presserat ähnlich differenziert über Beschwerden gegen die Publikation der zwölf Karikaturen entschieden, hätte dies Journalisten klar machen können, dass in der Migrationsgesellschaft nicht nur die religiösen Empfindungen von Christen Geltung beanspruchen dürfen, während Muslime auf den hohen Wert von Informationsrecht und Öffentlichkeitsprinzip in der liberalen Demokratie hingewiesen würden. Das wäre ein Beispiel gewesen, wie Medien zur interkulturellen Integration beitragen können. Die Chance ist vertan worden, weil der Deutsche Presserat mit seiner Beschwerdeentscheidung behauptet hat, die Publikation der Karikaturen habe religiöse Empfindungen von Muslimen nicht (oder nicht hinreichend stark) verletzt. Woher wollte der Presserat das wissen, wo ihm doch gar kein Muslim angehörte?[41]

Geben wir uns aber keinen Illusionen hin. Es mag sein, dass sich im Bereich der fiktionalen Unterhaltung, der Spielfilme oder der Fernsehserien etwas anderes zeigen würde. Im Bereich der nicht-fiktionalen Information jedenfalls werden dem Islam in den Mainstream-Medien aufs

Ganze gesehen eher negative als positive Charakteristika zugeschrieben. Dabei kann offen bleiben, ob das mehr auf die Kontinuität eines kulturhistorisch verankerten Feindbilds zurückgeht oder mehr darauf, dass Journalisten sich bei der Auswahl des Mitzuteilenden bewusst oder unbewusst an der Aufmerksamkeit des Publikums für das Bedrohliche und Exzeptionelle orientieren. Offenbar ist diese Aufmerksamkeit ein kultur- und zeitübergreifendes, in der menschlichen Natur angelegtes und deshalb für Journalisten auf der ganzen Welt besonders verlässliches Merkmal des Medienpublikums.

*Was erfahren Muslime aus Ethno-Medien
über Christen und Religionsferne?*

Drehen wir nun die Perspektive um und fragen, was Muslime aus den Medien über Christen und Religionsferne erfahren. Leider kann ich zum Bild von Christentum und Atheismus in den von Muslimen genutzten Ethno-Medien keine systematische Analyse wie die von Sabine Schiffer zum Bild des Islams in den Mainstream-Medien referieren, weil solche Analysen sich meiner Kenntnis entzieht. Anhaltspunkte müssen genügen.

Auch in der muslimischen Kultur gibt es traditionelle Feindbilder von Christen, Religionslosen und auch Juden. Sie sind hier mindestens ebenso tief historisch verankert wie die christlichen Feindbilder vom Islam, denn während Altes und Neues Testament naturgemäß keine Stellungnahmen zum erst Jahrhunderte später entstandenen Islam enthalten, hat ja der Islam im siebten Jahrhundert als Reformbewegung gegen verlotterndes Juden- und Christentum begonnen, so dass im Koran zahlreiche Aussagen über das Christentum zu finden sind, „die später von der […] islamischen Überlieferung und Theologie unterstrichen und bestätigt, ja zum Teil zugespitzt worden sind."[42] Nachdem Mohammed, der sich als letzter und größter in einer Reihe von Gesandten Gottes nach Moses, David und Jesus betrachtete, anfangs noch anerkennende Worte über Christen und ihre Religion geäußert hatte, ging er im Laufe der Zeit zu einer sich verschärfenden Ablehnung von Juden, aber auch Christen über, als diese ihm nicht folgen wollten. Im Koran schlägt sich das in einer scharfen Ausgrenzung von Juden und Christen aus der Gemeinschaft der Gläubigen nieder. Sie unterliegen zwar nicht, wie andere „Heiden", dem Tötungsgebot, das für den Fall eines Krieges zur Verteidigung in

Sure 2, Vers 191 formuliert wird, aber einer in Sure 9, Vers 29 ausdrücklich festgehaltenen Tributpflicht, der sie „kleinlaut" nachkommen sollen.

Wie Rita Breuer zeigt, hat das in späterer islamischer Theologie und gegenwärtiger muslimischer Praxis u.a. eine Ächtung christlicher Mission und muslimischer Konversion zum Christentum zur Folge.[43] Letztere wird in länderspezifischen Abstufungen mit harten Sanktionen bis hin zur Todesstrafe bedroht und kann sich daher z. B. in Saudi-Arabien gar nicht oder nur unter dem Schutz strengster Geheimhaltung (Anonymität) vollziehen.

„Neben die drohende Todesstrafe treten bei Abkehr vom Islam schwerwiegende soziale Konsequenzen: Bekennende Konvertiten verfügen in traditionellen islamischen Gesellschaften über keinen eigentlichen Status und werden kaum Arbeit oder Wohnung finden. Dramatisch ist der oft vollständige Verlust des Familienverbandes. [...] Viele Konvertiten sehen vor diesem Hintergrund in der Emigration den einzigen Ausweg, doch selbst in ihrem europäischen, amerikanischen oder australischen Gastland werden sie noch die größte Vorsicht im Kontakt zu islamischen Gruppierungen walten lassen. Ganz frei von Angst ist wohl keiner von ihnen." (40f.)

Da die Freiheit zur Abkehr von einer Religion oder zum Übertritt zu einer anderen zum Menschenrecht auf Religionsfreiheit gehört, ist es aus dieser muslimischen Sicht konsequent, wenn Saudi-Arabien als einer von acht Staaten 1948 die Unterzeichnung der UN-Menschenrechtserklärung verweigert hat, „und zwar insbesondere wegen Art. 18, der die Freiheit des Religionswechsels als Teil der Religionsfreiheit vorsieht" (43). Es ist also nicht nur aus der Geschichte des Kolonialismus und seiner christlich-theologischen Begleiter, sondern auch durch den traditionellen islamischen Blick auf Christen- und Judentum erklärlich, warum christliche Minderheiten „mit den Kreuzzüglern, den Kolonialmächten und den aktuellen politischen Feindbildern der islamischen Welt, allen voran den Vereinigten Staaten, assoziiert" (48) werden.

Die deutschsprachige Literatur darüber ist dürftig, aber es gibt Anhaltspunkte dafür, dass sich das im Islam verbreitete uralte und dann durch den Kolonialismus verstärkte Feindbild Christentum (oder Atheismus), ähnlich wie das Feindbild Islam in den deutschen Mainstream-Medien, in den von muslimischen Migranten genutzten Ethno-Medien niederschlägt. So hieß es in der türkischen Frauenzeitschrift „Mectup", zitiert aus der Übersetzung der Islamwissenschaftlerin Rita Breuer: „Die islamische Lehre besagt, dass die Menschen nicht zur Annahme des Glaubens gezwungen werden dürfen, aber sie lässt auch nicht die Freiheit, den islamischen Glauben zu verleugnen oder wieder zu verlassen. Denn dieser ist gekommen, um wieder Ordnung in die verdorbenen Gesellschaften zu bringen" (41). Mit den „verdorbenen Gesellschaften" sind offensichtlich Christen oder Religionslose in Europa und Nordamerika gemeint. Und in „Hürriyet" wurde noch Jahre nach der Erdbebenkatastrophe von 1999 über christliche Missionare und Helfer berichtet, sie würden sich die Not der Menschen zunutze machen und sie „durch materielle Zuwendungen – Geld, Kleidung, Essen – zur Annahme des christlichen Glaubens bewegt haben" (49). Dabei ist bekannt, dass die christlichen Kirchen besonders in islamischen Ländern längst keine aktive Mission mehr betreiben, nachdem Missionare ihren Eifer oder auch nur – wie 1996 sieben Mönche des Trappisten-Klosters Notre-Dame de l'Atlas im algerischen Tibhirine – ihr bloßes christliches Dasein dort mit dem Leben bezahlen mussten.

Seit langem hat sich ein Missionsverständnis entwickelt, „das sich auf die Anwesenheit gelebten christlichen Glaubens in der islamischen Welt beschränkt und sich häufig in sozialen Diensten ausdrückt, die der Gesamtbevölkerung offenstehen" (47). Wobei auch Letzteres nicht unproblematisch ist, weil schon der Kontakt mit dem christlichen, westlichen, ungläubigen „Feind" für Muslime Sanktionen nach sich ziehen kann. Schließlich werden in Medien wie der „Islamischen Zeitung" oder der „Milli Gazet" gelegentlich sogar „die Menschenrechte [...] als humanistisch verbrämtes christliches Konzept bezeichnet, da es dem Christentum im Unterschied zum Islam an umfassenden Vorschriften für das menschliche Zusammenleben fehle" (43).

Die genannten Anhaltspunkte weisen darauf hin, dass es die zum Feindbild Islam spiegelbildlichen Feindbilder Christentum oder Atheismus in den betreffenden Ethno-Medien vermutlich auch gibt. Hier wie dort dürfte es aber auch an professionellen journalistischen Bemühungen nicht fehlen, die Welt der anderen Religion so transparent zu machen, wie sie tatsächlich ist, d. h. einschließlich der Aspekte und Kräfte, die für den interreligiösen Dialog und damit für die interkulturelle Integration der Migrationsgesellschaft förderlich sind.

Bilder vom Christentum in informativen Mainstream-Programmen

Was erfahren Muslime aus deutschen *Mainstream-Medien* über Christentum und Religionsferne?

Vermutlich werden nicht viele Muslime die älteste Sendereihe im deutschen Fernsehen, das „Wort zum Sonntag", regelmäßig oder auch nur gelegentlich anschauen. Aber hier verfügen wir seit 1997 immerhin über eine systematische Analyse von Ruth Ayaß.[44] Sie zeigt, dass die samstägliche christliche Äußerung zwischen Unterhaltung, Politik und Sport im immer noch meistgenutzten Massenmedium zwar bewusst eine altmodische Präsentationsform beibehält, „um sich vom profanen Kontext abzusetzen" (280). Ayaß interpretiert das kritisch: „Die Kirchen haben mit ihrer Entscheidung, die modernen Massenmedien für ihr Anliegen zu nutzen, zwar faktisch die Bedeutung dieser modernen Institutionen eingestanden, sie erkennen jedoch deren typische Präsentationsformen nicht an." (280)

Anders als beim optischen Erscheinungsbild haben sich die Kirchen beim Inhalt dagegen dem modernen Kontext angepasst, indem sich die abwechselnd katholischen oder evangelischen Sprecher(innen) nicht an aktive Christen wenden, sondern allenfalls an passive Christen, wenn nicht an Religionsferne, die sie aus ihrem säkularen Alltag abholen zu müssen meinen. Auch das interpretiert Ayaß kritisch:

„Während die Sprecher davon ausgehen, der Zuschauer müsste irgendwo abgeholt werden, bevor man den ganzen Sinn des Unterfangens aufdeckt, sind die Zuschauer hingegen insofern klüger, als sie ja von Anfang an ganz genau wissen, wohin die Reise gehen soll. (Schon mit der Ansagetafel sind sie sozusagen gewarnt.) Dies ist vielleicht der Grund, warum im ‚Wort zum Sonntag' spöttische oder ironische Lesarten schon angelegt sind – unbeabsichtigterweise." (285)

Da die Sprecher der Sendereihe außerdem auch auf jene mit Strafen drohende Leidenschaft verzichten, wie sie den Propheten des Alten Testaments (und einigen apokalyptisch orientierten Texten im Neuen Testament wie Matthäus 25,31–46) eignet und wie sie im Islam wohl eher zu finden ist als in einem hauptsächlich auf das Neue Testament gestützten Christentum, entstehe für die Zuschauer ein Eindruck von Belanglosigkeit. „Verglichen mit den temperamentvollen Prophezeiungen Jeremias oder Jesaias etwa sind die Verheißungen, wie sie im ‚Wort zum Sonntag' erfolgen, [...] eher zahn- und harmlos" (292).

Ayaß meint, dies sei nicht zuletzt dem neutestamentlichen „Gottesbegriff des Christentums zuzuschreiben, der anders als das antike Judentum keinen zornigen und strafenden Gott kennt" (292). Vielleicht ist es aber auch charakteristisch für eine Religion, die durch die Aufklärung und ihr Toleranzgebot hindurchgegangen ist und dabei ihre Verbindlichkeit, ihren Biss eingebüßt hat. Wenn Muslime, sollten sie sich am Samstagabend doch einmal ins „Wort zum Sonntag" verirren, das dort Geschaute kraftlos und wenig überzeugend finden, mag das das Dilemma des Christentums im Umgang mit dem gegenwärtig noch weniger aufklärungsgeläuterten, quasi noch im vormodernen Saft stehenden Islam überhaupt sein: Wenn das Toleranzgebot gegenüber jemandem praktiziert wird, der es selbst nicht oder weniger befolgt, kann es auf Schwäche hinauslaufen. Ob in dieser Schwäche des Christentums wie des Atheismus, der durch die Aufklärung überhaupt erst als soziales Phänomen entstand, auch eine *Attraktivität* liegt, die zur Modernisierung des Islams, zu seiner nachhaltigen Verschmelzung mit den Menschenrechten beitragen wird, muss sich noch erweisen.

Ein weiterer Bereich, aus dem Muslime und auch Religionsferne aus den Medien etwas über Christen und Christentum erfahren (können), ist die tagesaktuelle Berichterstattung, soweit sie sich auf Ereignisse und Zustände im Bereich der Kirchen und religiöser Aktivitäten bezieht. Hier entscheiden wieder Nachrichtenwertfaktoren wie Negativismus und Ausgefallenheit, aber auch die journalistische Aufgabe, Missstände aufzudecken, darüber, was berichtet wird und was nicht. Systematische Analysen des Bildes, das unter diesen Bedingungen vom Christentum entworfen wird, sind rar. Neben dem Blick auf die Bedingungen legen aber auch aktuelle Beispiele wie die sehr intensive Berichterstattung über den verschwenderischen Limburger Bischof Tebartz-van Elst die Annahme nahe, dass hier, ähnlich wie bei der Darstellung des Islams, problematische Aspekte überwiegen und insgesamt für muslimische und religionsferne Rezipienten so etwas wie ein Feindbild, für christliche Rezipienten zumindest ein *negatives Bild von religiösen Institutionen* entsteht. Die sich bei solchen Anlässen wiederholenden Wellen von Kirchenaustritten stützen diese Annahme, unabhängig von der Frage, ob und wie berechtigt die journalistische Kritik an den angeprangerten Zuständen ist.

Schlussbemerkung: Fremd- und Feindbilder in Interaktion

Gerade beim Bild vom Christentum würde sich im Bereich der fiktionalen Unterhaltung, der Spielfilme und -serien im Fernsehen möglicherweise anderes zeigen. Bei der journalistischen Berichterstattung, der nicht-fiktionalen Information, zu der im weitesten Sinne auch das „Wort zum Sonntag" gehört, zeigen sich in Bezug auf die Bilder, die vom Islam und vom Christentum entworfen werden, aber durchaus Parallelen. Der jeweils anderen Religion werden in Mainstream- wie Ethno-Medien eher negative als positive Charakteristika zugeschrieben, wobei offen bleiben mag, ob das mehr auf die Kontinuität traditioneller, kulturhistorisch verankerter Feindbilder zurückgeht oder darauf, dass Journalisten sich bei der Auswahl des von ihnen Mitgeteilten am Interesse für das Bedrohliche und Exzeptionelle orientieren, das als biologisch tradiertes Element der menschlichen Natur offenbar eine besonders verlässliche Eigenschaft der Rezipienten, ein kultur- und zeitübergreifendes Merkmal des Massenpublikums ist.

Sowohl die kulturhistorische als auch die quasi biologische Erklärung lassen erahnen, dass der negative Bias der Medienbilder von den Religionen kaum zu verändern ist. Seine Überwindung stellt sich als Sisyphusaufgabe dar. Sisyphusaufgaben lassen sich freilich nicht nur nicht erfüllen, man kann sie auch nicht lassen. 2013, zum 100. Geburtstag von Albert Camus, dem Autor des „Mythos von Sisyphos", sind wir – nicht zuletzt von den Medien – daran erinnert worden, dass für unerfüllbare Aufgaben vergossener Schweiß sogar glücklich machen kann.

Dass eine positivere *Selbstdarstellung* der Religionen keine Lösung des Problems garantiert, zeigt das „Wort zum Sonntag". Ob eine mediale Selbstdarstellung des Islams und muslimischer Institutionen für Christen und Religionsferne überzeugender wäre, kann ich mangels Sprach- und Kulturkompetenz nicht beurteilen. Möglicherweise tritt hier das spiegelbildliche Problem wie beim „Wort zum Sonntag" auf: Wenn die muslimische Selbstdarstellung in vormoderner Glaubensgewissheit verharrt, wofür sich auf christlicher und religionsferner Seite der Begriff „fundamentalistisch" eingebürgert hat, dann ist schwer vorstellbar, wie sie für aufgeklärte Skeptiker überzeugend sein kann.

Für die interkulturelle Integration der Migrationsgesellschaft, in der wir mittlerweile leben, erscheint das Negativbild der jeweils Anderen kontraproduktiv. Interkulturelle Integration setzt die Kenntnis und Akzeptanz der Verschiedenheit anderer ethnischer und religiöser Gruppen in derselben Gesellschaft voraus, darüber hinaus die Kenntnis von und den Respekt vor den positiven Beiträgen dieser Anderen für das Ganze der Gesellschaft. Gegenseitige Diskriminierung ist das Gegenteil davon.

Zum Schluss möchte ich zwei etwas weniger pessimistische Gedanken anbieten. Der erste wurde schon erwähnt: Journalisten, die ihre Aufgabe ernst nehmen, unerschrocken, fair und umfassend Öffentlichkeit herzustellen, d. h. die Welt so transparent zu machen, wie sie ist, werden *auch* positive Aspekte der jeweils anderen Religion zur Kenntnis nehmen und bekannt machen, wenn auch weniger als die negativen. Solche positiven Informationen wahrzunehmen, hat jeder Rezipient die Möglichkeit, es liegt in der Verantwortung jedes und jeder Einzelnen von uns allen, dem Medienpublikum. In der Kulturwelt ist es wichtig, sich um eine Emanzipation von der biologischen Erbschaft zu bemühen, die unsere Wahrnehmung auf das Bedrohliche fokussiert und so auch unseren Umgang mit Medien prägt. Jeder Schritt zur Überwindung dieser Erbschaft würde allmählich auch die Auswahlkriterien der Journalisten verändern.

Der zweite Gedanke hängt mit der interaktionistischen Perspektive zusammen. Feindbilder entwickeln sich nicht getrennt voneinander, sondern beeinflussen sich wechselseitig, schaukeln sich auf. Wenn der Andere mich für seinen Feind hält, dann fällt es mir schwer, ihn neutral oder sogar als Freund zu betrachten. Gleichwohl ist das notwendig, um die unheilvolle Spirale sich wechselseitig verstärkender Feindseligkeit zu durchbrechen. Die Einsicht in diese Notwendigkeit ist eine Voraussetzung dafür, dass es zu dem oft beschworenen *interreligiösen Dialog* kommen kann, der nicht zuletzt im Interesse interkultureller Integration der Migrationsgesellschaft liegt.

Wenn ich es als theologischer Laie richtig sehe, hat das Christentum vor 2000 Jahren mit dem Neuen Testament diesen Schritt wenn nicht getan, so doch durch das Gebot zur Feindesliebe vorgezeichnet. Ist es ausgeschlossen, dass heutige Christen und vielleicht sogar Muslime wenn nicht aus Tradition, so doch aus Einsicht in die Notwendigkeit sich bemühen, diesem Gebot zu folgen? Dass könnte vielleicht auch Religionsferne wieder überzeugen, die im Wechselspiel sich aufschaukelnder Feindbilder zwischen Christentum und Islam eigentlich nur Gründe sehen können, sich von den Religionen noch weiter zu entfernen.

Christoph Bultmann

„Wörtlich nehmen":
Wie die Medien über die Auslegung
kanonischer Schriften unterrichten

Sprachkonventionen und Textbetrachtungen

In diesem Beitrag zur Ringvorlesung „Religionen übersetzen" geht es um die Frage, wie Frömmigkeitsanliegen in Journalistensprache übersetzt werden. Im Fokus steht die Wendung „wörtlich nehmen", mit der in den Medien gerne das Verhältnis zu den anerkannten kanonischen, autoritativen, heiligen Schriften einer Religionsgemeinschaft charakterisiert wird, wenn dieses Verhältnis durch Richtungen der jeweiligen Religionsgemeinschaft bestimmt wird, die von Fanatismus geprägt sind oder an den Fanatismus grenzen. Die Wendung „wörtlich nehmen" hat eine Suggestivkraft, die kritisch zu analysieren ist, denn sie impliziert eine Differenzierung zwischen unmanipulierter („wörtlicher") und manipulierter („liberaler" oder wie sonst die Gegensatzbegriffe heißen mögen) Auslegung kanonischer Schriften. Dass diese Schriften in sich selbst höchst komplex sind und dass auch Auslegungsprozesse immer in sich selbst höchst komplex sind, wird bei dieser journalistischen Sprachkonvention unterschlagen. Wenn das „wörtlich nehmen" zu einem negativ bewerteten Resultat führt, wird zugleich auch ein negatives Bild der auszulegenden Schriften vermittelt. Wenn das „wörtlich nehmen" zu einem positiv bewerteten Resultat führt, wird zugleich auch ein positives Bild der auslegenden Gemeinschaft vermittelt. Was aber wird eigentlich „wörtlich genommen", wenn man „wörtlich" nimmt, was man „wörtlich" nimmt? Was für Faktoren der Beziehung zwischen Leser und Text werden beim „wörtlich nehmen" berücksichtigt, und was für Faktoren bleiben unberücksichtigt?

Da das „wörtlich nehmen" eine journalistische Standardformel ist, die relativ häufig in der Berichterstattung über den Islam begegnet und insofern einen besonderen Einfluss auf die Wahrnehmung des Korans hat, sollen einleitend einige Beispiele guter Praxis in den Medien angeführt werden, damit nicht der Eindruck entsteht, dass überhaupt nur die einfältige Redefigur vom „wörtlich nehmen" die Kommunikation über das Verhältnis zu den kanonischen Schriften in einer Religionsgemeinschaft beherrsche. Die folgenden Überlegungen zu den angerissenen Fragen beginnen also mit einigen eher ungewöhnlichen Zitaten aus der Presse.

In der *Neuen Zürcher Zeitung* erschien am 4. November 2013 im Feuilleton ein ausführliches Interview mit dem syrischen, im Exil lebenden Lyriker und Essayisten Adonis (Ali Ahmad Said Esber), in dem es nicht nur um arabische Dichtung, sondern auch um den Koran ging.[1] Die Journalistin Angela Schader fragt den Autor:

„Sie haben den Koran in seiner ästhetischen Dimension als ein Meisterwerk beschrieben, das alle Züge idealer Dichtung aufweist: Schönheit, Innovationskraft, Tiefe, Vieldeutigkeit. Wie konnte es geschehen, dass ein so offener, so mächtiger Text derart von religiösen und politischen Kräften usurpiert wurde?"

Der Lyriker Adonis antwortet darauf:

„Da sind wir bereits wieder beim Problem der Lesart. Leider wird die Lesart der meisten Muslime diesem Text bei weitem nicht gerecht. Der Koran wird schlecht gelesen, schlecht interpretiert; so hat die Lektüre den Text des Korans deformiert. Darum sage ich: Der Text ist letztlich das, was der Leser aus ihm macht. Wenn er im Geist der Offenheit, der Größe und der Menschlichkeit gelesen wird, wird auch der Text groß; wenn nicht, wird er klein – sogar der Koran."

Am Anfang seiner Antwort hier bezieht sich Adonis auf einen früheren Abschnitt des Gesprächs, in dem es um den *Leser*, die *Lektüre* und auch die Frage einer Übersetzung ging. Dort hatte er unter anderem gesagt:

„Nun ja, man kann sich den idealen oder zumindest außergewöhnlichen Leser nicht auswählen. Es gilt, ähnlich wie beim Übersetzen, dass am Ende jeder seine eigene Lesart erschafft."

Und dann war Adonis sehr kritisch fortgefahren:

„Die Kultur des Lesens hat sich verflacht, sie ist funktional und oberflächlich geworden. Es dominiert die horizontale Lektüre; was wir jedoch nötig hätten, wäre die vertikale Lektüre, die in die Tiefe geht."

Die Relevanz dieser Interview-Sätze für das Thema des vorliegenden Beitrags ist so offenkundig, dass sie ein wenig kommentiert werden sollen.

Sie sind *erstens* ein Hinweis darauf, dass „in den Medien", konkret in einer Zeitung, und noch konkreter im Feuilleton einer Zeitung, durchaus einmal die Frage nach der „Auslegung kanonischer Schriften", in diesem Fall des Korans, in umsichtiger Weise angesprochen werden kann. Eine Zeitung hat die Möglichkeit, ihre Leserschaft mit dem Problem vertraut zu machen, dass eine Interpretation nicht einfach gleich eine gelungene, geschweige denn eine verbindliche Interpretation ist. Eine Interpretation ist zunächst nicht mehr und nicht weniger als eine „Lesart" oder eine „Lektüre", und durch die jeweilige Interpretation geschieht etwas mit dem Text selbst. In einer interdisziplinären Diskussion mit der Literaturwissenschaft wäre die zitierte These: „Der Text ist letztlich das, was der Leser aus ihm macht" sehr umfassend zu analysieren. Adonis ist offensichtlich einer bestimmten Richtung der Literaturtheorie verpflichtet, nach der die Interaktion zwischen Text und Leser kritisch beobachtet und die Subjektivität des Lesers hoch veranschlagt wird. In der Theoriebildung sollte nicht übergangen werden, dass der Autor oder die Autorin eines Textes einen in gewisser Hinsicht festen Bezugspunkt für den Leser hingestellt haben, doch gewinnt man aus dem Interview nicht den Eindruck, dass Adonis diesen Gesichtspunkt übergehe; im Gegenteil, der Koran ist für ihn ein Text, der als Maßstab schwacher oder starker, flacher oder tiefer Interpretationen erkennbar bleibt. Zustimmungsfähig ist in jedem Fall die Meinung, dass Interpretationen kritisch zu vergleichen sind. Für die „Auslegung kanonischer Schriften" ist das ein wichtiger erster Punkt, der auch in der öffentlichen, von den Medien geprägten Debatte allen Beteiligten bewusst sein sollte.

Die Zitate aus dem Interview zeichnen sich *zweitens* dadurch aus, dass Adonis in einer geradezu harten Nüchternheit zwischen einer „horizontalen" und einer „vertikalen" Lektüre unterscheidet. Die „horizontale" Lektüre meint eine „funktionale und oberflächliche" Lektüre, d. h. eine Lektüre, bei der der Leser von vornherein weiß, was er mit dem Bezug auf einen bestimmten Text erreichen will und welche Position er mit dem Bezug auf den Text untermauern will. Bei solchen Verfahren soll es dann ausreichen, einen ersten und entsprechend oberflächlichen Eindruck weiterzugeben und dies gegebenenfalls noch mit der Behauptung zu verbinden, eine bestimmte, gut in das eigene Konzept passende Aussage sei die eigentliche Aussage des Textes. Adonis bringt demgegenüber die Erwartung zur Geltung, dass eine „vertikale" Lektüre „in die Tiefe gehen" müsse; diese Erwartung ist wohl so zu erschließen, dass ein Text mit großer Genauigkeit in seinem Kontext gelesen werden muss, dass er auf seine unterschiedlichen Deutungsmöglichkeiten hin befragt werden muss, dass er auf übergreifende Sinnzusammenhänge bezogen werden muss und dass er so im Licht eines Geflechtes im Ganzen die Konstitution von Sinn ermöglichen soll. Auf der anderen Seite hebt Adonis die Prägung des Lesers hervor, wenn er von dem „Geist" spricht, in dem ein Leser einen Text liest: „Wenn [der Text] im Geist der Offenheit, der Größe und der Menschlichkeit gelesen wird, wird auch der Text groß, wenn nicht, wird er klein [...]". Oder, so an anderer Stelle in dem Interview: „Wenn man sich dem großartigsten Text mit kleinen Gedanken, engstirnigen Visionen annähert, dann wird auch der Text eng und klein."

Das Interview ist *drittens* für das Thema dieses Beitrags einschlägig, weil zuerst die Journalistin, dann auch der befragte Dichter und Autor die allgemeine Frage der Interpretation von Texten auf die konkrete Gestalt von Religionsgemeinschaften bezieht. Die Journalistin stellt ja die Frage: „Wie konnte es geschehen, dass ein so offener, so mächtiger Text derart von religiösen und politischen Kräften usurpiert wurde?" – also: Wie kommt es, dass in religiösen Gemeinschaften immer wieder diejenigen das höchste Ansehen gewinnen oder die größte Autorität ausüben, die einen Text „funktional" oder eben „horizontal" lesen? Wie kommt es, dass Mitglieder einer Religionsgemeinschaft das geschehen lassen, statt auf einer „vertikalen", in die Tiefe gehenden Lektüre zu bestehen und von dort aus – so wäre zu ergänzen – eine kritische Position gegenüber einer anmaßenden, den kanonischen Text usurpierenden Autorität zu beziehen?

Differenzierungen und Problembeschreibungen

Man trifft in der Presse nicht oft auf einen Text wie das Interview in der *Neuen Zürcher Zeitung* aus dem November 2013.[2] Ein anderes herausragendes Beispiel für Erläuterungen zur Auslegung, oder besser erst einmal: zur Wahrnehmung, kanonischer Schriften, wiederum mit Bezug auf den Koran, sind Rezensionen des Buches von Navid Kermani *Gott ist schön. Das ästhetische Erleben des Korans* von 1999. Die *Frankfurter Allgemeine Zeitung* ließ das Buch am 26. April 1999 durch den Orientalisten und Ideenhistoriker Friedrich Niewöhner (1941–2005) in Verbindung mit einer kurzen Einführung in den Koran besprechen, die Hartmut Bobzin in demselben Jahr in der „Beck'schen Reihe Wissen" vorgelegt hatte.[3] Die Doppelrezension gibt dem Gegenstand der beiden Bücher, d. h. dem Koran im Hinblick auf die Korananalyse und die Koranrezeption, ein Profil, bei dem für die Leser tatsächlich die Dimensionen erkennbar werden, in denen von diesem Gegenstand zu sprechen ist. „Der Koran wird als eine eigene und ganz eigentümliche literarische Gattung religiöser Rede respektiert und analysiert", heißt es über Bobzins Einführung, und inzwischen lässt sich ergänzen, dass Bobzin 2010 dann eine eigene Neuübersetzung des Korans vorgelegt hat, in der er die „literarische Gattung religiöser Rede", die den Koran auszeichnet, auch für Leser im Deutschen zugänglich zu machen versucht hat. Zur näheren Vorstellung des Buches fasst der Rezensent sodann die wichtigsten inhaltlichen Aspekte der Einführung zusammen: Bobzin bietet einen „historischen Abriß über die Entdeckung des Korans im Abendland" und eine „Erklärung einiger koranischer Grundbegriffe", er stellt die „literarische Form des Korans vor" und geht auf die „Textgeschichte", die „Koranphilologie" und das „Problem der Übersetzbarkeit" ein. „Außerdem befaßt er sich mit den Hauptthemen der koranischen Verkündigung und ihrer Entwicklung." Der Rezensent betrachtet es als eine besondere Stärke des Buches, dass Bobzin „das Philologische mit dem Theologischen zu verknüpfen weiß". Was eigentlich geschieht – so kann man sich an dieser Stelle fragen – mit dem „Philologischen" und dem „Theologischen" und der Verknüpfung zwischen beidem, wenn von Religionsfunktionären die Rede ist, die angeblich den Koran „wörtlich nehmen"?

Der Gegensatz zu dieser Formel wird noch auffälliger, wenn Niewöhner das Buch von Kermani beschreibt. Hier geht es allenfalls um die Frage eines „klanglich nehmen"! „Kermani hat die Geschichte der Rezeptionsästhetik des Korans geschrieben. [...] Daß drei der sechs Kapitel des Buches das Hören der Koranlesungen zum Thema machen, zeigt an, wie sehr Kermani den Akzent auf die sinnliche Erfahrung des rezitierten Wortes legt." Das „ästhetische Erleben des Korans" auf der Seite des Rezipienten gebe „Auskunft über das, was dieser mitteilen will". „Es besteht eine unabgeschlossene Interaktion zwischen dem Text und dem Hörer, die immer neue Aspekte und Resonanzen hervorruft." Aus literaturtheoretischer Sicht bringe Kermani ein bestimmtes Verständnis der „Poetizität" eines dichterischen Textes zur Geltung, und er sehe eine solche Eigenschaft des Textes im Text selbst angezeigt. „Kermani beruft sich bei seinem Vorgehen auf den Koran selbst, der in Sure 3, Vers 7, von den ›festgefügten Versen‹ und den ›mehrdeutigen Versen‹ spricht. Durch diesen Hinweis werde der Koran zu einem frühen Beispiel eines Textes, ›dem nicht nur implizit eine Poetik der Offenheit zugrunde liegt, sondern der diese Offenheit auch verbalisiert‹."[4] Zum Philologischen und

Theologischen gehört also unverzichtbar auch das Ästhetische hinzu, wenn von der Wahrnehmung, Vergegenwärtigung und Auslegung des kanonischen Textes die Rede sein soll.

In der *Süddeutschen Zeitung* verbindet 1999 der Rezensent Ludwig Ammann seine begeisterte Rezension von Kermanis Buch[5] mit Hinweisen weniger auf die Stärken als auf die Schwächen der Koranphilologie; für diese Wissenschaft zähle „nur die diskursive Erkenntnis", d. h. „die Botschaft der Offenbarung", nicht aber „die Musik". Der Koran sei „die zum *Vortrag – qur'an*, zur liturgischen Rezitation und damit zum Hören bestimmte Rede Gottes, sein Text die Partitur zu Sprechgesang". Die ästhetische Bedeutung der „arabischen Dichtersprache" als Sprache des Korans sei von Kermani vorbildlich erfasst worden. „Kermani bringt die entsprechenden Strukturen im Anschluß an [Roman] Jakobson auf den glücklichen Begriff der Poetizität als der Sprachfunktion, die sich vom bloßen Mitteilen einer Botschaft am meisten entfernt." Im gegebenen Zusammenhang kann die Frage nicht weiter verfolgt werden, inwiefern eine Polarisierung zwischen „Poetizität" und „Botschaft" sinnvoll ist, denn die Erfahrung der Koranphilologie, dass es „Grundbegriffe" und „Hauptthemen" einer „Verkündigung" gibt, ist wohl nicht insgesamt zu verwerfen.[6] Als Beispiele von Medienechos des Diskurses über die Auslegung kanonischer Schriften sind die Rezensionen von Kermanis Buch in jedem Fall beachtlich.

Die *Süddeutsche Zeitung* hat 2013 Navid Kermani selbst Raum für eine Rede über die Wahrnehmung und das Studium des Korans gegeben, die er als eine Laudatio auf die Koranwissenschaftlerin Angelika Neuwirth verfasst hatte.[7] Hier kontrastiert Kermani das Lesen des Korans mit dem Lesen der Bibel und stellt die These in den Mittelpunkt: „Der Koran selbst spricht dagegen, ihn wie eine Bibel zu lesen." Zu den Argumenten, die für diese Auffassung geltend gemacht werden, gehören unter anderem der auf das ästhetische Erleben verweisende Aspekt der Rezitation, der Aspekt der literarischen Gattung des poetischen Textes und der Aspekt des Ursprungs in einem performativ geprägten Kontext. Kermani erläutert dazu:

„Der Koran ist keine Bibel. [...] Der Koran ist weder Predigt über Gott noch geistliche Dichtung oder prophetische Rede im Sinne des althebräischen Genus [d. h. der Texte der Hebräischen Bibel/des Alten Testaments]. Schon gar nicht hat der Prophet seine Verkündigung als ein Buch komponiert, das man im Normalfall allein und im Stillen liest und studiert. Der Koran ist seinem eigenen Konzept nach die liturgische Rezitation der direkten Rede Gottes. Er ist ein Vortragstext."

Zur Charakterisierung des – arabischen – Textes selbst führt Kermani die folgenden Punkte an:

„Der Koran ist gebundene, rhythmisierte und lautmalerische Sprache. Man kann ihn nicht einfach lesen, wie man eine Geschichte oder einen Gesetzestext liest. Wer ihn unvorbereitet aufschlägt, der ist erst einmal verwirrt, dem erscheint der Koran unzusammenhängend, der stört sich an den vielen Wiederholungen, den abgebrochenen oder mysteriösen Sätzen, den Anspielungen, deren Bezüge rätselhaft bleiben, den rabiaten Themenwechseln, der Uneindeutigkeit der grammatischen Person und den vieldeutigen Bildern."

Der insoweit aus literaturwissenschaftlicher Sicht beschriebene Text lässt sich zu einem gewissen Grade auch auf den Hintergrund seines Entstehungskontextes beziehen, indem die „performativen Elemente" des Korans analysiert werden.

„[...] der Koran ist nicht nur ein Text, der vorgetragen werden muss und sich vergleichbar einer Partitur erst in der Aufführung verwirklicht. Nein, der Text selbst, wie er uns vorliegt, ist in Teilen die Mitschrift, das nachträgliche, sicher bearbeitete Protokoll einer öffentlichen Rezitation, einer Aufführung. So besteht der Koran nicht nur aus den Aussagen eines Sprechers, sondern nimmt die Einwürfe eines gläubigen oder ungläubigen Publikums auf – sowie die spontanen Reaktionen auf diese Einwürfe, die auch zu abrupten Themenwechseln führen."

Für die Leser bekommt Kermanis Beitrag von 2013 eine besondere Farbe durch seine Polemik gegen jene ihrer Selbstbeschreibung nach „Rechtgläubigen", die Gratisexemplare einer „faden" Koranübersetzung auf der Straße „wie ein Flugblatt oder eine Warenprobe" verteilen, um für einen Islam zu werben, den sie – darauf ist noch zurückzukommen – durch genau diejenige Rezeptionsform des Korans begründet sehen, die in der Journalistensprache als „wörtlich nehmen" qualifiziert wird. Zwar kann auch Kermani in einem älteren Artikel in der *Süddeutschen Zeitung* vom 4. Februar 2003 den Begriff einer „wörtlichen Auslegung" verwenden,[8] doch bezieht er ihn nicht einfach auf „den Koran", sondern auf einzelne Vorstellungen im Koran, besonders solche, für die in manchen Kreisen eine rechtliche Bindungskraft postuliert wird, und erläutert:

„Die Frage ist [...], wie Muslime Aussagen, die in einem bestimmten historischen Kontext als göttlich herabgesandt worden sind, auf eine andere Zeit beziehen: Das Spektrum der Antworten reicht im Islam von der unbedingt wörtlichen Auslegung, wie sie allen empirischen Erhebungen nach nur von einer kleinen Minderheit der Muslime in Deutschland vertreten wird, bis zu Interpretationen, die dem Koran jegliche Relevanz für die Gesetzgebung absprechen."

Der Begriffsgebrauch mag trotz seiner Fokussierung überraschen, denn der „wörtlich"-applikativen Rezeptionsform würde stets noch die Isolierung eines Ausspruchs im Gesamtkontext des Korans als hermeneutische Entscheidung vorausgehen. Kermani ist in dem Artikel von 2003 jedoch in erster Linie an der methodischen Frage interessiert, wie das traditionelle Wissen im Islam, wonach der Koran „die Sammlung der vieldeutigen Offenbarungen ist, die der Prophet Mohammed in dreiundzwanzig Jahren in spezifischen historischen Situationen empfangen hat", in der Koranauslegung zur Geltung kommen kann. Der Leser, die Leserin seines Artikels werden lernen, dass gerade in der islamischen Tradition ein Bewusstsein dafür herrscht, dass „niemand über die absolute Deutung verfügt". „[...] der Islam lebt wie jede Religion gerade in der Dialektik zwischen den Texten und ihren Lesern".

Als letztes Beispiel für einen Pressebeitrag, der jenseits von einfachen Klischees zu echter Aufmerksamkeit auf die Frage des Umgangs mit kanonischen Schriften, konkret wiederum dem Koran, führt, sei noch einmal ein Interview genannt, das die *Frankfurter Allgemeine Sonntagszeitung* am 6. Januar 2013 brachte.[9] Hier unterhielt sich die Journalistin Lydia Rosenfelder mit dem Islamwissenschaftler und Religionspädagogen Mouhanad Khorchide, der ein programmatisches Buch mit dem Titel *Islam ist Barmherzigkeit* publiziert hat. Die Journalistin fragt im Verlauf des Gesprächs in geradezu didaktischem Ton: „Sie sagen, der Koran sei kein Regelwerk. Warum regelt er dann so streng den Alltag?" Darauf Khorchides Antwort:

„Es gibt ein Missverständnis darüber, was der Koran ist und leisten soll. Von den 6236 Versen beschäftigen sich nur 80 mit juristischen Aussagen über die Gesellschaftsordnung. [...] Die Gelehrten haben versucht, aus dem Islam ein juristisches Schema zu entwerfen. Aber das bleibt ein menschliches Konstrukt."

Im gegebenen Zusammenhang wäre es eine interessante Frage, ob die Rede vom „wörtlich nehmen" sich üblicherweise auf die 80 Verse, die in der Form von Idealen oder Geboten einen Bezug auf eine Gesellschaftsordnung nahezulegen scheinen, bezieht, oder auf die übrigen 6156 Verse des Korans.[10] Im Gespräch selbst geht es mehr als um Gebote um Bilder im koranischen Text. Die Journalistin fragt: „Wenn Gott barmherzig ist, warum droht er im Koran mit der Hölle, wo siedendes Wasser über den Köpfen ausgeschüttet wird?" (gemeint ist wohl Sure 22.19–22 oder 44.43–50). Khorchide gibt eine Antwort, die historische, pädagogische und hermeneutische Aspekte umfasst:

„Ich sehe das als pädagogische Maßnahme im 7. Jahrhundert. Die ersten Adressaten waren Wüstenbewohner, die konnten mit abstrakten Begriffen nichts anfangen. Gott sorgt sich um die Menschen. Heute ist das kein geeignetes didaktisches Mittel, im Religionsunterricht zu drohen. Deswegen ist es wichtig, diese Bilder im Koran nicht wortwörtlich zu nehmen, sondern zu verstehen, was dahintersteckt."

Die Journalistin: „Das Paradies ist ein üppiger Garten, mit Quellen und reichlich Früchten. Was steckt dahinter?" (gemeint ist wohl Sure 22.23 oder 44.51–55). Khorchide:

„Für die Wüstenbewohner waren solche Gärten attraktiv, anders als in Europa, wo es viel Grünes gibt. In jener patriarchalischen Gesellschaft versucht Gott, auf die Menschen einzugehen, und verwendet eine Sprache, die die Menschen gesprochen haben. Das Paradies ist kein Ort für materielle Vergnügungen, zu dem man eine Eintrittskarte braucht. Das Paradies ist ein Zustand, es ist die Nähe zu Gott."

Die – nicht ganz erfolgreiche – Antwort auf die Frage greift hier noch weiter aus als im ersten Anlauf, indem neben der hermeneutischen Frage nach einer Deutung von Bildern im dichterischen Text des Korans die theologische Frage steht, wie bestimmte mythologische Vorstellungen auf ihren eigentlichen Gehalt hin zu befragen sind. Der Gedanke einer „Nähe zu Gott" gehört zu jenem „Kern der Religion", von dem an anderer Stelle in dem Interview die Rede ist. Für diese Ebene von theologischem Problembewusstsein verweist Khorchide besonders auf die mystische Tradition im Islam. Die Auslegung einer kanonischen Schrift, so wird hier noch einmal deutlich, kann nicht einfach durch eine „horizontale" Lesart erfolgen.

Strenggläubiges Wörtlichnehmen I.

Wie die angeführten Beispiele von Interviews, Rezensionen oder freien Beiträgen zeigen, kann es durchaus gelingen, „in den Medien" die tatsächlich zentralen Fragen der Interpretation kanonischer Schriften anzusprechen. Diese Schriften selbst sind in ihrem Bestand und ihrem sprachlichen Charakter sehr unterschiedlich. Im Falle des Islam geht es um die Deutung des Korans, dessen komplexer Charakter schon mehrfach angeklungen ist. Im Falle des Judentums geht es um die Deutung der Torah oder der Texte der Hebräischen Bibel insgesamt, die nach ihrer Einteilung in die Torah, die prophetischen und die weisheitlichen Schriften gerne als *TeNaK* (*Tenàch*) bezeichnet wird. Mit diesem Kunstwort aus drei Konsonanten wird bereits durch den Verweis auf die drei Textgruppen der Gebotsüberlieferung („Torah"), der Prophetenbücher („Nebi'im") und der Dichtungen oder Schriften („Ketubim") die Komplexität des Gesamtbestandes autoritativer biblischer Texte in der Tradition Israels deutlich gemacht. Die kanonischen Schriften des Christentums sind einerseits die Schriften der Hebräischen Bibel, des *TeNaK*, unter dem Namen des Alten Testaments, und andererseits die Schriften des Neuen Testaments in der Vielgestaltigkeit von Evangelien – Matthäus, Markus, Lukas (zusammen mit der Apostelgeschichte) und Johannes (zusammen mit dem 1. Johannesbrief) – und Briefen – vor allem des Paulus und aus einer Schultradition von Paulus her. Diese Schriften stellen jeweils den Maßstab für die Lehrbildung dar und sind insofern „kanonisch". Die Frage ihrer Abgrenzung von vergleichbar angesehenen „kanonischen" Schriften zweiter Ordnung kann im gegebenen Zusammenhang offen bleiben.[11]

Experten für die Auslegung und die Auslegungstraditionen der jeweiligen kanonischen Schriften sind selbstverständlich in erster Linie in den jeweiligen Religionsgemeinschaften selbst zu finden.[12] Doch das Problem einer „horizontalen" oder einer „vertikalen" Lektüre, das Adonis in dem genannten Interview angesprochen hat, ist dasselbe in Bezug auf alle drei genannten Schriften bzw. Schriftensammlungen. Von der Seite der Bibelwissenschaft her kann für einen durch die Literaturtheorie bestimmten Zugang auf eine Diskussionslage verwiesen werden, für die in besonderer Weise Robert Alter mit zwei Büchern *The art of biblical narrative* (1981) und *The art of biblical poetry* (1985) wesentliche Impulse gegeben hat; Robert Alter hat dann zusammen mit Frank Kermode auch ein Überblickswerk *The literary guide to the Bible* (1987) herausgegeben. Als eine oftmals recht eigenwillige, aber stets engagierte Zeitschrift wäre die 1992 gegründete Zeitschrift *Biblical interpretation. A journal of contemporary approaches* zu nennen.[13] Doch selbst wenn man sich nicht direkt auch den breiten Hintergrund der modernen literaturtheoretisch oder historisch-kritisch orientierten Bibelwissenschaft vergegenwärtigt, dürfte sich schon der Verdacht nahe legen, dass es sich bei der Formel „wörtlich nehmen" nur um reinen Unfug handeln kann. Steht „wörtlich nehmen" für eine horizontale oder für eine vertikale Lesart kanonischer Schriften?

Ein erstes konkretes Beispiel zur Themenstellung stammt aus der *Süddeutschen Zeitung*. Dort ging es in einem vergleichsweise gelungenen Artikel im Feuilleton am 25. September 2010 um die Frage christlicher

Erziehungsprinzipien.[14] Zwei Autoren berichten über Erziehungsratgeber, also Handbücher für Eltern, die als eindeutig christlich gelten wollen und in denen deshalb empfohlen wird, als eine Erziehungsmaßnahme Kinder zu schlagen. Dass solche Erziehungsprinzipien heute aus pädagogischen und rechtlichen Gründen generell abgelehnt werden, steht im gegenwärtigen Zusammenhang nicht zur Debatte, vielmehr interessiert die Frage, inwiefern in dem Artikel die Auslegung der Bibel ins Spiel kommt. Die Autoren bemühen sich relativ sorgfältig um eine informative Darstellung, indem sie direkt zwei Sentenzen aus der Bibel anführen. Das liest sich so:

„[...] unter strenggläubigen Christen [gibt es] eine heimliche Kultur des Prügelns. Nicht nur mit der Hand, sondern mit der Rute. Denn: ›Wer seine Rute schont, der hasst seinen Sohn; wer ihn aber lieb hat, der züchtigt ihn bald‹ heißt es in der Bibel (Sprüche 13,24). Und ›Rute und Strafe gibt Weisheit; aber ein Knabe, sich selbst überlassen, macht seiner Mutter Schande.‹ (Sprüche 29,15). Die Eltern, die diesen Worten folgen, gehören Glaubensgemeinschaften wie den evangelikalen Freikirchen und den Zeugen Jehovas an, welche die Bibel wörtlich nehmen, und in denen Zweifel am Wort Gottes als Einflüsterungen Satans gelten."

Nun ist es richtig, dass die Bibel die beiden Sentenzen – und mehrere ähnliche, z. B. Sprüche 19,18; 22,15; 23,13f. – enthält. Sie stehen im Alten Testament, in der Gruppe der „Schriften" (*Ketubim*), in einer Sammlung mit der Bezeichnung Sprüche Salomos.[15] Diese „Sprüche" oder „Sprichwörter" spiegeln das weisheitliche Denken im antiken Israel wider, das in legendarischer Weise auf den viel bewunderten König Salomo zurückgeführt wird (vgl. 1Kön 5,9–14). Was aber steht da nicht alles! „Hochmut führt nur zu Streit, Weisheit aber ist bei denen, die sich beraten lassen." (Sprüche 13,10) „Ein erfüllter Wunsch tut der Seele gut, die Dummen aber wollen das Böse nicht meiden." (Sprüche 13,19) „Ein Kluger tut alles mit Verstand, ein Dummer aber verbreitet Torheit." (Sprüche 13,16) – Versetzen wir uns für einen Augenblick in die Rolle der Eltern (des Vaters) eines rebellischen Sohnes. Der Vater kann sich sagen: ‚Ich habe bei der Erziehung Probleme mit meinem Sohn, also lasse ich mich beraten' – so wie „die Bibel" es in Sprüche 13,10 empfiehlt. Oder er kann sich sagen: ‚Gewalt gegen wehrlose Kinder ist etwas Böses, und nur die Dummen wollen das Böse nicht meiden' – das sagt ja „die Bibel" in Sprüche 13,19 (und die Dummen sollen dafür übrigens den Stock sehen: Sprüche 26,3; vgl. 10,13). Auch kann er denken: ‚Mein Problem mit meinem Sohn ist echt und ernst, aber ich reagiere mit Verstand, also mit Besonnenheit, also mit dem Überlegen von verschiedenen Formen der Förderung für meinen Sohn in seinem schwierigen Entwicklungsstadium' – denn „die Bibel" stellt ja in Sprüche 13,16 fest, dass ein Kluger alles mit Verstand tut. Er kann natürlich entsprechende Überlegungen auch im Fall seiner möglicherweise rebellischen Tochter anstellen, von deren Erziehung und Bildung in dem ersten Bibelzitat im oben zitierten Ausgangstext nicht einmal die Rede ist (obwohl biblisch klar ist, dass Weisheit auch für Frauen ein Ideal ist, vgl. Sprüche 31,26).

Was soll nun im Hinblick auf all diese Optionen die Formel „die Bibel wörtlich nehmen" bedeuten, wenn es tatsächlich darum geht, dass jemand sich auf einen verführerisch konkreten Spruch in einem biblischen Buch fixiert und auf jeden weiteren Versuch einer – wohlgemerkt: internen biblischen – Kontextualisierung und Relationierung verzichtet? Wenn bei einer Erziehungsmaxime „Schlagen bringt Nutzen" überhaupt irgendetwas „wörtlich" genommen wird, dann eine einzelne Sentenz, deren Gewicht in einer Verbindung mit anderen Sentenzen im biblischen Kontext keineswegs von vornherein klar ist. Warum sollte der Satz über die Rute eine höhere Autorität haben als der Satz über die Beratung? Oder, um das Beispiel noch etwas weiterzuführen: In der Torah, in Dtn 21,18–20, findet sich nicht nur eine religiöse weisheitliche Sentenz, sondern ein religiöses Gebot, das besagt, dass Eltern ihren ungehorsamen Sohn steinigen lassen sollen:

„Wenn jemand einen störrischen und widerspenstigen Sohn hat, der auf seinen Vater und seine Mutter nicht hört und ihnen, auch wenn sie ihn züchtigen [also: schlagen], nicht gehorchen will, dann sollen sein Vater und seine Mutter ihn ergreifen und ihn hinausführen zu den Ältesten seiner Stadt und an das Tor seines Ortes. Und sie sollen zu den Ältesten der Stadt sagen: Unser Sohn da ist störrisch und widerspenstig, er hört nicht auf uns, er ist ein Verschwender und Säufer. Dann sollen ihn alle Männer seiner Stadt zu Tode steinigen. [...]"

Wer eigentlich würde in diesem Fall „die Bibel wörtlich nehmen"?

Mit den angeführten Beispielen aus dem Buch der Sprüche sollte schon deutlich geworden sein, dass es sich bei der Verwendung der Formel „die Bibel wörtlich nehmen" nur um populären Unfug handeln kann. Im zitierten Artikel aus der *Süddeutschen Zeitung* wird die Formel noch mit dem Prädikat „strenggläubig" verknüpft, doch darf man sich fragen, was für ein Glaube eigentlich gemeint ist, wenn Eltern sich auf die Sentenz über die Rute als Erziehungsmittel in Sprüche 13,24 fixieren und ihre familiäre und menschliche Beziehung zu ihrem Sohn durch ihre konkrete applikative Interpretation dieser Sentenz bestimmt sein lassen. Dass es zudem auch beim mutmaßlichen „wörtlich nehmen" um Interpretation geht, versteht sich ja von selbst: Die Sentenz ›Wer seine Rute schont, hasst seinen Sohn‹ für sich genommen sagt weder etwas über die Situation, in der das Schlagen angemessen sein soll, noch über die Zahl der Schläge, die angemessen sein soll (in der Torah gibt es in Dtn 25,1–3 in einem anderen Zusammenhang eine Begrenzung auf 40 Schläge).

Der zitierte Zeitungsartikel kann trotz des Gebrauchs bestimmter Formeln („wörtlich", „strenggläubig") als vergleichsweise gelungen gelten, denn in seinem Fortgang wird ein Gesprächspartner der Journalisten mit den Worten zitiert: „›Die Berufung auf die Bibel, mit der Rute zu züchtigen, setzt ein bestimmtes hermeneutisches Schriftverständnis voraus, dem ich so nicht zustimmen kann, obwohl ich auch eine evangelikale Theologie vertrete.‹" Hier können der Leser und die Leserin immerhin folgern, dass das „wörtlich nehmen" tatsächlich ein „bestimmtes Schriftverständnis" meint, zu dem es Alternativen gibt. Auch erfahren sie, dass, wenn es um die Auslegung kanonischer Schriften geht, in jedem Fall überhaupt von Hermeneutik, also von Verstehensprozessen und von einer methodischen Orientierung für solche Verstehensprozesse, die Rede sein muss.

Auf dieser Linie berichten die Journalisten einen weiteren Gesprächsbeitrag: „›Ich befürchte, dass einzelne Bibelstellen aus dem biblischen Zusammenhang herausgerissen werden und dadurch eine Fehldeutung erleben.‹ Doch ›der »Geist« des Neuen Testamentes rechtfertigt meines Ermessens nach keinerlei körperliche Züchtigung!‹" Wenn man hier genauer liest, ist dieses Votum so interessant wie fragwürdig: Zwar ist der Einwand richtig, dass im geschilderten Fall „einzelne Stellen aus ihrem Zusammenhang gerissen" werden, aber die Deutung, dass der Autor von Sprüche 13,24 der Meinung war, ein Vater solle seinen Sohn bei der Erziehung schlagen, ist keine Fehldeutung. Es wäre also genauer zu erläutern, warum eine applikative Deutung unvertretbar ist. In diese Richtung weist die zweite Äußerung, der Hinweis auf den „Geist", der das Neue Testament gesamthaft charakterisieren soll – man könnte dafür wohl auf Begriffe wie „Sanftmut" oder „Liebe" im Neuen Testament verweisen (Gal 5,13–24). Doch erweckt die Äußerung zugleich den Eindruck, als sei im Alten Testament keine Basis für eine Zurückweisung einer Erziehungsmaxime „Schlagen bringt Nutzen" zu finden, und das ist, wie schon mit Bezug auf Sentenzen über den Gebrauch des Verstandes oder die Gewinnung von Rat zu zeigen war, unzutreffend. Auch gehört eine Empfehlung von „Bescheidenheit" wie in Sprüche 11,2 unbestreitbar zum Gesamtbild des Alten Testaments (vgl. auch Lev 19,17f. und Gal 5,23b). Warum sollte in der Presse wieder einmal das Klischee vom Alten Testament als einem von Inhumanität bestimmten Buch gestärkt werden?

Es war so weit zu zeigen, inwiefern die Formel „wörtlich nehmen" als eine Konvention journalistischer Sprache irreführend und sinnlos ist; zugleich konnte gezeigt werden, wie fallweise auch ein Zeitungsartikel deutlich machen kann, dass die Auslegung und Anwendung biblischer Texte immer einen Verstehensprozess voraussetzt, der mehr oder weniger differenziert strukturiert sein kann. Es wäre noch Weiteres über den Begriff „Gottes Wort" zu sagen und erst recht zu den „Einflüsterungen des Satans", denn was sich ein Leser dabei denken soll, ist keineswegs von selbst klar; doch kann das im gegenwärtigen Zusammenhang nur als Problem notiert werden.

In einem anderen Artikel wurde in der *Süddeutschen Zeitung* vom 12. September 2013 in einer vergleichenden Übersicht über kleinere christliche Glaubensgemeinschaften auch über „evangelikale Gemeinden" geschrieben.[16] In diesem Artikel distanzieren sich die beiden Journalistinnen selbst von der Formel „wörtlich nehmen". So schreiben sie: „Evangelikale Christen nehmen die Bibel wörtlich, heißt es oft, wenn über Jesus-Freaks, Pfingstler oder stark wachsende, moderne Kirchen wie International Christian Fellowship (ICF) gesprochen wird." Der kleine Einschub „heißt es oft" ist immerhin ein Signal, das die Leser und Leserinnen merken lässt, dass die Formel „wörtlich nehmen" nicht so einfach funktioniert. Im Fortgang bieten die Autorinnen dann aber den nicht weniger problematischen Ausdruck „bibeltreu", wenn sie schreiben: „Tatsächlich grenzen sich evangelikale Christen von der liberalen Theologie der evangelischen Landeskirchen ab, wollen ihren Glauben bibeltreuer, konsequenter und radikaler leben." Die journalistische Charakterisierung entspricht hier zweifellos der Selbstdarstellung der gemeinten Richtungen, doch fehlt wiederum ein Ausblick auf das Problem der Hermeneutik, das nicht so einfach in einen Komparativ „bibeltreuer" einfließen kann.

Als ein dritter Artikel aus der *Süddeutschen Zeitung* kann ein beachtlicher Beitrag des Redakteurs für Kirchenthemen, Matthias Drobinski, vom 17. September 2011 angeführt werden.[17] Aus Anlass des Papstbesuchs in Deutschland versucht er eine allgemeine Charakterisierung der pluralistischen religiösen Situation in Deutschland und erwähnt dabei verschiedene Richtungsbildungen, ausgehend von der Feststellung: „Der

Glaube der Christen ist individuell geworden, das ist eine tiefgreifende Wende in der Religionsgeschichte. Religion ist nicht mehr so sehr das ordnende System, dem sich der Einzelne unterwirft." Dazu weiter:

„So wächst auch die Zahl derer, die sich an diesem Individualismus stoßen, die die strenge Form des Glaubens entdecken, weil er sie durch die vielen Möglichkeiten des Lebens führt. Sie finden zu konservativen evangelikalen Gruppen, die die Bibel wörtlich auszulegen versuchen, andererseits aber kein Problem damit haben, eine Rockband im Gottesdienst spielen zu lassen."

Der Leser und die Leserin könnten hier wieder das Signal beachten, dass es mit dem „wörtlich nehmen" nicht ganz so einfach ist, wie es klingt; der Journalist schreibt ja von engagierten Menschen, die „die Bibel wörtlich auszulegen versuchen". Floskelhaft bleibt allerdings auch in diesem Artikel die Rede von einer „strengen Form des Glaubens", die schon im ersten Beispiel in dem Adjektiv „strenggläubig" begegnet ist und bei der man sich wieder fragt, was für ein Glaube gemeint ist und wie er mit dem „wörtlich nehmen" zusammenhängt.

Strenggläubiges Wörtlichnehmen II.

Über die pluralistische Situation innerhalb des Christentums hinaus ist auch auf die pluralistische Situation der Religionen in Deutschland und Europa zu blicken. Die Verwendung der Formel „wörtlich nehmen" lässt sich nicht selten in Artikeln über den Islam beobachten.[18] In diesem Themenzusammenhang ist die Formel bei den Journalisten, so scheint es, für die Richtung der sog. Salafisten reserviert,[19] d. h. für eine Lehrrichtung im Islam, die als „traditionalistisch" oder „rigoristisch" oder „extremistisch" bezeichnet wird und die auf die Deutung des Islam bei den Wahhabiten zurückgeht. Als Gründer dieser Tradition gilt Muhammad Ibn ʿAbd al-Wahhāb (1703–1787), ein Religionsdenker und Religionspolemiker im 18. Jahrhundert, der programmatisch auf das Postulat einer Wiederherstellung der reinen Lehre setzte und damit über Generationen hin die wesentliche religiöse Autorität für den Islam im heutigen Saudi-Arabien werden sollte.[20]

Im gegenwärtigen Zusammenhang kann das Verhältnis von Koranrezeption und Religionsrecht in den verschiedenen Richtungen des Islam als ein Problem nur angesprochen werden, denn es soll in erster Linie um die Frage gehen, was aus den Medien über die Auslegung kanonischer

Schriften zu erfahren ist.[21] Für die Formel „wörtlich nehmen" können als Beispiele wiederum Artikel aus der *Süddeutschen Zeitung* herangezogen werden, so ein Artikel vom 10. Mai 2010 aus der Diskussion über das Burkaverbot in Frankreich und ein Artikel vom 23. März 2012 nach einem desaströsen Terroranschlag in Frankreich mit acht Toten (darunter der terroristische Täter). Im ersten Artikel heißt es mit Bezug auf eine bestimmte Moschee in einer Trabantenstadt von Lyon:[22]

„Die El-Forquane-Moschee gilt als Treffpunkt von Salafisten, von Muslimen, die den Koran ganz wörtlich nehmen und so wie im 7. Jahrhundert zu Zeiten des Propheten leben wollen. Auch Extremisten sollen sich in der Moschee treffen. Vor einigen Jahren wirkte hier Abdelkader Bouziane. Der Imam sprach sich für die Polygamie und ein Recht der Männer aus, ihre Frauen zu schlagen. Und er rechtfertigte es, Frauen zu steinigen. Im Namen des Islam. Was sein Nachfolger denkt, ist schwer zu sagen. Der Vorbeter redet nicht gern mit der Presse."

Was nehmen der Leser, die Leserin hier mit an Wissen über den Koran und die Auslegung des Korans? Wer die religiöse Lehrmeinung vertritt, dass Männer mehrere Frauen haben dürfen, dass Männer ihre Frauen schlagen dürfen und dass Männer Frauen – wahrscheinlich ist der Fall von Ehebruch gemeint – sogar steinigen dürfen, der nimmt offenbar „den Koran wörtlich". Es fehlt jeder Hinweis auf das Problem der Hermeneutik, es fehlt jeder Hinweis auf den eigentlichen Inhalt und den sprachlichen Stil des Korans. Zwar macht der Journalist in seinem insgesamt instruktiven Artikel deutlich, dass – wie er mithilfe eines Zitats eines Gesprächspartners sagt – das Problem „nicht der Islam, nicht die Religion" sei, „sondern der Extremismus einer radikalen Minderheit". Doch was die nicht-radikalisierte Mehrheit der Muslime im Koran findet und wie diese Mehrheit den Koran auslegt, wird nicht als Thema angesprochen, so dass das Klischee „Koran – wörtlich nehmen – Gewalt" beim Leser hängen bleibt.

Will man wie beim Beispiel der Erziehungsmaxime über den Nutzen der Rute gemäß „der Bibel" im kanonischen Text selbst eine erste Orientierung suchen, stellt sich auch im Fall des Korans heraus, dass die Dinge nicht so einfach liegen, wie man meinen könnte. Über die Themenkonkordanz zum Koran von Adel Theodor Khoury, dort im Kapitel „Ehe und Familie", dort im Abschnitt „Die Frauen", findet man etwa die folgende Reihe von Aussprüchen zum Verhältnis zwischen Mann und Frau in Sure 4, Vers 34:

„Die Männer haben Vollmacht und Verantwortung gegenüber den Frauen, weil Gott die einen vor den anderen bevorzugt hat und weil sie von ihrem Vermögen (für die Frauen) ausgeben.

Die rechtschaffenen (Frauen) sind demütig ergeben und bewahren das, was geheim gehalten werden soll, da Gott (es) bewahrt.

Ermahnet diejenigen, von denen ihr Widerspenstigkeit befürchtet, und entfernt euch von ihnen in den Schlafgemächern und schlagt sie.

Wenn sie euch gehorchen, dann wendet nichts Weiteres gegen sie an.

Gott ist erhaben und groß."

Man kann hier sehr kritisch ein Modell von Partnerschaft analysieren und man kann zu einem klaren Nein zu diesem Modell gelangen, weil das, was hier im Text „gehorchen" heißt, aus der gegenläufigen Perspektive schlicht Unterdrückung bedeutet. Man kann hier auch die Lektüreerfahrung mit biblischen Texten wie 1Tim 2,11f. („Die Frau soll durch stilles Zuhören lernen, in aller Unterordnung. Zu lehren gestatte ich einer Frau nicht, ebenso wenig über einen Mann zu bestimmen. Sie soll sich still verhalten.") oder 1Petr 3,1 („Ebenso sollen sich die Frauen ihren Männern unterordnen! [...]") bzw. 1Petr 3,7 („Ebenso sollen die Männer verständnisvoll sein im Umgang mit dem schwächeren Geschlecht, dem weiblichen [...]") zur Geltung bringen, in denen nicht gerade ein Ideal von Gleichheit formuliert wird, auch wenn der Krisenfall der „Widerspenstigkeit" nicht direkt thematisiert wird (aber biblisch vielleicht in Sprüche 12,4 anklingt, vgl. auch Sprüche 30,20–23).

Textintern reflektiert wird man für Sure 4, Vers 34, das Modell von Partnerschaft insgesamt auf den einleitenden Satz beziehen, der in der Übersetzung von Khoury (1987) heißt: „die Männer haben Vollmacht und Verantwortung gegenüber den Frauen", in der Übersetzung von Bobzin (2010): „die Männer stehen für die Frauen ein", in der Übersetzung von Zirker (2003): „die Männer stehen den Frauen vor", in der Übersetzung von Karimi (2009): „Die Männer stehen den Frauen vor in Verantwortung", in der Übersetzung nach Ünal (2009, engl. 2008): „die Männer sind die Beschützer und Versorger der Frauen", in der Übersetzung von Henning (1901): „Die Männer sind den Weibern überlegen", in der von Hofmann bearbeiteten Übersetzung von Henning (1998): „Die Männer stehen für die Frauen in Verantwortung ein", in der Übersetzung von Paret (1966): „Die Männer stehen über den Frauen", in der Übersetzung von Pickthall (1930): „Men are in charge of women", in der Übersetzung von Arberry (1955): „Men are the managers of the affairs of women", in der Übersetzung von Yusuf Ali (1934): „Men are the protectors and maintainers of women", revidiert (1995): „(Husbands) are the protectors and maintainers of their (wives)", in der Übersetzung von Abdel Haleem (2004): „Husbands should take good care of their wives", in der Übersetzung von Droge (2013): „Men are supervisors of women"; die Variationsbreite in deutschen und englischen Übersetzungen ist erheblich, doch muss dieses Problem den Philologen überlassen bleiben.

Durch den Vergleich entsteht der Eindruck, dass der einleitende Satz eine positive Bestimmung des Verhältnisses zwischen einem Mann und einer in der Ehe gebundenen Frau versucht, bei der aber die Personalität der Frau nicht ausgelöscht wird. Das ist anders, als es dann im Fortgang des Textes klingt. Im weiteren Kontext der Sure 4 könnte man für einen Auslegungsversuch zu Vers 34 etwa auch Vers 124 heranziehen: „Wer da Gutes tut, ob Mann, ob Frau, und dabei gläubig ist – die treten in den Paradiesesgarten ein, und ihnen wird auch nicht das kleinste Unrecht geschehen." (Bobzin; vgl. Sure 16.97; 40.40)[23] Der Vers ist aus zwei Gründen interessant: Offenbar ist die Wendung „ob Mann, ob Frau" eine Wendung, die eine volle Gleichheit von Mann und Frau in der religiösen Dimension der Hoffnung auf den belohnenden – und zu ergänzen wäre wohl, den vergebenden – Gott voraussetzt. Zweitens konfrontiert der Vers seine Leser mit der Herausforderung zu bestimmen, was denn eigentlich als „Gutes" gelten kann, und es dürfte einen breiten Konsens darüber geben, dass das Schlagen von Frauen nicht dazu gehört. Soll dann postuliert werden, dass das „Schlagen" nach Vers 34 das „Gute" nach Vers 124 überwiegt? Oder umgekehrt? Oder wie soll eine Korrelation zwischen beiden Aspekten aussehen? Mit den Zitaten von Vers 34 und Vers 124 aus Sure 4 des Korans ist so nicht mehr und nicht weniger zu sagen als mit den Zitaten von Vers 24 und Vers 19 aus Sprüche 13: Die hermeneutische Situation für die Auslegung kanonischer Schriften ist viel zu komplex, als dass sich mit einer Formel „wörtlich nehmen" etwas Plausibles darüber sagen ließe. Die jeweilige Motivation, aus der heraus sich vielleicht der eine Leser auf die Sentenz über das „ermahnen – sich fernhalten – schlagen" konzentriert und ein anderer Leser auf die Sentenz über das „Gute", ist keineswegs eindeutig durch den Text selbst bestimmt, sondern ist ein – problematischer – Faktor im Prozess der Auslegung und Aktualisierung des Textes. Ein Bewusstsein davon sollte Teil der öffentlichen Debatte werden, doch genau das wird verhindert, wenn in einem Artikel wie dem zitierten das Wort „Koran" überhaupt nur ein einziges Mal beggegnet, eben in dem Satz über das „wörtlich nehmen", wenn jemand eine religiöse Lizenz zum Schlagen seiner Frau sucht. Der zweite beispielhaft ausgewählte Artikel vom 23. März 2012 zeigt dasselbe Problem in ähnlicher Form:[24]

> „Etwa fünf Millionen Bürger im Land [d. h. in Frankreich] bekennen sich zum Islam. Der Soziologe Samir Amghar sagt unter Berufung auf die Geheimdienste, von ihnen gehörten lediglich 12000 bis 15000 den Salafisten an. So werden Muslime genannt, die ihr Leben an der Frühzeit des Islam orientieren, den Koran wörtlich nehmen und sich besonders strengen Regeln unterwerfen. 99,9 Prozent der Salafisten in Frankreich seien gewaltfrei, meint der Islamismus-Forscher Dominique Thomas. Allerdings versuchen Salafisten häufig, moderaten Muslimen ihre Lebensweise aufzunötigen."

Wieder bleibt die Formel „wörtlich nehmen" als Suggestion einer möglichen Position gegenüber dem Text aus der fernen Tradition stehen, wieder wird dieser Text selbst, der Koran, als Reservoir gewaltbasierter Ideale gezeigt, und darüber hinaus erscheint er als ein auf Gesetzlichkeit ausgerichtetes Werk, das zu „besonders strengen Regeln" einladen könnte.

Formelhaftigkeit

Die Problemanzeige zur Formelhaftigkeit im Religionsdiskurs dürfte inzwischen hinreichend deutlich geworden sein. Das Problem besteht darin, dass einerseits die Bibelwissenschaft – und im Prinzip schon jeder, der die Bibel liest, – ein ungemein reichhaltiges, vielseitiges, auf wesentliche Fragen von Glauben als Gottesbeziehung zielendes Buch vor sich hat, das in differenzierten hermeneutischen Bewegungen erschlossen werden muss, und dass andererseits in der öffentlichen Debatte die Vertreter skurriler Einzelpunkte – wie der Maxime über das Schlagen in der Erziehung – als diejenigen gelten, die diesen gesamten Textbestand, „die Bibel", „wörtlich nehmen" – also wohl so verstehen, wie er verstanden werden will. In genauer Parallele dazu gilt dasselbe Problem für die Koranwissenschaft – und im Prinzip wieder für jeden, der den Koran liest: Das vielgestaltige, in seiner besonderen sprachlichen Gestalt ausgezeichnete und vergleichbar auf wesentliche Fragen von Glauben als Gottesbeziehung zielende Buch wird sozusagen in die Verfügungsgewalt derjenigen gegeben, die gewaltaffine Auffassungen über die minderen Persönlichkeitsrechte von Frauen und überhaupt den lenkbaren Lebensstil von jedermann in der Gesellschaft vertreten, denn es sollen ja diese sein, die „den Koran" „wörtlich nehmen".

Für das Christentum ist die Formel „wörtlich nehmen" als die journalistische Formel der Ahermeneutik besonders mit Bezug auf das Alte Testament (die Hebräische Bibel) beliebt, was zugleich den Effekt hat, dass die Schriften Israels in gewisser Hinsicht als barbarisch und insofern als dunkle Folie für das Neue Testament gelten. Für den Islam ist die Formel der Ahermeneutik wohl ebenso genau deshalb beliebt, weil dadurch der Koran und damit der Islam überhaupt als barbarisch markiert werden können. „Wörtlich nehmen" = „Kinder schlagen", „wörtlich nehmen" = „Frauen schlagen". Die Herausforderung, die sich nun im Hinblick auf die skizzierte journalistische Konvention stellt, liegt darin, ein Bewusstsein für das Problem der Hermeneutik zu schaffen und dadurch überhaupt den Blick für das vielfältige Potential der kanonischen Schriften in Judentum, Christentum und Islam zu schärfen.

Ästhetische und religiöse Maßstäbe

Es ist soweit noch nicht ausführlicher das Argument angesprochen worden, dass die Texte in der Bibel und im Koran Texte sind, die historisch gesehen in einer im Vergleich zur Gegenwart ganz anderen Gesellschaft und Kultur entstanden sind und ihre ersten Hörer hatten, obwohl ein Bewusstsein davon im öffentlichen Religionsdiskurs ein wesentliches Element sein sollte.[25] Der Grund für diese Beschränkung im gegebenen Zusammenhang liegt darin, dass für die Lektüre und das Studium kanonischer Schriften drei Kompetenzen zu unterscheiden sind: die historische Kompetenz, die hermeneutische Kompetenz und die rituelle Kompetenz.[26] Die rituelle Kompetenz bezieht sich auf den performativen Aspekt der Rezitation von Texten in einem gottesdienstlichen, oft liturgisch formalisierten Kontext. Die hermeneutische Kompetenz bezieht sich auf die Erschließung der Aussage eines Textes und der Konstitution von Sinn in jenem weiten Bezugsfeld, in dem jeweils ein bestimmter einzelner Text auf methodisch aufgeklärte Weise und in Verbindung mit anderen Texten desselben Ranges zur Einsicht in ein für den Glauben wesentliches Identitätsmerkmal führen soll. Die historische Kompetenz bezieht sich auf die Beschreibung des Hintergrundes, den ein Text, der zu einem Teil einer ‚zeitlosen' kanonischen Schrift geworden ist, in einer bestimmten Religionskultur zu einer bestimmten Zeit, oder zeitlich enger definiert in einer spezifischen (religions-)politischen Konstellation hatte. Es lässt sich nun einfach beobachten, dass in vielen Kreisen von Lesern heiliger Schriften die historische Kompetenz fehlt oder sogar programmatisch verweigert wird. Das ist zwar zu bedauern, weil es einen offenkundigen Zusammenhang zwischen hermeneutischer und historischer Kompetenz gibt, doch ist es noch wichtiger festzuhalten, dass das Problem der hermeneutischen Kompetenz nicht einfach erledigt ist, wenn eine historische Kompetenz nicht erworben wird. Auch wenn man, wie in der Bibelwissenschaft oft diskutiert, Texte „synchron" oder „kanonisch" oder als einen großen gewebten Teppich („as symbolic tapestry") liest, stellen sich im hermeneutischen Prozess der Auslegung Fragen etwa nach der Wortbedeutung und Übersetzungsmöglichkeiten, nach der Gewichtung von Einzelaspekten und der Zusammenfassung einer übergeordneten, leitenden Grundvorstellung, nach der Kommunikationsleistung und Orientierungskraft jeweiliger kanonischer Texte im Hinblick darauf, dass sie in einem religiösen Horizont einen existentiell wahren, persönlichen und zugleich gemeinschaftsfähigen Glauben wecken und stärken sollen.

Um auf das zur Einleitung angeführte Interview des Lyrikers und Essayisten Adonis zurückzukommen: Es stellt sich unumgänglich die Frage, ob ein Leser oder eine Leserin eine „horizontale" oder eine „vertikale", in die Tiefe gehende Lektüre verfolgt. Dabei geht es keineswegs nur um den Einwand eines literaturwissenschaftlich gebildeten Kritikers, der ästhetische Gesichtspunkte vertritt. In vergleichbarer Weise wird die Metaphorik des Vertikalen etwa von einem religiösen Denker und Prediger wie Fethullah Gülen gebraucht, wenn er die Sentenz formuliert: „Diejenigen, die die Muslime davon abgehalten haben, den Koran zu verstehen und ihn in all seiner Tiefe wahrzunehmen, haben sie des Geistes und der Essenz des Islam beraubt."[27] Liest ein Leser oder eine Leserin den Text „im Geist der Offenheit, der Größe und der Menschlichkeit" oder macht er, macht sie den Text „eng und klein"? Hier liegen Herausforderungen für den Bildungsstand, die Frömmigkeitsanliegen und die Redlichkeit in allen schriftbasierten Religionen. In keinem Fall sollte indessen eine Lektüre, die auch noch den „großartigsten Text" „eng und klein" macht, in der Berichterstattung in den Medien mit dem Prädikat „wörtlich nehmen" quittiert werden. Es gilt eine andere journalistische Sprachkonvention für das Berichten über Autoritätspostulate zu finden, die auf einer selektiven, destruktiven, fanatischen Vereinnahmung kanonischer Schriften beruhen. Vielleicht sollte im Journalismus die Wendung „wörtlich nehmen" durch „tyrannisch funktionalisieren" ersetzt werden – Kinder, die geschlagen werden, und Frauen, die geschlagen werden, könnten dem Vorschlag sicher zustimmen.

FLORIAN BAAB

Das Religionsbild zeitgenössischer Religionskritiker: Eine Prüfung auf Konsistenz

Will man die Argumente zeitgenössischer Religionskritiker einer Prüfung unterziehen, hat man zuerst die Frage zu stellen, was eigentlich Religionskritik ist: In welchen Formen gibt es Kritik an Religion, was möchte, was kann sie leisten, und wo liegt die Grenze zwischen Religionskritik und schlichter Polemik oder Verzerrung?

Zunächst gilt es, sich bewusst zu machen, dass „Religionskritik" zwei Bedeutungen in sich trägt: Zum einen kann damit eine Argumentation aus religionsexterner Perspektive gemeint sein, die konkrete Religionen auf einer grundsätzlichen Ebene in Frage stellt. Zum anderen aber (und dies wird gerne unterschlagen oder vergessen) kann mit „Religionskritik" auch eine Kritik bestimmter Theorien und Praktiken einer konkreten Religion gemeint sein, der der Kritiker selbst angehört. Solche religionsimmanente Religionskritik findet sich insbesondere in Zeiten, in denen gewisse religiöse Traditionen und Deutungsmuster als überholt und reformbedürftig wahrgenommen werden. Sie kann daher ein Schisma, eine Auf- oder Abspaltung innerhalb einer Religion zur Folge haben; nie allerdings stellt sie deren generellen Sinn oder gar den Sinn einer religiösen Weltdeutung im Ganzen in Frage. Als konkrete Beispiele lassen sich z. B. der Prozess der Reformation oder die nach dem Ersten Vatikanischen Konzil entstandene altkatholische Reformbewegung nennen,[1] und auch der von Papst Franziskus jüngst angestoßene Erneuerungsprozess der Kirchenleitung in Rom kann als „Religionskritik" in diesem Sinne gesehen werden, da auch hier aus dem Inneren einer Religion heraus Kritik an deren aktueller Verfassung formuliert wird.[2]

Im vorliegenden Beitrag soll es primär um die erstgenannte Form von Religionskritik gehen, also um eine fundamentale Kritik religiöser Theorie und Praxis aus religionsexterner Perspektive.[3] Ein historischer Ursprung solcher Kritik ist nur schwer auszumachen – viele glauben, ihn bei dem Vorsokratiker Xenophanes (570–475) zu finden, der den anthropomorphen Gottesvorstellungen seiner Zeit mit ironischer Distanz begegnete: „Die Äthiopier behaupten, ihre Götter seien stumpfnasig und schwarz, die Thraker, blauäugig und rothaarig."[4] Da Xenophanes allerdings selbst Vertreter eines universalen Monotheismus war, muss seine Kritik eher als eine religionsimmanente gewertet werden. Unbestreitbar ist, dass uns eine breite religionskritische Strömung, die aus der Perspektive eines wahrhaft religionsexternen Standpunktes argumentiert, erst im 19. Jahrhundert begegnet: Als Vertreter der sogenannten „klassischen Religionskritik" werden vor allen anderen meist Ludwig Feuerbach (1804–1872), Karl Marx (1818–1883) und Friedrich Nietzsche (1844–1900) genannt, die, als Vertreter des westlichen Kulturkreises, natürlich primär gegen die monotheistischen Religionen und insbesondere gegen das Christentum argumentierten, indem sie das Denksystem des durchaus religionsfreundlichen Hegel zugleich fortentwickelten und umwerteten.[5] Schon traditionell tritt daher fundamentale Religionskritik als Kritik des Monotheismus auf. Daran hat sich auch in den Werken zeitgenössischer Religionskritiker wenig geändert. Diese Einengung heutiger Religionskritik auf Monotheismuskritik wird schon dadurch offensichtlich, dass sich in den Medien, aber auch in wissenschaftlichen Publikationen für die Religionskritiker unserer Zeit die Bezeichnung „neuer Atheismus" eingebürgert hat (nicht z. B. „neue Religionskritik"); und auch das von dem Biologen Richard Dawkins verfasste Buch, das als zentrales Werk dieses „neuen Atheismus" gilt, da es sich seit 2006 in einer mehrfachen Millionenauflage verkauft hat, trägt einen Titel, der für sich selbst spricht: „Der Gotteswahn".[6]

Wie aber erklärt sich dieser zeitgenössische Fokus auf die Kritik des Monotheismus? Die Antwort ist denkbar einfach: Religionskritik war und ist primär ein Phänomen der westlichen Welt, und die westliche Welt, zu deren besonderen Spezifika eine Trennung von religiöser und weltlicher Gewalt gehört, ist geprägt vom Monotheismus, insbesondere in seiner christlichen Form. Die aktuelle Religionskritik des „neuen Atheismus" wird von anglo-amerikanischen Autoren dominiert;[7] sie will die in diesen Ländern gängige religiöse Theorie und Praxis angreifen und hat eine Kritik des Hinduismus oder des Buddhismus daher kaum im Sinn. So ist es nur natürlich, dass sie ihren breiten Publikumserfolg beinahe ausschließlich in Europa und den USA erlebt. Dieser Erfolg wiederum – es ist insbesondere für Theologen wichtig, sich das bewusst zu machen – beruht auf einem inzwischen von vielen Menschen in der westlichen Welt geteilten Widerstand gegen den Gottesglauben. Zwar haben sich einerseits die möglichen Weltdeutungsmodelle pluralisiert, und Religion, auch das für lange Zeit in der westlichen Welt dominierende Christentum, spielt im Leben vieler Menschen kaum noch eine Rolle (gewissermaßen eine langfristige Folge der o. g. Gewaltentrennung); zugleich werden aber, ganz offensichtlich zum Ärger einiger Zeitgenossen, das Christentum und die christlichen Kirchen weiterhin als ein soziokulturell und machtpolitisch dominanter Faktor erlebt. Als ein Weiteres kommt die durch entsprechende Medienberichterstattung geschärfte öffentliche Wahrnehmung eines zur Gewalt und gar zum Martyrium bereiten Islam hinzu, der uns zwar geographisch relativ nahe liegt, zugleich aber in seinen Denkmustern und seiner teils dezidiert öffentlich praktizierten Religiosität auf viele Menschen verstörend wirkt. All diese Faktoren führen dazu, dass der Monotheismus als nicht mehr vereinbar gesehen wird mit einem „aufgeklärten" Denken und mit der liberalen Verfassung unserer westlichen Gesellschaftsordnungen. Der „neue Atheismus" wird daher von nicht Wenigen schon deshalb unterstützt, weil er in gewisser Weise eine Grundbefindlichkeit unserer Zeit zum Ausdruck bringt: Viele Menschen lehnen die Deutungssysteme der monotheistischen Religionen ab; zugleich müssen sie wahrnehmen, dass diese Deutungssysteme auch heute ungehindert fortbestehen.[8]

Bevor nun auf die konkreten Argumentationsmuster zeitgenössischer Religions- bzw. Monotheismuskritik eingegangen wird, sei noch kurz auf einen oft zu beobachtenden Schwachpunkt solcher Kritik hingewiesen. Eigentlich ist fundamentale Religionskritik formal gesehen etwas sehr Kostbares, da sie die Angehörigen einer Religion dazu bringen kann, ihre eigenen unter Umständen allzu festgefahrenen Standpunkte kritisch zu hinterfragen und nötigenfalls zu korrigieren; sie wird allerdings dann zu etwas Ärgerlichem, wenn sie das Konstrukt einer Religion entwirft, um anschließend dieses Konstrukt vom Standpunkt des aufgeklärten Zeitgenossen als lächerlich verwerfen zu können. Dass eine solche Wertung schlichtweg unwissenschaftlich ist und mit ernstzunehmender Religionsforschung nur wenig zu tun hat, liegt auf der Hand. Wenngleich sich in den Ansätzen zeitgenössischer Religionskritiker einige Argumente finden lassen, die tatsächlich eine vertiefte Prüfung lohnend erscheinen lassen, sind sie, wie zu zeigen sein wird, vor solchen Verzerrungen alles andere als gewahrt (wie ja umgekehrt der gläubige Christ – insbesondere auch der Theologe – nie gewahrt ist vor Klischees und Vorurteilen über die, die seiner Religion nicht angehören).

Ich werde nun zunächst den schon genannten Bestseller der zeitgenössischen Religionskritik, Richard Dawkins „Gotteswahn" vorstellen und dann einen Ansatz vertiefen, der aktuell im deutschsprachigen

Raum einigermaßen populär ist – Michael Schmidt-Salomons „Manifest des Evolutionären Humanismus". Eine Würdigung und Kritik der Argumente wird sich jeweils in einem zweiten Schritt anschließen.

„Der Gotteswahn": Zentrale Thesen

Der 1941 geborene britische Zoologe und Biologe Richard Dawkins hatte sich bereits während seiner gesamten Forschungslaufbahn als Kritiker des Monotheismus hervorgetan; sein größter Publikumserfolg gelang ihm jedoch mit dem Buch „Der Gotteswahn", das seit seinem Erscheinen im Jahr 2006 in millionenfacher Auflage und dutzendfacher Übersetzung erschienen ist. Wie zu erwarten, versucht sich Dawkins darin hauptsächlich an einer neuro- und evolutionsbiologischen Erklärung des Gottesglaubens. Zugleich vertritt er einen eindeutig missionarischen Anspruch: „Wenn dieses Buch die von mir beabsichtigte Wirkung hat", so Dawkins in seinen Eröffnungsworten, „werden es Leser, die es als religiöse Menschen zur Hand genommen haben, als Atheisten wieder zuschlagen." (18)[9] Wie nun versucht er, diesem ambitionierten Ansinnen gerecht zu werden? Seine Kernargumente sind die folgenden:

Dawkins behandelt die Frage nach der Existenz Gottes im Sinne der empirischen Wissenschaften als eine Hypothese, die es zu überprüfen gilt. „Die Gotteshypothese", so schreibt er, „besagt, es gebe in der uns umgebenden Realität eine übernatürliche Handlungsinstanz, die das Universum entworfen hat und es – zumindest in vielen Versionen der Hypothese – auch verwaltet und sogar mit Wundern eingreift [...]". (84) Dieses Wahrheitsverständnis der Existenz Gottes als wissenschaftliche Hypothese zieht sich durch das gesamte Buch; Dawkins zielt damit zunächst auf groteske Beispiele ab, die nachweisen sollen, welch absurde Formen ein Versuch des Nachweises dieser Hypothese annehmen kann: So zitiert er aus einer Studie, in der im Experiment überprüft werden sollte, ob die Gesundheit kranker Menschen sich durch Gebete Außenstehender verbessert (das war, wie sich herausstellte, nicht der Fall) (89–95);[10] auch der Gruppe der amerikanischen Kreationisten, die sich an einem Nachweis der Existenz Gottes aufgrund der enormen Komplexität der Natur versucht, tritt er mit einer ausführlichen Reihe biologistischer Argumente entgegen (vgl. dazu exemplarisch 164–174). Uns, die wir hierzulande eher gewohnt sind, dem Phänomen der Religion mit soziologischer Nüchternheit zu begegnen, mögen solche Frontstellungen eher merkwürdig vorkommen; Dawkins opponiert hier primär gegen ein im anglo-amerikanischen Raum verbreitetes Wissenschaftsverständnis, innerhalb dessen eine Vermischung von Glaube und empirischer Wissenschaft gängige Praxis ist (das „Gebetsexperiment" und die Kreationismus-Debatte sind zwei Beispiele hierfür). Entsprechend leicht fällt es ihm, aus der Perspektive des gelehrten Biologen gegen solche Formen unredlicher Pseudowissenschaftlichkeit zu argumentieren.

Der Kern seiner Argumentation liegt jedoch abseits solcher Grabenkämpfe. Biologe, der er nun einmal ist, versucht Dawkins sich daran, eine evolutionsbiologische Erklärung von Religion zu finden. Dass es eine solche Erklärung geben muss, liegt für ihn auf der Hand, da jedes Verhalten eines Lebewesens – auch das des Menschen – aus evolutionsbiologischer Perspektive einen Zweck haben, einen Nutzen erfüllen muss (auch wenn er nicht auf den ersten Blick offensichtlich ist). Dawkins schreibt hierzu selbst: „Führt ein wildes Tier immer wieder eine nutzlose Tätigkeit aus, so wird die natürliche Selektion jene Konkurrenten begünstigen, die Zeit und Energie stattdessen auf Überleben und Fortpflanzung verwenden. Die Natur kann sich leichtfertige Spielereien nicht leisten. Erbarmungslose Nützlichkeit ist Trumpf, auch wenn es nicht immer den Anschein hat." (226) Als ein offensichtliches Beispiel führt er hier den Schwanz des Pfaus an, der beim ersten Blick als überflüssiger Schmuck erscheint, bei genauerer Betrachtung jedoch dem Anlocken des Weibchens und damit der Fortpflanzung dient. Es stelle sich daher die Frage, so Dawkins, ob nicht auch die Religion als ein solcher „Pfauenschwanz" zu werten sei, als ein Faktor also, der in irgendeiner Weise einen biologischen Selektionsvorteil erzeugt. Er bemüht sich daher, einige „unmittelbare Vorteile der Religion" aus darwinistischer Perspektive aufzulisten:

- Dem Glauben an Gott liege womöglich ein ähnlicher Mechanismus zugrunde wie dem sog. Placebo-Effekt: Wer glaubt, ein Medikament genommen zu haben, das ihn gesund macht, wird mit größerer Wahrscheinlichkeit gesund, auch wenn das Medikament gar keinen Wirkstoff enthält. Jemand, der glaube, einen väterlichen, allmächtigen Beschützer an seiner Seite zu haben, fühle sich daher womöglich zuversichtlicher und meistere sein Leben besser, auch wenn dieser Beschützer –Gott – gar nicht existiere (vgl. 231–235).
- Als ein zweites mögliches Argument nennt Dawkins die sogenannte „Gruppenselektion": Eine Gruppe, deren Gemeinschaft auf einer festen, geteilten Überzeugung basiere, habe wahrschein-

lich einen strategischen Vorteil gegenüber Gruppen, denen ein solcher Zusammenhalt fehle (vgl. 235–239).
– Weit mehr noch als den Theorien von Religion als Placebo oder als Moment der Gruppenselektion neigt Dawkins jedoch nach eigener Auskunft der Theorie von „Religion als Nebenprodukt von etwas anderem" zu: Religion sei aus dieser Perspektive zu werten als eine „Fehlfunktion", ein „unglückseliges Nebenprodukt einer grundlegenden psychologischen Neigung, die unter anderen Umständen nützlich sein kann oder früher einmal nützlich war". (242) Mehr als jede andere Spezies nutze der Mensch, so Dawkins, die Erfahrungen vorhergehender Generationen; es bedeute daher für einen Heranwachsenden einen Selektionsvorteil, wenn er die Faustregel verinnerliche: „Glaube alles, was die Erwachsenen dir sagen, ohne weiter nachzufragen. Gehorche deinen Eltern, gehorche den Stammesältesten, insbesondere, wenn sie in feierlichem, bedrohlichem Ton zu dir sprechen." (243) Die Kehrseite dieses Selektionsvorteils, sei allerdings „sklavische Leichtgläubigkeit", und als „Nebenprodukt" dieser Disposition ergebe sich dann eine „Anfälligkeit für Infektionen mit geistigen Viren". (246) Konkrete Religionen müssten daher als „Einheiten der kulturellen Vererbung", als „Meme" gewertet werden. (268) Manche dieser „Meme" hielten sich (trotz ihrer offensichtlichen Implausibilität) sehr lange im kollektiven Gedächtnis einer Kultur – er nennt als Beispiele Sätze wie: „Du lebst nach dem Tod weiter", „Ketzer, Gotteslästerer oder Abtrünnige sollte man umbringen" oder „Es gibt seltsame Dinge […], die wir gar nicht verstehen sollen." (279f.)

Im letzten Drittel seines Buches bringt Dawkins weitere Argumente gegen den Glauben im Hinblick auf seine konkreten Inhalte – hierbei fällt deutlich auf, dass er allegorische oder symbolische Deutungen der biblischen Erzählungen nicht gelten lässt: Christlicher Glaube in seiner eigentlichen Form ist für ihn wortwörtlicher Buchstabenglaube. Würden nun „irritierte Theologen" in Anbetracht dieses Schriftverständnisses einwenden, „dass wir das Erste Buch Mose heute nicht mehr wörtlich nehmen", sei seine Antwort: „Aber genau darum geht es mir! Wir suchen uns aus, welche Stückchen aus der Bibel wir wörtlich glauben und welche wir als Symbole oder Allegorien abschreiben." Ein solches „Herauspicken und Auswählen" sei „ebenso eine Frage persönlicher Entscheidungen wie der Entschluss eines Atheisten, diese oder jene ethische Regel zu befolgen, doch andere nicht"; in beiden Fällen gebe es „dafür keine absolute Grundlage." (328f.) Man müsse daher, so Dawkins, nicht nur vor einem radikalisierten, fundamentalistischen Glauben, sondern „vor dem Glauben überhaupt" warnen, da auch ein gemäßigter Glaube die „rationale Berechnung besonders wirksam zum Schweigen" bringe und „darin meist alle anderen Motive" übertreffe; dies liege teils an der Zusage eines besseren Jenseits, das er in sich trage, teils aber auch daran, „dass der Glaube von seinem Wesen her kritische Fragen missbilligt". (427) Oder, in anderen Worten: „Glaube ist genau deshalb bösartig, weil er keine Rechtfertigung braucht und keine Diskussion duldet." (429)

Auf den letzten Seiten seines Buches gibt Dawkins seinen Überlegungen, die sich bis dahin primär auf die Ablehnung des Gottesglaubens konzentriert haben, noch einmal eine Wendung: Er versucht, zu einer abschließenden Position zu kommen und reflektiert über die Wahrscheinlichkeit oder Unwahrscheinlichkeit der Existenz von Leben im Allgemeinen und des Menschen im Besonderen. Das Wort „Wunder" vermeidet er dabei tunlichst, da es religiös konnotiert ist, dennoch erinnern seine Worte stark an die religiöse Grundsatzmeditation eines Naturwissenschaftlers:

„Die Evolution komplexer Lebensformen, ja schon ihre Existenz in einem Universum, das physikalischen Gesetzen gehorcht, ist eine wunderschöne Überraschung [...]. Auf einem Planeten – möglicherweise nur einem einzigen im ganzen Universum – tun Moleküle, die normalerweise nichts Komplizierteres bilden als einen Felsbrocken, sich zu felsblockgroßen Materiestücken zusammen, die so unvorstellbar komplex sind, dass sie laufen, springen, schwimmen, fliegen, sehen und hören können und dass sie andere, ähnlich komplexe Gebilde fangen und fressen können – Materiestücke, die in manchen Fällen sogar fähig sind, zu denken, zu fühlen und sich in andere Brocken aus ebenso komplexer Materie zu verlieben." (509)

Dieser Gedanke des Staunens über die Unwahrscheinlichkeit der eigenen Existenz setzt sich bis ins Schlusswort des Buches fort, wo Dawkins abschließend aus einem eigenen, früheren Buch Worte zitiert, die er „schon seit langem für [seine] eigene Beerdigung vorgesehen" habe:

„Wir alle müssen sterben, das heißt, wir haben Glück gehabt. Die meisten Menschen sterben nie, weil sie nie geboren wurden. Die Männer und Frauen, die es rein theoretisch an meiner statt geben könnte und die in Wirklichkeit nie das Licht der Welt erblicken werden, sind zahlreicher als die Sandkörner der Sahara. [...] Und entgegen dieser gewaltigen Wahrscheinlichkeit gibt es gerade Sie und mich in all unserer Gewöhnlichkeit." (533)

„Der Gotteswahn": Würdigung und Kritik

Soviel also – in gebotener Kürze – zum Ansatz, den Richard Dawkins in seinem „Gotteswahn" vertritt. Wie sind diese Argumente nun zu werten? Es bietet sich an, seinen Entwurf vom Ende her zu analysieren, da insbesondere das Schlussstück des Buches aus motivationsanalytischer Perspektive sehr aufschlussreich ist.

Eine grundlegende Funktion von Religion ist es ja – zumindest erkenntnistheoretisch gesehen – dem Menschen zu Antworten auf die sogenannten „Grenzfragen" zu verhelfen: Warum bin ich? Warum ist überhaupt etwas? Oder, in der Fragestellung, die Dawkins aufwirft: Wieso ist es gerade zu dem unwahrscheinlichen Doppelereignis gekommen, dass *(a)* Leben existiert und dass ich *(b)* selbst am Leben bin (im Gegensatz zu den vielen anderen Menschen, die nie gezeugt und nie geboren wurden)? Dawkins spricht hier nicht mehr als Biologe (das kann er im Angesicht dieser großen Fragen gar nicht), sondern er begibt sich auf das Feld der Metaphysik. Seine Antwort könnte man etwas salopp paraphrasieren mit: Die Entstehung von Leben ist unwahrscheinlich, meine Existenz ebenfalls, beides zusammen ist höchst unwahrscheinlich, aber so ist es nun einmal. (Deshalb: Freuen wir uns, dass wir hier sind!) Ein spitzfindiger Theist und Philosoph könnte nun genau an dieser Stelle einhaken und die Behauptung aufstellen, dass die Existenz einer schöpferischen Macht in Anbetracht all dieser Unwahrscheinlichkeiten gar nicht mehr so unwahrscheinlich ist. Auf dieser Ebene möchte ich mich aber nun gar nicht auf Dawkins einlassen, da solche Überlegungen nur zu Wahrscheinlichkeitswerten im rein spekulativen Bereich führen.[11] Interessant finde ich vielmehr, dass Dawkins die eben benannte Tatsache unterschlägt, dass Religion und die großen Fragen, die er am Ende seines Buches behandelt, eng zusammenhängen: Zumindest in den meisten uns bekannten Formen bezieht sich Religion auf ein Absolutes, in dem alles gründet, was ist. (Im Theismus ist das Gott.) Auch Dawkins kennt ein solches Absolutum; das ist in seinem Fall – um ihn noch einmal selbst zu zitieren – „ein Universum, das physikalischen Gesetzen gehorcht"; und der Schlüssel zu diesem Absoluten liegt in den Händen der Naturwissenschaft. Dass allerdings jede empirische Einzelwissenschaft, wenn sie sich auf Spekulationen einlässt wie die Wahrscheinlichkeit oder Unwahrscheinlichkeit von Leben, oder gar die Wahrscheinlichkeit oder Unwahrscheinlichkeit der eigenen Existenz, ihren Geltungsraum weit überschreitet, ignoriert er in dem Elan, der ihn während der letzten Seiten seines Buches überkommt:

Grenzfragen heißen so, weil der Geist des Menschen sie, trotz aller wissenschaftlichen Binnenerkenntnisse, letztlich offen lassen muss.

Nun aber zu Dawkins eigentlicher Kritik des Gottesglaubens: Was ist zunächst zu dem Argument zu sagen, die Bibel enthalte eine Fülle von grausamen Texten und ein (zumindest in Teilen) untragbares Gottesbild? Hat er nicht Recht mit dem Argument, jede Interpretation eines Textes als „symbolisch" sei willkürliche Selektion; was ist zu dem Punkt zu sagen, der Glaube dulde keine Diskussion und keine kritische Nachfrage? – Zunächst wäre anzumerken (und das ist ganz im Sinne heutiger theologischer Bibelexegese), dass der alttestamentliche Gott natürlich zunächst ein Gott einer Gruppe von Stämmen (später einer königlichen Dynastie, schließlich einer von Priestern dominierten Gemeinschaft) ist, der – insbesondere in den früheren Texten – ganz auf Seiten seines Volkes steht und damit gegen andere Völker; ein Gott, der zudem Gefolgschaft für sich selbst einfordert und die bestraft, die nicht zur Nachfolge bereit sind. Das ist zur Zeit der Entstehung dieser Texte etwas im altorientalischen Raum völlig Normales. Wenn nun Dawkins über dieses frühe Judentum schreibt, dass es „ursprünglich ein Stammeskult um einen einzigen, äußerst unangenehmen Gott" gewesen sei, „voller krankhafter Versessenheit auf sexuelle Beschränkungen, mit dem Geruch verbrannten Fleisches, mit einem Überlegenheitsgefühl gegenüber Konkurrenzgöttern und mit der Exklusivität des auserwählten Wüstenstammes" (54), ist diese Haltung doch als deutlich unterkomplex zu tadeln, da er in seiner Kritik der historischen israelitischen Religion die ethischen Maßstäbe und kultischen Sensibilitäten zeitgenössischer westlicher Demokratien zum Richtmaß nimmt. Dass das frühe Judentum in seinen Wertungen und Weisungen gänzlich dem entspricht, was in angrenzenden Religionen des Vorderen Orients zu dieser Zeit vorzufinden war, wird übergangen; die Beschreibung wird stattdessen dominiert von einem betonten Ekel des liberalen Zeitgenossen vor einem knapp 3000 Jahre alten Weltbild. Dawkins übergeht dabei die Tatsache, dass natürlicherweise *kein* vorneuzeitliches Weltbild den ethischen Maßstäben unserer Zeit standzuhalten in der Lage ist. Mit seriöser Wissenschaftlichkeit hat eine solche Argumentationsweise nichts mehr gemein.

Klar ist freilich, dass wir heute viele wörtliche Aussagen des Alten und auch des Neuen Testaments, insbesondere im Bereich der erzählenden Texte und der Gebote, nicht mehr teilen und auch als religiöse Menschen nicht mehr teilen können. Was also ist die Alternative? Lässt sich tatsächlich kein Kriterium finden, nach dem biblische Texte grundsätzlich interpretiert werden können? Ich kann aufgrund der gebotenen Kürze hier nur für das Christentum sprechen; andere Schriftreligionen haben andere Kriterien der Textauswahl.[12] Es gibt fundamentale Sätze in der christlichen Tradition, die schon immer als alles andere übersteigend gewertet wurden; hierzu gehört z. B. das Liebesgebot Jesu: Auf die Frage, welches Gebot das wichtigste sei, wird als Antwort Jesu überliefert:

„Du sollst den Herrn, deinen Gott, lieben mit ganzem Herzen, mit ganzer Seele und mit all deinen Gedanken. Das ist das wichtigste und erste Gebot. Ebenso wichtig ist das zweite: Du sollst deinen Nächsten lieben wie dich selbst. An diesen beiden Geboten hängt das ganze Gesetz samt den Propheten." (Mt 22, 37–40)[13]

Der Kirchenvater Augustinus schreibt daher im 4. Jahrhundert, dass jede Interpretation eines Bibeltextes, die diesem Liebesgebot widerspreche, als Fehlinterpretation zu werten sei.[14] Eine reine Willkür der Textinterpretation oder ein naiver Biblizismus wird durch ein solch starkes Richtmaß zwar nicht grundsätzlich verunmöglicht, zumindest aber deutlich erschwert.

Zu dem Argument schließlich, der Glaube missbillige seinem Wesen nach kritische Fragen, er sei „genau deshalb bösartig, weil er keine Rechtfertigung braucht und keine Diskussion duldet", sei schlicht gesagt: Dawkins argumentiert hier nicht gegen das, was man als religiösen Glauben bezeichnet, sondern vielmehr gegen den Fundamentalismus. Der Fundamentalist – den es übrigens nicht nur im religiösen, sondern z. B. auch im politischen und weltanschaulichen Bereich gibt – ist sich des Grundes seiner Weltsicht völlig gewiss und bemüht sich mit aller Macht, diese Gewissheit aufrecht zu erhalten, deshalb verzichtet er auch auf Diskussionspartner, die anderer Meinung sind als er, da sie sein Weltbild gefährlich ins Wanken bringen könnten. Ich gebe Dawkins gerne in dem Punkt recht, dass eine solche Haltung böse ist, weil sie sich auf sich selbst zurückzieht und andere ausgrenzt; diese Haltung generell mit dem Glauben gleichzusetzen, ist jedoch nicht nur unredlich, sondern gerade im Angesicht des eben genannten Liebesgebotes Jesu (das auch als ein Toleranzgebot gelesen werden kann: Du sollst deinen Nächsten lieben wie dich selbst, d. h.: ihm sein eigenes Wesen lassen, ihn nicht zu einem Abbild deiner selbst machen wollen) eine Verkehrung der Tatsachen. Dass im Lauf der Geschichte des Christentums auch dessen Anhänger nicht immer die besten Vertreter dieses grundsätzlichen Anspruchs waren, beweist dennoch nicht einen generellen Exklusivismus des christlichen Glaubens.

Nun aber zum eigentlichen Kernargument in Dawkins Argumentation: der evolutionsbiologischen Erklärung des Glaubens. Er erwähnt, wie gesehen, die Theorie des Glaubens als „Placebo" sowie die Theorie, Glauben unterstütze den Zusammenhalt in einer Gruppe, neigt aber nach eigener Auskunft primär der Theorie zu, Glaube sei ein „Nebenprodukt" einer in der Zeit der Kindheit angeeigneten Autoritätshörigkeit. Aufgrund dieser grundlegend menschlichen Disposition bestehen seiner Ansicht nach neben sinnvollen Anweisungen („Sei vorsichtig vor wilden Tieren") auch irrationale Weisungen als „Meme" im kulturellen Gedächtnis der Menschen weiter („Du lebst nach dem Tod weiter" / „Ketzer sollte man umbringen"). Was wäre hierzu zu sagen?

Zunächst sei angemerkt, dass ich Dawkins Theorie – und zwar alle drei Erklärungsvarianten, die er anführt – sehr interessant und in Teilen auch schlüssig finde: Was er schreibt, liefert eine mögliche Erklärung nicht nur für religiöse Praxis, sondern gleich für einige Facetten des menschlichen Verhaltens. Falsch an seiner Theorie ist nur die ihr innewohnende Vermutung, ein evolutionsbiologischer Erklärungsansatz von Religion sei dazu in der Lage, eine gültige Aussage über Wahrheit oder Falschheit der konkreten Inhalte einer Religion zu leisten. In der Philosophie nennt man das einen Genese-Geltungs-Fehlschluss: Nur weil ich weiß, woraus sich eine Überzeugung, ein Glaube oder Ähnliches speist, bin ich noch nicht in der Lage, etwas über die Gültigkeit oder Ungültigkeit dieser Überzeugung oder dieses Glaubenssystems auszusagen. Umgekehrt gilt: Für jedes menschliche Verhalten, auch den Gottesglauben, lässt sich natürlich eine soziologische, eine kulturwissenschaftliche, eine evolutionsbiologische Erklärung finden; dass dies so ist, liegt auf der Hand, denn wäre es nicht sehr merkwürdig, wenn religiöse Praxis ein absolutes „Sonderphänomen" wäre, das mit sonstiger menschlicher Praxis nicht das Geringste zu tun hätte? Dawkins ist also völlig im Recht, wenn er als Evolutionsbiologe nach einer seiner Wissenschaft entsprechenden Erklärung von Religiosität sucht, und er liegt völlig daneben, wenn er mit dieser Erklärung die konkreten Inhalte des Gottesglaubens als ungültig erweisen möchte.

Abschließend die Frage: Was macht Dawkins eigentlich in seinem „Gotteswahn"? Mit welcher Methodik soll, ihm zufolge, Gott zum Wahn erklärt werden? Ich hatte es eingangs schon in seinen eigenen Worten benannt: Die Existenz Gottes gilt für ihn als „Hypothese", die wissenschaftlich überprüft werden soll. Das Wahrheitsverständnis der empirischen Wissenschaften wird eins zu eins auf die Frage nach der Existenz einer transzendenten Macht angewendet. Die amerikanischen Kreationisten, auch englischsprachige Forscher des Typs, die das von ihm zitierte „Gebetsexperiment" veranstaltet haben, tun Dawkins den Gefallen, dass sie ebenfalls glauben, dieser Frage mit Hilfe der empirischen Wissenschaften nachgehen zu können. Ein solches Vorgehen ist allerdings aus wissenschaftstheoretischer Perspektive schlichtweg illegitim: Der Geltungsbereich der empirischen Wissenschaften ist die Welt, die Immanenz, nicht die Transzendenz. Gott, falls er existiert, ist kein Teil der Welt; seriöse wissenschaftliche Forschung muss daher an der Frage nach seiner Existenz scheitern, und bereits das Urteil, Gott existiere „mit ziemlicher Sicherheit nicht" (223) überschreitet deutlich den Kompetenzbereich der empirischen Wissenschaften.

Als der Mathematiker und Astronom Pierre-Simon de Laplace von Napoleon gefragt wurde, warum in seinem Hauptwerk, dem *Traité de Méchanique Céleste*, nicht von Gott die Rede sei, soll er geantwortet haben: „Bürger und Erster Konsul, dieser Hypothese habe ich nicht bedurft."[15] Eine völlig korrekte Aussage: Ein Astronom benötigt Gott nicht als Hypothese für seine Forschungen, genauso wenig wie ein Evolutionsbiologe. – In der Theologie, in der man im Regelfall von der Existenz Gottes ausgeht, ist es schon lange Konsens, dass alle positiven Begriffe, alle Analogien aus unserer Erfahrungswelt, beim Begriff Gottes versagen müssen, so dass man Gott im Endeffekt noch nicht einmal „Existenz" zusprechen kann in dem Sinne, wie Sie, die Leserin oder der Leser dieses Textes, und ich, Florian Baab, existieren; eine Erkenntnis, die das IV. Laterankonzil 1215 in die Worte fasste, zwischen „dem Schöpfer und dem Geschöpf" könne man „keine so große Ähnlichkeit feststellen, dass zwischen ihnen keine noch größere Unähnlichkeit festzustellen wäre."[16]

„Manifest des evolutionären Humanismus": Zentrale Thesen

So viel also zu Richard Dawkins und dem „Gotteswahn". Hierzulande begegnet uns keine Autorengruppe, die ähnlich starke Auflagen zu verzeichnen hätte wie das bei den „neuen Atheisten" im englischsprachigen Raum der Fall ist; dennoch sind auch im deutschsprachigen Raum im Lauf der letzten Jahre einige Bücher erschienen, die teils mit ähnlichen, teils aber auch mit anders gelagerten Argumenten gegen den Gottesglauben argumentieren. Hierzu zählt auch das „Manifest des evolutionären Humanismus" des Pädagogen Michael Schmidt-Salomon, das sich, 2005 erschienen, seitdem immerhin etwa 45.000 Mal verkauft hat,[17] was für eine religionskritische Nischenpublikation immer noch eine stattliche Größe ist. Schmidt-Salomon ist Vorstandssprecher der sogenannten „Giordano Bruno Stiftung", einer 2004 aus dem Kapital des Möbelfabrikanten Herbert Steffen gegründeten Institution, die sich den Einsatz für eine „Leitkultur Humanismus und Aufklärung" zur Aufgabe gemacht hat.[18]

Gleich auf den ersten Seiten des Buches findet sich die Feststellung, die Menschheit lebe heute „in einer Zeit der Ungleichzeitigkeit": Sie stehe „technologisch im 21. Jahrhundert", zugleich seien ihre „Weltbilder noch von Jahrtausende alten Legenden" geprägt. (7)[19] Religiöse Fundamentalisten bedienten sich ungehindert der „Früchte der Aufklärung" (hierzu zählt Schmidt-Salomon „Meinungsfreiheit, Rechtsstaatlichkeit, Wissenschaft, Technologie"); auf diese Weise komme es zu einer „Renaissance unaufgeklärten Denkens in einem technologisch hoch entwickelten Zeitalter". Schmidt-Salomon sieht es daher als eine „Pflicht der intellektuellen Redlichkeit, Klartext zu sprechen – gerade auch in Bezug auf Religion". Wer heute ein „logisch konsistentes […], mit empirischen Erkenntnissen übereinstimmendes […] und auch ethisch tragfähiges Menschen- und Weltbild entwickeln" wolle, müsse „notwendigerweise auf die Ergebnisse der wissenschaftlichen Forschung zurückgreifen"; die „traditionellen Religionen" seien hingegen „theoretisch widerlegt" und hätten sich zudem „in ihrer Praxis als schlechte Ratgeber für die Menschheit erwiesen". (7f.) – Bereits an dieser Stelle wird offensichtlich: Der Kontrast, auf den der Autor besonders großen Wert legt, ist der zwischen Religion und „Wissenschaft", bzw. „Aufklärung". Anders als Dawkins argumentiert Schmidt-Salomon nicht nur primär aus der Perspektive einer Einzelwissenschaft heraus, sondern auch mit geistesgeschichtlichem Anspruch: Wie auf der Rückseite des Buches zu lesen ist, ist es sein selbstbewusstes Anliegen „das unvollendete Projekt der aufgeklärten Gesellschaft gegen seine Feinde zu verteidigen".[20]

„Wissenschaftliche Erkenntnis", so führt Schmidt-Salomon weiter aus, gelte „spätestens seit dem Zeitalter der Aufklärung" als „Königsweg zur Steigerung des allgemeinen Lebensstandards, zur Befreiung von Aberglauben und Tradition, zur Lösung der großen Welträtsel"; dieser „Siegeszug" sei allerdings gebrochen durch fortwährende konservative „Abwehrreaktionen" religiöser Menschen, die weiter auf den „Irrtümer[n] der althergebrachten Welterklärungsmodelle" beharrten. (9f.) Schon längst habe sich „Homo sapiens, die vermeintliche ‚Krone der Schöpfung'" im Zuge der „wissenschaftlichen Fortschritte" grundlegend „selbst entzaubert"; das „Wissen um die hierdurch notwendige grundlegende Revision unserer Menschen- und Weltbilder" sei, so Schmidt-Salomon, „bislang allerdings nur in mehr oder weniger exklusive Kreise vorgedrungen". (12f.)

Schmidt-Salomon sieht es als unbestreitbar an, dass der Mensch „dem kritischen, wissenschaftlich gebildeten Betrachter" heute statt als „Krönung einer gut gemeinten, gut gemachten Schöpfung" nur noch „als unbeabsichtigtes, kosmologisch unbedeutendes und vorübergehendes Randphänomen eines sinnleeren Universums" erscheinen könne. Was tun im Angesicht dieser trostlosen Perspektive? Ganz einfach: Man müsse einsehen, dass es „gerade die Akzeptanz der tiefen metaphysischen Sinnlosigkeit unserer Existenz" sei, die den „Freiraum zur individuellen Sinnstiftung" schaffe. In einem „,an sich' sinnlosen Universum" genieße der Mensch „das Privileg, den Sinn des Lebens aus seinem Leben selbst zu schöpfen"; der „evolutionäre Humanismus" empfehle den Menschen daher, „aufgeklärte Hedonisten" zu sein: Wolle man sich nicht in „unauflösbare Widersprüche" verwickeln, könne man „den Sinn des Lebens nicht außerhalb des Lebens selbst" finden; wer nach „dem Sinn" suche, müsse „vor allem in den Sinnen suchen, denn Sinn erwächst aus Sinnlichkeit". (24–26)

Wie aber erklärt Schmidt-Salomon das Phänomen „Religion", das er zugleich so dringend abgeschafft wissen möchte? Die Tatsache, dass der Mensch, im Gegensatz zu allen anderen Lebewesen, zur „Antizipation künftiger Bedürfnislagen" fähig sei, sich also „um die Zukunft" sorge, begründe einerseits dessen „besondere Neugier und Experimentierfreudigkeit", die erst „die immense Entwicklung technischer und sozialer Innovationen" möglich gemacht habe, andererseits aber auch dessen „tief verwurzelte, existentielle Angst vor dem Ungewissen". Auf die „vielen offenen Fragen seiner Existenz" versuche der Mensch daher einerseits, mittels der Philosophie Antworten zu finden, andererseits habe er im Lauf seiner Gattungsgeschichte auch „Institutionen" erfunden, die dem „Individuum die philosophische Arbeit" abnähmen und die „damit verbundene Angst vor der Ungewissheit" reduzierten: „Staats- und Rechtsapparate, Religionen, politische Ideologien, kulturelle Traditionen etc." (29–31) Als „Nebenwirkung" einer solchen Delegation komme es allerdings zum „von Friedrich von Hayek beobachtete[n] Phänomen der Traditionsblindheit"– dass nämlich in konkreten Situationen „immer wieder das gleiche einprogrammierte Verhalten" gezeigt werde. (31)[21] In Bezug auf die Religionen glaubt Schmidt-Salomon zwei „idealtypische

Varianten von Traditionsblindheit" ausmachen zu können, nämlich einerseits die „fundamentalistische Variante", in der „alle Gegenargumente der kritischen Vernunft rigoros ausgeblendet" würden, sowie andererseits eine „aufklärerisch gezähmte Variante", wie sie beispielsweise in Deutschland dominant sei. (31f.) Um dieser „Traditionsblindheit" ein Ende zu machen, plädiert Schmidt-Salomon „für einen Wandel traditionsblinder in post-traditionale (traditionskritische) Denk- und Handlungsmuster". Traditionen besäßen „keinen Wert an sich", sie unterlägen vielmehr „einer Evolution [...], die von uns selbst gesteuert werden kann und muss"; sämtliche Traditionen müssten daher „einem kritischen Eignungstest" unterzogen werden. (34f.) An die Stelle religiöser Deutungsmuster müssten „die wissenschaftlichen Verfahren Logik [...] und Empirie" treten, die „die besten Instrumente" seien, die die „Menschheit bislang entwickelt" habe, um „gültige Erkenntnisse über die Welt zu gewinnen und die menschlichen Lebensverhältnisse humaner zu gestalten". Dieses „wissenschaftliche Wissen" sei dem religiösen Glauben schon „deshalb überlegen", weil es „um die eigene Beschränktheit" wisse: „Wissenschaft" sei „per definitionem ergebnisoffen", als „Methodik des kritischen Zweifelns" habe sie kein Bestreben, „'Wahrheiten' zu vermitteln", ganz im Gegensatz zu den Religionen. (37f.)

Was aber soll auf funktionaler Ebene an Stelle der solchermaßen überflüssig gewordenen Religionen treten? Laut Schmidt-Salomon sind es „Wissenschaft, Philosophie und Kunst", die er in der Lage sieht, „sämtliche Bereiche" abzudecken, „die von den Religionen bis heute als exklusive Hoheitsgebiete beansprucht werden". (45f.) Es sei daher auf eine „Konversion des Religiösen" hin zu arbeiten (47): Nötig sei ein „Prozess weltweiter religiöser Abrüstung"; erst wenn die Menschen „sich als freie, gleichberechtigte Mitglieder einer mitunter zur Selbstüberschätzung neigenden affenartigen Spezies" gegenüber träten, werde „sozialer Frieden überhaupt möglich sein". Diejenigen, denen ein „Zugang zu Wissenschaft, Philosophie und Kunst" bisher versagt gewesen sei, müssten daher durch eine „Verbesserung des Bildungswesens" eine Aufklärung über diese Art des Weltzugangs sowie über „Wesen, Wirkungsweise, Geschichte und gesellschaftliche Funktion der Religion" erfahren. (49) Dazu gehöre eine umfassendere Verbreitung von Erkenntnissen wie z. B. der Tatsache, dass ein „als Person gedachter Gott mit spezifischen Eigenschaften, Interessen und Wertmaßstäben" durch das „Sparsamkeitsprinzip des wissenschaftlichen Denkens" widerlegt werden könne, (59) dass biblische „Wunder" als „Massenhysterie" zu werten seien und die „Auferstehung

Jesu" als „Wunschprojektion seiner Anhänger", dass „subjektive Gotteserfahrungen" verursacht seien durch spezifische „neuronale Aktivitäten". Nehme man dieses „Sparsamkeitsprinzip", das sich „in der Forschungsgeschichte immer wieder bewährt" habe, ernst, bleibe „von den bekannten religiösen Mythen" zu wenig übrig, „um darauf noch eine Religion begründen zu können" (60f.). Eine „bedeutende Rolle" spielten Religionen, wie sich inzwischen gezeigt habe, in der Menschheitsgeschichte nur, weil sie eine evolutionsbiologisch nachvollziehbare Funktion erfüllten, die heute allerdings, dank „Wissenschaft" und „Aufklärung", überflüssig geworden sei.

„Manifest des evolutionären Humanismus": Würdigung und Kritik

Soviel also zum „Manifest des evolutionären Humanismus" – wie sind dessen Thesen nun zu bewerten?[22] Die Kernstrategie Schmidt-Salomons liegt, wie schon bemerkt, darin, Religion gegen Aufgeklärtheit bzw. Wissenschaftlichkeit zu stellen. Ist das legitim?

Die Konstruktion einer Frontstellung zwischen „Religion" und „Aufklärung" ist als Argumentationsmuster durchaus ernst zu nehmen, da das Bild eines solchen Spannungsfeldes im Populärdiskurs weiter verbreitet ist, als mancher Theologe vielleicht vermuten möchte – plastische Beispiele finden sich, sucht man an der richtigen Stelle, zur Genüge.

Sehr aufschlussreich sind in diesem Kontext – dies als ein kurzer Exkurs – beispielsweise Diskussionen in öffentlich zugänglichen Internetforen großer Nachrichtenportale. Am 24.11.2013 brachte „Spiegel Online" eine kurze Meldung, dass Papst Franziskus auf dem Petersplatz zum Abschluss des von seinem Vorgänger ausgerufenen „Jahres des Glaubens" eine Schatulle mit Gebeinen aus der Krypta des Petersdoms präsentiert und gesegnet hatte, die dem Apostel Petrus zugesprochen werden (zugleich wurde im Artikel explizit darauf hingewiesen, dass diese Zuordnung der Gebeine auch päpstlicherseits nie offiziell bestätigt wurde). In der Forumsdiskussion finden sich unter den ersten zehn Kommentaren zum Artikel neun negative bzw. ablehnende Statements. Zitate aus diesen Kommentaren sind z. B.:

„Alles nur Makulatur, Show und geheuchelte Verharmlosung um im alten Trott immer weiter die Menschen mit Märchen und Lügen für [dumm, FB] *zu verkaufen."*

„Es ist schon zu bekannt und in aller Munde, das die Kirche mit ‚angeblichen Orginalen' [sic] *einen florierenden Glaubenshandel betreibt, samt von der Kirche ausgestellten Zertifikaten und den ‚Gläubigen' damit das Geld aus der Tasche zieht. Glauben ist eine Sache, Denken und Wissen etwas ganz anderes."*

„Nun sei es drum, ich glaube immer noch an die Vernunft im Menschen was Religionen aller art [sic] *ausschließt."*

„Glauben heisst nichts wissen [sic]*, aber die Kleriker wollen immer noch die Leute für dumm verkaufen wie seit über 1000 Jahren und über sie herrschen. Jede Religion wurde von Menschenhand gemacht und alle anderen Auslegungen sind Quatsch mit Sauce, begreift das endlich und kehrt den Seelenfängern den Rücken, die nur euer Geld wollen und sonst nichts."*[23]

Zwei zentrale Elemente können in diesen Meinungsäußerungen immer wieder ausgemacht werden: Erstens eine Gegenüberstellung von „Glauben" und „Wissen", bzw. „Denken" oder „Vernunft" – wer immer noch religiösem Glauben (welcher Art auch immer) anhängt, gehört, bildlich gesprochen, zu denen, die noch nicht aufgewacht sind, da er seinen Weltzugang noch nicht in den reifen Modus des „Wissens" überführt hat. Zweitens, und damit eng verbunden, die Ansicht, dass die Vertreter der Religionen bewusst ihre Machtposition nutzen, um die Masse der Gläubigen weiter in eben dieser Position der „Unwissenheit" zu halten.

Gegen derartige Äußerungen zu argumentieren, ist wenig erfolgversprechend, da es sich um Pauschalisierungen handelt, die schon deswegen keine Gültigkeit besitzen, weil sie eben Pauschalisierungen sind und keine ausdifferenzierten Argumente. Und auch Schmidt-Salomons Gegenüberstellung von „Religion" und „Aufklärung" erweist sich im Kern als ein auf solchen Pauschalisierungen aufbauendes, einfach gestricktes Konstrukt:

Zunächst zum Religionsbegriff, den Schmidt-Salomon vertritt: Mit seiner Zweiteilung von Religiosität in eine „fundamentalistische" und eine „aufklärerisch gezähmte" Variante (31f.) bietet er eine Reduktion, die schon durch einen Verweis auf die tatsächlichen Verhältnisse leicht zu widerlegen ist: Jede real existierende Religion ist bereits Deutung und Vermittlung einer Schrift- oder Kulttradition; sie vollzieht sich nur in der jeweils konkret gelebten Praxis und weist zwischen fundamentalistischer und liberaler Auslegung eine immense Bandbreite spezifischer Realisierungsmöglichkeiten auf. Schmidt-Salomons Differenzierung in „echte Gläubigkeit ‚ohne Wenn und Aber'" und eine „aufgeklärte" Variante der Religiosität ist daher ein Konstrukt, das keine reale Entsprechung hat.[24] Natürlich existieren universalisierte religiöse Deutungsmuster, die anderen Deutungsmustern keinen Raum lassen (Fundamentalismen),[25] keinesfalls kann hiervon ausgehend aber auf eine simple „Zweiteilung" von Religiosität geschlossen werden, bei der zudem der Fundamentalismus das dominante Modell ist. Schmidt-Salomons Modell einer Frontstellung von „Religion" und „Aufklärung" muss daher bereits aufgrund seines unterkomplexen Religionsverständnisses in Frage gestellt werden.

Hinzu kommt ein Zweites: Ganz offensichtlich entgeht Schmidt-Salomon die Tatsache, dass sich der Entwurf von Welt- und Menschenbildern (auch wenn sie gegen traditionelle Vorstellungen einer Religion gerichtet sein sollten) immer aus einem die Religion einschließenden dynamischen Wertefundament einer Gesellschaft heraus vollzieht: So kann die Marx'sche Religionskritik nicht unabhängig von der Hegel'schen Metaphysik bewertet werden, die wiederum abhängig ist von ihren Wurzeln im intellektuellen Protestantismus des späten 18. Jahrhunderts; umgekehrt ist es im Zuge dieser Entwicklung völlig plausibel, dass auch Religionen je aktuelle Wertvorstellungen einer Epoche in sich aufnehmen. Im Denksystem Schmidt-Salomons dominiert das Bild eines „Frontenkriegs", in dem einzelne Heroen der Aufklärung aus eigenem Antrieb Innovationen wie die Menschenrechte gegen die herrschenden Religionen hervor bringen; dieses Bild wäre durch die weitaus realistischere (und ideengeschichtlich belegbare) Vorstellung einer prozessualen „Menschheitsgeschichte" zu korrigieren, innerhalb derer sich neue Ideen aus Vorstellungen entwickeln, die in vorhergehenden Denksystemen bereits grundgelegt waren. Die Tatsache, dass es im Laufe einer mehrhundertjährigen Geschichte in Teilen Europas zur Etablierung einer weitgehend säkularen Weltsicht kam, beweist daher in keiner Weise die Behauptung Schmidt-Salomons, dass die „fundamentalen Rechte […], die die Grundlage für eine moderne, offene Gesellschaft bilden" in einem „Emanzipationskampf" gegen die „Werte" der Religionen erstritten werden mussten. (70) So großen Wert auch Schmidt-Salomon auf die Bedeutung der Evolutionstheorie für das Selbstverständnis der Philosophie legt, so inkonsequent ist er, wenn es darum geht, die Ideengeschichte der Menschheit ebenfalls evolutionär zu denken.

Bereits in seiner Frontstellung zwischen der zu eliminierenden „Religion" und der mit aller Macht zu etablierenden „Aufklärung" macht sich Schmidt-Salomon also einer mehrfachen Komplexitätsreduktion schuldig; es braucht daher nicht zu wundern, dass ihm eine Destruktion seines eigenen Konstrukts nicht schwer fällt.

Wie gesehen, soll an die Stelle der Religion laut Schmidt-Salomon eine Dreiheit aus „Philosophie, Wissenschaft und Kunst" treten, die alle

Funktionen, die bisher der Religion zugekommen waren, problemlos erfüllen könne. Im Einzelnen wird das von ihm so vorgestellt: Die Wissenschaft löse die „großen Welträtsel" (an denen sich die Religion bisher vergeblich versucht habe), (9) das „philosophische Denken" könne „präskriptive Sätze" und „Sinndeutungen" produzieren, (43f.) die Kunst schließlich mache „die Abstrakta der Wissenschaft und Philosophie sinnlich erfahrbar". (45) Bei einem näheren Blick auf diese drei Elemente zeigt sich allerdings, dass eine funktionale Ablösung der Religion durch sie schon deshalb undenkbar ist, weil auch die Einzelbestandteile dieser Konstellation unhaltbare Konstruktionen sind:

Wissenschaft: Zwar definiert Schmidt-Salomon dieses Substantiv an keiner Stelle genau, es ist jedoch anzunehmen, dass er primär die empirischen Wissenschaften, bzw. die „Naturwissenschaften" im Blick hat. – Was zunächst auffällt, ist die Tatsache, dass die Frage nach dem Wahrheitsgehalt „wissenschaftlicher" Aussagen in seinem Entwurf eine höchst ambivalente Antwort erfährt: Einerseits sieht er „die Wissenschaft" in der Lage zur „Erhellung der realen Sachverhalte" (10), andererseits sei sie „per definitionem ergebnisoffen", eine „Methodik des kritischen Zweifelns", die um die „Vorläufigkeit" ihrer eigenen Aussagen wisse (38). Auf diese Weise entsteht ein logischer Widerspruch („wissenschaftliche Aussagen sind sämtlich lediglich vorläufig, zugleich erhellen sie reale Sachverhalte"), den Schmidt-Salomon nur dadurch kaschieren kann, dass er diese beiden Funktionsbeschreibungen nur unabhängig voneinander auftreten lässt. – Betrachtet man sein Verständnis von „Wissenschaft" im ersten Sinn, so ergibt sich das Bild eines weitestmöglich geschlossenen „Welterklärungsmodells", des „besten Erkenntnissystem[s], das die Menschheit in ihrer Geschichte entwickelt hat" (152). Religiöse Phänomene und Erfahrungen werden durch dieses Modell auf rein biologischer und psychologischer Ebene erklärbar. Gegen diese Behauptung ist (wie schon bei Dawkins) grundsätzlich überhaupt nichts einzuwenden, falsch ist nur (wiederum wie bei Dawkins) der Schluss, wissenschaftliche Erklärungen der Weltimmanenz (z. B. der Funktionsweise des menschlichen Gehirns) seien dazu in der Lage, Aussagen über Realität oder Irrealität, über Wahrscheinlichkeit oder Unwahrscheinlichkeit einer (wie auch immer gearteten) Transzendenz zu treffen: Solche Hypothesen können vielmehr gar kein Gegenstand von empirischer Wissenschaft sein. Schmidt-Salomons Schlussfolgerung, bei konsequenter Anwendung des „Sparsamkeitsprinzips" bleibe von den Inhalten der Religion „zu wenig" übrig, „um darauf noch eine Religion begründen zu können" (61), ignoriert daher die Grenzen, die der Naturwissenschaft, die bei ihm zum universalen „Welterklärungsmodell" wird, natürlicherweise gesetzt sind. – An anderer Stelle gesteht er dies ja selbst ein; umgekehrt gilt nämlich bei der Anwendung seines zweiten Verständnisses von Wissenschaft („Vorläufigkeit wissenschaftlicher Aussagen") auf die Gehalte von Religionen: Wenn Religionen von der Annahme „absoluter Wahrheiten" ausgehen und Wissenschaft im Gegenzug keine solche Wahrheiten offenbart, kann sie verständlicherweise nicht dazu in der Lage sein, Religionen zu widerlegen.

Philosophie: Auch das Aufgabenfeld der Philosophie ist im Modell Schmidt-Salomons geprägt durch eine grundsätzliche Ambivalenz: Philosophie ist ihm einerseits primär kritische Wissenschaft; der Philosoph hinterfrage „scheinbare Gewissheiten", decke „etwaige Unstimmigkeiten" auf, er komme „im Zweifelsfall nicht umhin, auch noch die fundamentalsten Glaubenssätze in Frage zu stellen" (41). Andererseits hält er eine „philosophische Spezialisierung auf den Zusammenhang" für dringend erforderlich: Philosophie sei im Idealfall der Blick auf „das Ganze", „Weltweisheit", aus der „präskriptive Sätze" und „Sinndeutungen" erwüchsen, die den „Geltungsbereich der exakten Wissenschaft" sinnvoll erweitern könnten (42–44). – Diese beiden Kernfunktionen von Philosophie können allerdings nur mit großer Mühe zu einem Modell vereinigt werden: Wie soll eine kritische Weltsicht, die es als ihre Aufgabe sieht, scheinbare Gewissheiten in Frage zu stellen, wieder problemlos zu einer neuen, positiven, allumfassenden Sicht des Weltganzen gelangen? Hier sieht man deutlich, dass Philosophie eben eine Mehrzahl von Aufgaben hat, die nicht zusammen gezwungen werden können; Schmidt-Salomon versucht aber genau dies, nämlich Philosophie als Weltanschauungs- und Ideologiekritik mit Philosophie als Fundament einer neuen Weltanschauung zu vereinigen. Traurig für die Philosophie, dass sie diese neu geschaffene Weltanschauung dann nicht mehr kritisch hinterfragen darf.

Kunst: Hierunter sei „das gestalterische Unterfangen" zu verstehen, „Erkenntnisse und Erlebnisse in emotional bedeutsamer sowie ästhetisch ansprechender Weise zum Ausdruck zu bringen"; sie umfasse „beispielsweise auch jene rituellen Zeremonien, mit denen Menschen die markanten Eckpunkte ihres Lebens (Geburt, Eintritt in die Erwachsenenwelt, Partnerwahl, Tod etc.) zelebrieren" und beweise „ihre Stärke gerade in der gestalterischen Verarbeitung des Hässlichen, Schmerzlichen, Erschreckenden". Daher spiegle sich „die Gegenwart mit ihren Widersprüchen" in ihr wider, sie verhelfe dem „Drang zur Überwindung der als defizitär empfundenen Wirklichkeit" zum Ausdruck und mache „die Abstrakta der Wissenschaft und Philosophie sinnlich erfahrbar". (44f.) – Diese knappe Definition von „Kunst" vereinigt interessanterweise zwei wesentliche Kernfunktionen von Religion in sich: Einerseits die Dimension von Ritus und Kultus (eine eher seltene Eingruppierung); andererseits die Wahrnehmung auch des Paradoxen und des Defizitären – wohlgemerkt: nicht aber deren Auflösung! Mit dieser Konstruktion bringt sich Schmidt-Salomon erneut selbst in die Defensive, da sowohl die rituelle Gestaltung der „Eckpunkte des Lebens" wie auch die Rezeption der „Gegenwart mit ihren Widersprüchen" nicht ohne zumindest die Erwägung eines transzendenten Rahmens zu denken sind; besonders in Bezug auf den von ihm kurz erwähnten „Drang zur Überwindung der als defizitär empfundenen Wirklichkeit" gilt: Ein wesentlicher Bestandteil von Kunst ist die Auseinandersetzung mit zumindest der Möglichkeit einer Erlösung stiftenden Transzendenz. Kunst kann daher von einer positiven wie auch von einer negativen Einstellung zur Religion getragen sein, nicht aber radikal von ihr getrennt werden. Ein künstlerisches Schaffen, in dem die Religion nie zum Thema wird, wäre letztlich nur durch eine zensierend eingreifende Obrigkeit zu gewährleisten.

Der Entwurf einer Trias „Wissenschaft, Philosophie und Kunst", die laut Meinung von Schmidt-Salomon als inhaltliches und funktionales Äquivalent von Religion dienen kann, wird diesem Anspruch daher in keiner Weise gerecht. Das Grundproblem dieser Konstruktion wird deutlich, wenn man noch einmal darüber reflektiert, wie nun Schmidt-Salomon mit den großen „Grenzfragen" der Religion und der klassischen Metaphysik – Warum ist Etwas und nicht Nichts? Was ist der Ursprung aller Dinge? Was geschieht nach dem Tod? – umgeht: Er ignoriert sie, da er sie als sinnwidrig ansieht und stellt sie daher nicht einmal. Sinnvolle Fragen können seinem System zufolge lediglich im Raum der empirischen Wissenschaften aufgeworfen und beantwortet werden, die Philosophie hat sich dem zu fügen, der Wissenschaft dienend zur Verfügung zu sein und zugleich religiöse Weltdeutungen als sinnlos und wissenschaftsfeindlich zu verwerfen; der Kunst kommt es zu, diesen Sachverhalt ästhetisch auszudeuten. Damit ist im Grunde eine Art „neue Religion" geschaffen, ein (zumindest dem Anspruch nach) in sich geschlossenes Denksystem sich wechselseitig stützender Theorie und Praxis, das Gedanken fremder Art als Irrglaube betrachtet.[26]

Das Religionsbild zeitgenössischer Religionskritiker:
Ein mehrdimensionaler Reduktionismus

Religionskritik kann, wie schon eingangs erwähnt, ein für die Religionen sehr lehr- und hilfreiches Korrektiv sein; ohne interne und externe Kritik droht immer die Gefahr, dass eine Religion zum Macht- und Herrschaftsinstrument wird. Der sogenannte „neue Atheismus" leistet eine solche bereichernde Kritik allerdings kaum – das hat einen einfachen Grund: Religion ist ein Phänomen von enormer Komplexität, das auf unterschiedlichste Weisen definiert, untersucht und in einem gewissen Maße natürlich auch erklärt werden kann; schon deshalb gibt es ja mehrere Forschungszweige, die diesem Auftrag nachkommen; die Theologie aus der Innenperspektive der (monotheistischen) Religionen, die Religionswissenschaften aus der Außenperspektive. Weitere Geistes- und Naturwissenschaften wie Soziologie, Pädagogik, Kultur- und Geschichtswissenschaft, auch Physik, Neurowissenschaft und Evolutionsbiologie beleuchten legitimerweise Teilaspekte von Religion.[27] Die Möglichkeiten einer wissenschaftlichen Betrachtungsweise von Religion, auch des Theismus, sind also extrem vielfältig, und das mit Recht. Was wir auf Seiten des „neuen Atheismus" am Beispiel von Richard Dawkins und Michael Schmidt-Salomon nun beobachten können, sind Bemühungen, irreduzibel komplexe Phänomene des menschlichen Sozialverhaltens mit Hilfe einfacher Argumente aus den empirischen Wissenschaften nicht nur zu kritisieren, sondern gleich gänzlich zu eliminieren. Wir haben es hier mit Wissenschaftlern zu tun, die ihr partikuläres Forschungs- oder Interessengebiet zum totalen Welterklärungsmodell machen möchten, die also meinen, mit einem konkreten Forschungsansatz einen Schlüssel für Bereiche in der Hand zu haben, die jenseits des eigenen Forschungsgebietes liegen – ein Impuls, der seinen menschlich nachvollziehbaren Grund darin hat, dass aus einer (als Antrieb immer nötigen) Hochschätzung des eigenen Fachgebietes eine maßlose Überschätzung wird.

Als Kulturpessimist könnte man angesichts solcher Grenzüberschreitungen mit dem englischen Philosophen John Gray auf den Gedanken kommen, dass derartige Begründungsmuster quasi zum innersten Wesen jeder Wissenschaft gehören: „Wissenschaft könne", so Gray, „wie jede menschliche Erfindung, für unmenschliche Zwecke missbraucht werden. Angesichts der Autorität, die die Wissenschaft genießt, ist das Risiko eines solchen Missbrauchs besonders groß."[28]

Und Gray hat natürlich einerseits recht: Begründungsmuster im Namen der „Wissenschaft" gelten heute als ausgestattet mit einer quasi-natürlichen Autorität. Dennoch, so muss man ergänzen, gibt es zunächst in jedem wissenschaftlichen Fach einen seriösen Fachdiskurs, der dafür sorgt, dass grenzüberschreitende Positionen auch als solche wahrgenommen werden – flankierend dazu ist es Aufgabe der Philosophie, darauf hinzuweisen, wenn eine Denkrichtung wie beispielsweise der von Dawkins vertretene Neodarwinismus grundsätzliche Schlüsse in Bezug auf die Verfassung des Weltganzen ziehen zu können meint, die von den Erkenntnissen der Einzelwissenschaften in keiner Weise mehr abgedeckt werden.[29] (Michael Schmidt-Salomons Œuvre hat übrigens in der Fachphilosophie bisher kaum ein Echo erzeugt; auch diese Tatsache spricht, so ist zu schätzen, für sich.) Zudem werden Grays mahnende Anklänge an die Argumentationsmuster der Totalitarismen des 20. Jahrhunderts durch die unleugbare Tatsache abgemildert, dass uns heute, im 21. Jahrhundert, bereits eine gesamtgesellschaftliche Pluralisierung erfasst hat, die inzwischen so weit fortgeschritten ist, dass es beinahe unmöglich scheint, sich eine „Weltanschauung" vorzustellen, die mit Hilfe eines pseudowissenschaftlichen Deutungsmusters eine ganze Gesellschaft dominiert. Auch religiöse Menschen haben daher die „neuen Atheisten" als möglichen Keim einer antireligiösen Massenbewegung nicht zu fürchten: Dawkins und Schmidt-Salomon finden ihre Anhänger unter denen, die ohnehin nicht gut auf das Phänomen „Religion" zu sprechen sind und leisten damit, neutral betrachtet, ihren legitimen Teil zur pluralen Diskurskultur unserer Gesellschaft. Den Vertretern der Religionen bleibt es überlassen, ob sie sich ihrerseits selbst in dieses für sie durchaus relevante Diskursfeld mit einbringen möchten.

Religionsbilder und der „Irrtum des Rationalismus"

Abschließend sei noch einmal betont: Religionskritik hat als Teil unserer westlich-liberalen Diskurskultur ihre volle Berechtigung, und dies insbesondere, wenn sie Teilaspekte von Religion betrifft, die dem Gemeinwesen schädlich sind; wenn sie gegen einen „Buchstabenglauben" argumentiert, der der Meinung ist, alles, was geschrieben steht, beim Wortsinn nehmen zu können; wenn sie auf ein besseres Verhältnis von Religion und Gesellschaft hinwirken möchte. Religionskritik kann allerdings dann nicht mehr ernst genommen werden, wenn sie Religion mit Hilfe einfacher Pauschalisierungen und Klischees gänzlich eliminieren möchte. Noch einmal John Gray, diesmal mit einem Satz, dem sich voll und ganz zustimmen lässt:

„Wissenschaft und Religion sind Zeichensysteme, die menschlichen Bedürfnissen dienen – im Falle der Wissenschaft dem Wunsch nach Vorhersage und Kontrolle. Religionen dienen vielerlei Zwecken, aber im Kern entsprechen sie dem Streben nach Sinn, dem Mythen sehr viel eher gerecht werden als wissenschaftliche Erklärungen."[30]

In den Schriften des „neuen Atheismus", aber auch im Populärdiskurs wird oft unterschwellig unterstellt, Wissenschaft und Religion würden sich im Grunde auf den selben Gegenstandsbereich beziehen, weshalb Religion einfach durch Wissenschaft ersetzt werden könne – schließlich möchten beide uns erklären, wie die Welt funktioniert. Dass Glaube allerdings kein empirisch nachvollziehbares „Wahrheitssystem" aufstellen möchte, dass er nicht nur „belief", also Überzeugung, sondern auch „faith", also Vertrauensverhältnis bedeutet, dass er zudem voll ist von Symbolik, von Allegorien, von zunächst ungedeuteten Vorgaben, zu denen jeder Einzelne eine Deutung erst finden muss, wird dabei übergangen. Ich will nicht behaupten, dass es niemanden gibt, der einen Glauben im Sinne eines naiven „Für-wahr-Haltens" vertritt; das wäre dann allerdings kein Glaube im reifen Sinne, sondern ein enger Biblizismus und/oder Fundamentalismus. Für eben dies wird religiöser Glaube aber heute offensichtlich von zumindest einigen Zeitgenossen gehalten; genau deshalb sind ja auch die Schriften des „neuen Atheismus" so erfolgreich: Sie sprechen Klischees an, die – wie oben am Beispiel der Forumsdiskussion auf „Spiegel Online" gesehen – in bestimmten Kreisen der Bevölkerung zum guten Ton vermeintlich aufgeklärter Zeitgenossen gehören. Ein Verteidiger der religiösen Option kann angesichts solcher Klischees nicht eindrücklich genug darauf hinweisen, dass religiöser Glaube letztlich bedeutet, darauf zu vertrauen, in einer Macht zu gründen, die einen selbst so unermesslich übersteigt, dass der Glaube ein naives „Für-wahr-Halten" zugleich kategorisch ausschließt. Der Theologe Karl Rahner schreibt hierzu in einem bereits 1956 erschienenen Aufsatz, dass die aus dem Fortschreiten der Wissenschaften erwachsende Annahme, „man könne Gott nicht finden", weil man, „je mehr man forschend in sie eindringt", immer „nur auf mehr Welt" stoße, in Wahrheit „nicht das Entstehen des Atheismus" bedeute, „sondern die Erfahrung, dass die Welt nicht Gott ist".[31] Wenn nun Gott „größer, namenloser, hintergründiger, unbegreiflicher" als alles zu Begreifende sei, habe man sich bei aller Rede von Gott bewusst zu halten, dass diese immer nur im Raum der „Unexaktheit" und „Bildhaftigkeit" stattfinden könne. Alles Sprechen über den Glauben dürfe daher nicht, wie dies in den empirischen Wissenschaften der Fall sei, als „Entlarvung eines Geheimnisses ins Selbstverständliche hinein" verstanden werden, sondern als „Blick in das Helldunkel göttlicher Geheimnisse, so dass restlose Klarheit nichts anderes wäre als ein Kriterium dafür, dass man die göttliche Wahrheit verfehlt hat zugunsten des leicht verständlichen Irrtums eines menschlichen Rationalismus". – Die Aufklärungsarbeit eines religiösen Menschen im Dialog mit einem „neuen Atheisten", so wäre mit Rahner zu sagen, läge also letztlich im Aufweis der Tatsache, dass er *gerade* als Glaubender in Bezug auf die Macht, an die er glaubt, nicht über mehr empirisches Faktenwissen verfügt, als sein religionskritischer Dialogpartner.

DIETMAR MIETH

Die Grundnorm der Wahrhaftigkeit, ihre ethische Begründbarkeit und ihre Universalität*

Der *erste* Teil der folgenden Ausführungen dient der Begründung, der *zweite* Teil stellt eher eine Explikation oder eine verantwortungsethische Interpretation dar, der *dritte* Teil beschäftigt sich mit Ausprägungen der Grundnorm der Wahrhaftigkeit in unterschiedlichen ethischen Theorien, der *vierte* Teil untersucht unter der Voraussetzung der Universalität des Negativen die Verfehlungen gegen das Wahrheitsgebot, der *fünfte* Teil benennt grundsätzliche Pflichten, die sich im Hinblick auf die Grundnorm der Wahrhaftigkeit ergeben könnten.

1. Die Begründung einer Grundnorm der Wahrhaftigkeit

*1.1 Der Ausnahmestatus der Nichtgeltung
als indirekte Anerkennung einer Grundnorm*
Selbst wenn man unterstellt, dass die Wahrhaftigkeit, die gelebte Anerkennung des Verpflichtungscharakters der Wahrheit, in unterschiedlichen Kulturen und in unterschiedlichen ethischen Schulen unterschiedlich interpretiert wird, wird doch in jedem Falle, in dem damit gerechnet wird, dass die Grundnorm der Wahrhaftigkeit *nicht* kategorisch gilt, dieses nichtkategorische Gelten als eine Ausnahme von einer Regel betrachtet. Man scheint für dieses Nichtgelten im Einzelfalle eine Legitimationspflicht zu haben. Wenn man zum Beispiel unterstellt, es gäbe so etwas in einer asiatischen Kultur wie die „Wahrung des Gesichtes" als höhere Norm im Vergleich zur Grundnorm der Wahrhaftigkeit, so wäre dies immer noch eine spezielle Legitimation oder der Versuch eines Rechtfertigungsgrundes für die Abweichung von der Wahrhaftigkeit. Auch wenn man die Grundnorm der Wahrhaftigkeit um der Liebe willen zurückstellen würde, etwa bei der Frage nach der Wahrheit am Krankenbett, oder um einer falsch verstandenen Gemeinschaftstreue willen (z. B. bei frommen Lügen von Kirchenoberen) gälte das gleiche. Manchmal wird die Grundnorm der Wahrhaftigkeit auch zurückgestellt, weil ein bestimm-

ter Kommunikationsstil existiert, bei dem man, auch wenn man lügt, die Wahrheit sagt, weil jeder über die Lüge Bescheid weiß. Konrad Adenauer soll einmal eine despektierliche Äußerung über Mendès France gemacht haben, dem damaligen jüdischen Ministerpräsident von Frankreich (1954). Diese Äußerung wurde hinterbracht, es gab eine offizielle Anfrage der Botschaft von Frankreich, und ein Mitarbeiter des Kanzleramtes sollte bestätigen, ob er das nun gesagt oder nicht gesagt habe. Der Mitarbeiter hat wahrheitsgemäß die Aussage bestätigt, und er wurde sofort seines Postens enthoben. Denn er hätte sagen müssen, Adenauer hätte derartiges nie gesagt, weil die Franzosen selbstverständlich nur ein diplomatisches Dementi wollten und nicht die Wahrheit. In einem solchen „Kommunikationsstil" gibt es keine „nackte" Wahrheit mehr, wohl aber eine Wahrheit der indirekten Kommunikation.

Das Entscheidende in jedem dieser Fälle scheint mir zu sein, dass es sich bei aller Abweichung doch um eine Ausnahme von einem im Allgemeinen gültigen Gebot handelt. Das Gebot findet eine breite Anerkennung im Vorhinein, sonst müsste man diese Ausnahmen nicht als Sonderfälle legitimieren. Deshalb gehe ich davon aus, dass der erste Rechtfertigungsgrund der Grundnorm der Wahrhaftigkeit darin besteht, dass diejenigen, die eine solche Norm relativieren, diese indirekt anerkennen, indem sie für die Einschränkung ihrer kategorischen Geltung Rechtfertigungsgründe anzuführen gewohnt sind.

1.2 Die Begründung aus dem Prinzip gegenseitiger Anerkennung
Eine zweite Begründung beruht auf der allgemeinen Begründung des moralischen Sollens, wie sie Klaus Steigleder in seinem gleichnamigen Buch vorgelegt hat. Ich nenne dies Begründung der Kürze halber Begründung aus dem Anerkennungsprinzip. Eigentlich geht es um das „Prinzip der konstitutiven Konsistenz". Aus den Voraussetzungen, welche die an Handlungen beteiligten Menschen akzeptieren, geht hervor, dass sie, um ihre Handlungen durchführen zu können, die gegenseitigen Rechte und Pflichten sowohl bei sich selbst wie auch bei den anderen Beteiligten respektieren müssen. Demnach scheint es einen grundsätzlichen Respekt zu geben, den Menschen einander zollen müssen, die miteinander in einem Handlungszusammenhang stehen. Aus diesem grundsätzlichen Respekt geht dann unter anderem hervor, dass sie einander auch schulden, die Wirklichkeit, über die sie kommunizieren, so wiederzugeben, oder Beziehungen, über die sie miteinander kommunizieren, so zu gestalten, dass sie diese Rechte und Pflichten gegenseitig aufrechterhalten können.

Daher würde die Grundnorm der Wahrhaftigkeit zu den ersten Ableitungsnormen aus diesem Anerkennungsprinzip gehören.

1.3 Kants Begründung aus den Pflichten gegen sich selbst
Als ein Anhänger der Konvergenzargumentation gehe ich davon aus, dass *ein* Begründungsweg allein nicht zwingend sein kann. Denn es gibt immer Grenzen der Plausibilität, starke und schwache Seiten einer Argumentation. Deshalb erinnere ich an den Begründungsgang aus den Pflichten gegenüber sich selbst, den wir bei Immanuel Kant vorfinden. Jean-Claude Wolf hat in einem Aufsatz über „Wahrheit und Lüge" die Sachlage bei Kant erneut überprüft. Es heißt bei Kant: „Die Lüge ist mehr eine Verletzung der Pflicht gegen sich selbst als gegen andere. Weit gefehlt, dass die Pflichten gegen sich selbst die niedrigeren sind, sie haben im Gegenteil den obersten Rang und sind die wichtigsten unter allen, denn, ohne noch zu erklären was die Pflicht gegen sich selbst ist, so kann man sagen, wenn ein Mensch seine eigene Person entehrt, was kann man von dem noch fordern?" Wir haben hier ein Bild vor uns, in dem der Mensch sich selber zum Mittel, zum Zweck macht, d. h. die Selbstzweckformel des kategorischen Imperativs wird auf den Menschen in seinem Handeln sich selbst gegenüber angewandt. Diese Selbstzweckformel lautet: „Handle so, dass du die Menschheit sowohl in deiner Person als in der Person eines jeden anderen jederzeit zugleich als Zweck, niemals bloß als Mittel brauchest." „Sowohl in deiner Person", darauf kommt es hier an: indem ich mich selbst zum Mittel einer Täuschung machen würde, nehme ich meine eigene Person aus ihrer Selbstzwecklichkeit heraus und stelle sie in eine Funktion, die Kommunikation gefährdet und damit die Achtung der Vernunft in jedem menschlichen Wesen zerstört. In diesem Augenblick habe ich die Pflicht gegenüber mir selbst als einer selbstzwecklichen Vernunftnatur missachtet. Kant ist nicht der Meinung, dass die Frage der Wahrhaftigkeit *nur* die Frage der Pflicht gegenüber sich selbst beinhaltet, aber er hat insbesondere diese Pflicht sich selbst gegenüber herausgearbeitet. Dass diese kategorische Pflicht sich selbst gegenüber im Grunde darauf beruht, dass wir alle die „Menschheit" in uns tragen, wobei mit der „Menschheit" die Vernunftnatur gemeint ist, das bedeutet freilich auch, dass man bei Kant in seinen konkreten ethischen Vorlesungen sehr wohl Überlegungen finden kann, inwieweit es doch Möglichkeiten oder Rechtfertigungsgründe gibt, in einer Pflichtenkollision andern Normen den Vorzug zu geben. Aber in seiner Grundargumentation lässt er dies nicht zu.

1.4 Eine hermeneutische Überlegung

Zu diesen drei Begründungsformen könnte man noch andere hinzufügen. Die Begründungsart, die ich persönlich wählen würde, ist eine hermeneutische Überlegung. Sie geht von der Hermeneutik des Sinnbedürfnisses aus. Ausgangspunkt ist die Einsicht, dass die Sittlichkeit die reflektierte Anerkennung anthropologischer Bedürftigkeit ist. Das heißt, im sittlichen Bewusstsein und in der sittlichen Handlung versuche ich, anthropologische Voraussetzungen in die Sprache des ethischen Sollens zu übersetzen. Bekanntlich ist es problematisch, vom „Ist" auf das „Soll" zu schließen. Es geht auch nicht darum, in einer deduktiven Einbahnstraße einen solchen Schluss zu ziehen, sondern es geht darum, Ist-Plausibilitäten in Soll-Evidenz umzusetzen. Dies geschieht durch strukturelle Entsprechung und durch Analogie, nicht durch logische Deduktion.

„Wahrheit" existiert als Bedürfnis der Menschen unter Menschen, und zwar in zweifacher Weise: einmal in dem Sinne, dass die Menschen ihren Bezug zur greifbaren Wirklichkeit nicht verlieren wollen, weil sie in dieser Wirklichkeit leben müssen. Sie können nicht auf Dauer in einer von der Wirklichkeit abgehobenen Abstraktionsform leben. Obwohl solches gelegentlich vorkommt, ist es nicht das Modell des gelingenden menschlichen Lebens, sondern eher eine Verfallsform. Auf der anderen Seite wird die Kommunikation zwischen den Menschen nur dann von den Menschen als achtungsvoll erfahren, wenn in dieser Kommunikation das Kriterium der Wahrheit zum Zuge kommt. Sonst wird die zwischenmenschliche Kommunikation als eine Form der Missachtung erfahren. Insofern kann man von der Wahrheit als einem dreifachen Bedürfnis des Menschen sprechen: im Verhältnis zur Wirklichkeit, im Verhältnis zu sich selbst und im Verhältnis zu anderen Menschen. Wenn man von der Bedürfnistheorie von Seev Gasiet ausgeht, kann man dieses Wahrheitsbedürfnis unter das Sinnbedürfnis einordnen. Er unterscheidet vier Bedürfnisse als Kategorien: das Bedürfnis nach Überleben, das Bedürfnis nach sozialer Anerkennung, das Bedürfnis nach persönlichen Beziehungen, das Bedürfnis nach Sinn. Die Form des Bedürfnisses, das ich bisher skizziert habe, das Bedürfnis nach Wahrheit als Selbstverhältnis, als kommunikative Beziehung und als Wirklichkeitsverhältnis ist ein Teil des Sinnbedürfnisses. In diesem Sinne wäre die Wahrhaftigkeit nichts anderes als die praktische Anerkennung eines zwischenmenschlichen Sinnverhaltes. Die Wahrheit, die Sinn macht, wird durch ihre Anerkennung zu einem Gut, das sittlich erstrebenswert ist und das daher auch sittlich gesollt ist.

Dabei sind bei einer Wahrheitshermeneutik die unterschiedlichen Formen, in denen Wahrheitstheorien Wahrheit zu verstehen suchen, zu beachten. Diese Theorien sind bekannt: Wahrheit als Annäherung an die Wirklichkeit, Wahrheit als Kommunikation und Konsens, Wahrheit als Kohärenz und Kontextualität, Wahrheit als Narration. Ich kann auf diese unterschiedlichen Wahrheitsformen nicht ausführlich eingehen, ich stelle nur die These auf, dass auch hier ein gewisser Perspektivismus oder eine Konvergenzargumentation lohnend sind, weil jede dieser Theorien eine unterschiedliche Reichweite hat, und deswegen diese Theorien, solange sie sich nicht als exklusive Alternativen verstehen, miteinander konvertibel sein können. Wichtig scheint mir z. B. zu sein, dass man bei einer Kohärenztheorie der Wahrheit, welche die Wahrheit als ein in sich schlüssiges gedankliches System versteht, die Kontextualität der Wahrheit mit beachtet. Sonst könnte man in Kohärenzsysteme der Wahrheit hineingeraten, die mit den Lebenskontexten überhaupt nichts mehr zu tun haben, ein Beispiel, das mit der Moraldoktrin der katholischen Kirche veranschaulicht werden könnte. Narration schließt Wahrheit auch im Gelände der Phantasie ein: es scheint mir wichtig zu sein, die Imagination als Wahrheitsort nicht auszulassen.

Die Wahrheitshermeneutik unterscheidet also unterschiedliche Perspektiven: Wirklichkeitstreue, Konsens, Kohärenz, Kontextualität und Narration. Wenn diese Reichhaltigkeit der Wahrheitshermeneutik gilt, dann müssen wir von vornherein damit rechnen, dass Wahrheit mehr ist als eine bloße Information. Wir können Wahrheit nicht auf Informationshermeneutik reduzieren. Ähnlich reichhaltig wie die Wahrheitshermeneutik ist, um eine veranschaulichende Parallele zu ziehen, die Wahrnehmenshermeneutik. Wir können etwas affektiv wahrnehmen, d. h. als echt empfinden, wir können etwas kognitiv wahrnehmen, d. h. als schlüssig erkennen, und wir können etwas praktisch wahrnehmen, d. h. etwas operational nachvollziehen. Diese drei Elemente, affektiv, kognitiv und praktisch, gehören zu einem performativen Verständnis hinzu, damit die Wahrheit in ihren unterschiedlichen hermeneutischen Facetten in die Lebenspraxis des Menschen übernommen wird, eben durch Wahr-Nehmen.

Was ich bisher auf der Ebene des Verstehens beschrieben habe, denn Hermeneutik ist ja nichts anderes als Sinn-Verstehen, das lässt sich als Ist-Plausibilität auf die Ebene der ethischen Plausibilität des Sollens übersetzen. Ich sagte, es handele sich auf der Ebene des Ethischen um eine reflektierte Anerkennung anthropologischer Bedürftigkeit, um eine Parallelsprache, die zwar nicht aus „Ist"-Plausibilitäten deduziert werden kann, die sich aber mit der „Ist"-Plausibilität in einer gewissen Konvergenz befindet, nicht wie Linien, die sich im Unendlichen schneiden, sondern in der Art wie auf zwei Parallelstraßen die jeweilige Plausibilität des Ist im Soll und die jeweilige Evidenz des Soll im Ist beobachtet werden kann.

1.5 Nach Wahrheit streben und Sollen im Bereich der Wahrheit

Das Muster der Anerkennung des Sinnverhaltes Wahrheit kann nun im ethischen Gelände in zweifacher Weise erfasst werden, einmal in der Form des Strebens und zum anderen in der Form des Sollens. Ich greife hier auf eine Unterscheidung zurück, die Hans Krämer in seinem Buch „Integrative Ethik" (1992) gemacht hat, wobei er eine Form des Sittlichen, die er Streben nennt, das Streben nach dem Gelingen des Lebens oder nach dem Glück, von einer Form des Sittlichen unterscheidet, die unter dem Anspruch von Sollensregeln oder unter dem Anspruch von Pflichten steht, etwa in der Kantischen Tradition. Beide Elemente haben auf der Parallelstraße des Sittlichen zur Plausibilität des Ist ihr Anrecht. Wenn ich im ethischen Bereich unter dem Strebensparadigma über die Grundnorm der Wahrhaftigkeit nachdenke, dann ist deutlich, dass die Annäherung an die Wirklichkeit viel stärker zum Zuge kommt als beispielsweise die Perspektive der Wahrheitstreue in der Kommunikation. Die Wahrheitstreue in der Kommunikation wird sehr viel stärker als ein Gesolltes von außen her erfahren, das im Anspruch der Menschen an eine Person existiert, während das Streben nach dem eigenen Glück und Gelingen die Wahrheit sehr viel mehr als eine Annäherung an die Wirklichkeit einrechnet, weil der Wirklichkeitsverlust in der Tat mein eigenes Streben nach Gelingen und Glück aufheben würde. Die Strebensethik und die Sollensethik können also im Bereich des Sittlichen jeweils unterschiedliche Komponenten an der Ist-Plausibilität einer Wahrheitshermeneutik in den Vordergrund stellen.

1.6 Konvergenzargumentation

Der Versuch, von der Wahrheit zur Wahrhaftigkeit in der Form einer hermeneutischen Begründung der sittlichen Grundnorm zu gelangen, ist gegenüber einer Begründung aus dem Anerkennungsprinzip und einer Begründung aus den Pflichten gegen sich selbst eigenständig. Auf der anderen Seite aber schließt er diese Begründungswege nicht aus und bleibt für weitere Begründungswege offen. Es handelt sich also um eine Begründung in der Form einer sog. Konvergenzargumentation, nicht um eine deduktiv kategorische Begründung, sondern um das Zusammenwirken unterschiedlicher Begründungswege.

2. Verantwortungsethische Entfaltung der Grundnorm im bereichsspezifischen Handeln

Die Interpretation dieser so begründeten Wahrhaftigkeit geschieht im bereichsspezifischen Handeln verantwortungsethisch. D. h. sie ist nicht auf die Kategorie einer für alle Fälle geltenden Grundgesinnung zurückzuführen. Welches sind die Grundfaktoren einer verantwortungsethischen Interpretation der Grundnorm der Wahrhaftigkeit? Wahrhaftigkeit bedeutet im Grunde nichts anderes als die Verpflichtung auf intrapersonale, interpersonale und wirklichkeitsbezogene Wahrheit. Die vierstellige Relation der interpersonalen Verantwortung, die man zunächst einmal ins Auge fassen kann, ist die Verantwortung eines Subjektes (der Person 1) vor sich selbst und vor einem anderen Subjekt (der Person 2) in Bezug auf einen Informations- oder Mitteilungsgehalt, wobei sich das, was mit Wahrheit gemeint ist, nach unseren vorherigen Überlegungen nicht auf Information und Mitteilungsgehalt allein reduzieren lässt. Diese vierstellige Relation ist von Dietrich Bonhoeffer in seinen Überlegungen über das Thema „Wie wird mein Wort wahr?" folgendermaßen zusammengefasst worden:[1] 1. indem ich weiß, wo ich stehe (die Situation von P 1 beinhaltet auch ihre intrapersonale Wahrheit), 2. indem ich weiß, zu wem ich rede (das ist der Adressat P 2), 3. indem ich weiß, worüber ich rede (auch das werden wir später noch zu entfalten haben) und 4. indem ich weiß, welche Regeln für diese Realisierung der Wahrheit unter den Kriterien der Verantwortung gelten. Über die Regeln und ihre Konflikte werden wir noch zu sprechen haben, denn wir haben ja von den Eingangsüberlegungen der Begründung *ex negativo* bereits erkennen können, dass es offensichtlich nicht möglich ist, mit einem kategorischen Paragraphen alle Handlungsbereiche und alle Handlungsmöglichkeiten des Menschen abzudecken bzw. ihre sittliche Rechtfertigung von da her zu entscheiden.

Neben solchen Grundfaktoren sind in einer verantwortungsethischen Interpretation noch weitere Faktoren zu berücksichtigen:
Erstens, die Frage nach dem *Geltungsbereich*. Das ist zunächst die Frage nach der Geltung im Nahbereich zwischenmenschlicher Begegnung. Man kennt den Menschen, mit dem man spricht oder steht mit ihm in einer näheren Beziehung. Dann geht es um die Geltung im sog. Mesobe-

reich, d. h. in der Kommunikation einer Gruppe; zu denken wäre da an Gruppen wie die „scientific community", die bereichsspezifische wissenschaftliche Kommunikation mit ihrer besonderen Anforderung an das Ethos. Schließlich stellt sich die Frage nach dem Fernbereich oder der Geltung im Öffentlichkeitsbereich. Dort herrscht Anonymität, gilt also eine andere Struktur des miteinander Umgehens, die stärker von Abstraktion bestimmt ist und die von Rechtsstrukturen und von Institutionen begleitet wird.

Diese drei Reichweiten und unterschiedlichen Strukturierungen von Kommunikation differenzieren die Aussageweise und die Anspruchsform von Wahrheit. Eine diskrete persönliche Wahrheit gehört in den Nahbereich; eine riskante experimentelle Aussage gehört in den Bereich wissenschaftsinterner Prüfung; im öffentlichen Rechtsbereich kann eine Aussage verweigerbar sein, wenn sie den Aussagenden oder Nahestehende belastet. Eine Aussage kann aber auch im öffentlichen Interesse erzwingbar sein, wenn es um die Wahrheitsfindung geht. Das Zustandekommen der Wahrheit durch Beweismittel vor Gericht ist von der Zulassung dieser Beweismittel abhängig, so dass die rechtliche Wahrheit von der empirischen Plausibilität differiert u.a.m. Deshalb spielen Reichweiten und Strukturen der Kommunikation in der Konkretisierung des Wahrheitsanspruches jeweils eine unterschiedliche Rolle.

Zweitens, der Faktor *Zeit* wird meistens im Zusammenhang mit einer verantwortungsethischen Interpretation übersehen. Ich will dafür ein Beispiel nennen: wenn jemand ein Interview gegeben hat, das am nächsten Tag in der Zeitung erscheinen soll, dann ist es die Aufgabe des Journalisten oder der Journalistin, das Interview so zusammenzufassen, dass der entscheidende Punkt herüberkommt, der gemeint ist. Dazu hat aber die Journalistin oder der Journalist nur eine begrenzte Zeit, d. h. es müssen Entscheidungen gefällt werden, die möglicherweise eine Marge von Unsicherheit und Ungewissheit haben: was hat der Interviewpartner wirklich gemeint? Wie ist dies mit dem öffentlichen Interesse an der Sache und an seiner Aussage zu vermitteln? Die Art und Weise, wie zitiert wird, welcher Kontext weggelassen wird, welcher Kontext mit eingeschlossen wird, ist eine Entscheidung in der Zeit. Das heißt, wir können die Wahrheitsfähigkeit praktischer Fragen nicht abstrakt und die verantwortungsethische Interpretation nicht zeitlos formulieren, sondern wir müssen sie immer wieder in konkreten Zeitbudgets umzusetzen versuchen. Wenn man das nicht berücksichtigt, dann ist die verantwortungsethische Interpretation des Wahrheitsanspruches verkürzt.

Drittens ist die Frage nach der *moralischen Bewusstseinsstufe* nicht ohne Bedeutung. Die Theorien von Piaget und Kohlberg über die Stufen des moralischen Bewusstseins unterscheiden im wesentlichen drei Grundstufen: das Handeln nach Lust und Strafe, das Handeln nach „law and order" und das Handeln nach selbstgesetzten, selbstanerkannten, also autonom gewählten Maximen. Handeln kann sich nicht in einer kontinuierlichen Form immer auf der höchsten Bewusstseinsstufe der Autonomie des Ethischen befinden. Es ist eine ethische Aufgabe, die eigene verantwortungsethische Interpretation so zu betreiben, dass man die Frage nach dem sittlichen Charakter der Wahrheit oder der Grundnorm der Wahrhaftigkeit auf die höchste Bewusstseinsstufe zu heben versucht. Dies ist ein Faktor der sittlichen Persönlichkeitsbildung. Er hat mit der Frage zu tun, ob ich weiß, wo ich stehe, wie Dietrich Bonhoeffer diese personale Relation formuliert hat.

Und schließlich scheint mir ein *vierter* Faktor der Berücksichtigung wert zu sein, die Frage nach den *Adressaten*. Ähnlich wie bei der Unterscheidung von Nahbereich, mittlerem Bereich und Fernbereich wird man hier zwischen einzelnen Subjekten, Gemeinschaften, Öffentlichkeiten und Institutionen zu unterscheiden haben. Der Umgang mit Institutionen in der Wahrheitskommunikation stellt z. B. an mich die Frage, wie ich bürokratische Formulare ausfülle. Dabei spielen Abwägungen durchaus eine Rolle, die dann zusätzlich noch unter dem Faktor Raum und Zeit zu betrachten sind. Dabei geht es um Abwägungen, die im Nahbereich u.U. keine Rolle spielen würden. Ich nenne als Beispiel die Selbstdarstellung bei einer Bewerbung.

Dies ist gewiss nur ein sehr fragmentarischer Versuch, einzelne Faktoren abzuschreiben, die bei einer verantwortungsethischen Interpretation der Grundnorm der Wahrhaftigkeit eine entscheidende Rolle spielen. Er dient hier im Rahmen grundsätzlicher Überlegungen nur zur Veranschaulichung.

3. Die Grundnorm der Wahrhaftigkeit in verschiedenen Ethikkonzeptionen

Im Rahmen dieser Ausführungen kann ich keine angemessene Wiedergabe von Ethikkonzeptionen geben. Es scheint mir aber notwendig, den Charakter von Reichweite und Universalität einer Grundnorm, wie er im Anspruch von Ethikkonzeptionen enthalten ist, zu klären.

(1) Es ist bekannt, dass Kant eine *deontologische* Umsetzung der Grundnorm der Wahrhaftigkeit vorschlägt. In seinem bekannten Aufsatz „Über ein vermeintes Recht, aus Menschenliebe zu lügen", richtet er sich gegen eine Ausnahmelegitimation, indem er auf eine Wahrheitspflichtigkeit auch unter den Umständen des dadurch riskierten Lebensschutzes eines Freundes rekurriert. Kant hat eine grundsätzliche Geltung der Wahrheitspflichtigkeit auch bei konkurrierenden Pflichten vertreten: Sage die Wahrheit, gelegen oder ungelegen, ohne Rücksicht auf die Folgen, in klarer Positionalität. Diese klare Positionalität findet man auch in evangelischen Formulierungen: „Deine Rede sei ja, ja, nein, nein." [vgl. Mt 5,37a] Dass diese klare Positionalität angesichts von Normenkonkurrenzen in einer deontologischen Konzeption aufrechterhalten wird, setzt freilich, wie Jean-Claude Wolf zeigt,[2] voraus, dass hier Wahrheitspflichtigkeit in Analogie zur Vertragspflichtigkeit gedacht wird. Das „pacta sunt servanda" wirkt sich sowohl auf die Pflichten gegenüber sich selbst als auch auf die Pflichten gegenüber anderen aus. Jean-Claude Wolf wendet ein, dass man daran zweifeln könne, dass die Vertragspflichtigkeit unter allen Umständen und in jeder Hinsicht gelte. In der Normenkonkurrenz gehe es ja nicht um die Normgeltung, sondern um die Überlegung, ob nicht eine andere Norm einschlägig sei und damit Vorrang habe, bzw. um die Überlegung, ob in einer Pflichtenkollision eine andere Pflicht, etwa der Schutz des Lebens und der Liebe, gegenüber der Wahrheitspflicht vorzuziehen sei, so dass die weiterhin gültig bleibende Wahrheitspflicht in diesem Falle nicht mehr ethisch dominieren könne.

Die deontologische Konzeption ist sich aber, und das kann man nun gerade bei Kant zeigen, sehr wohl im einzelnen bewusst, dass es Situationen gibt, in denen die Frage nach der Wahrheitspflichtigkeit relativiert werden muss. Ein Beispiel dafür bringt wiederum Jean-Claude Wolf: „Sofern ich gezwungen werde", sagt Kant, „durch Gewalt, die gegen mich ausgeübt wird, ein Geständnis von mir zu geben und von meiner Aussage ein unrechtmäßiger Gebrauch gemacht wird, und ich mich durch Stillschweigen nicht retten kann, so ist die Lüge eine Gegenwehr. Die abgenötigte Deklaration, die missbraucht wird, erlaubt mir, mich zu verteidigen."[3] Das entspricht der Überlegung, dass in diesem spezifischen Falle, ebenso kategorisch, der Notwehrparagraph einschlägig wäre. Wir haben solche Überlegungen auch auf anderen Gebieten. Selbst strikt deontologische Konzeptionen wie die katholische Moraltheologie des universalen römischen Lehramtes kann ja die Frage nicht beantworten, ob nicht in bestimmten Situationen andere Normen als die üblicherweise erinnerten einschlägig sind. Berühmt ist dafür als Ausnahme die „bosnische Pille". Gemeint ist der Vorschlag von Kardinal Palazzini (1993), dass Frauen aus Notwehr heraus, wenn ihnen Vergewaltigung droht, die „Pille" nehmen können, weil die Notwehr gegenüber den Folgen eines ungerechtfertigten Angriffs alle anderen Normen verdränge. Die kategorische Fassung einer deontologischen Norm heißt offensichtlich in diesem Falle nur: die Norm, die primär einschlägig ist, gilt. Also hängt hier viel von der Definition des moralischen Problems ab, die über die Einschlägigkeit einer Norm entscheidet.

(2) Dieses Problem haben *Teleologen*, die ausschließlich auf die Folgen der Handlung sehen, selbstverständlich immer schon vor Augen gehabt. Die Wahrheit zu sagen, mahnt die teleologische Konzeption, kann von den Folgen her modifiziert sein, denn jeder müsste fragen, was die Einhaltung der Wahrheitspflichtigkeit für die Menschen, die davon betroffen sind, bedeutet: für ihn selbst, für andere Menschen, u.U. auch für die Institutionen, um die es geht. Das Recht, die Wahrheit erfahren zu dürfen, das unter dem Anerkennungsprinzip behauptet wird, kann verspielt werden; der Folterer hat kein Recht, die Wahrheit zu erwarten; der Indiskrete hat kein Recht, die Wahrheit zu erwarten. Das letztere ist ein Beispiel, das auch bei Kant vorkommt und das Dietrich Bonhoeffer in folgende Form gebracht hat: Der Lehrer fragt den Schüler morgens im Schulunterricht: „Ist dein Vater gestern wieder betrunken nach Hause gekommen?" Wenn der Schüler nun „nein" sagt, obwohl es so war, dann ist es die Abwehr der Indiskretion. Es ist nicht eine Aussage in Referenz zur Wirklichkeit, sondern in Referenz zur Abwehr der Indiskretion unter Bedingungen der Abhängigkeit. Der Vorwurf an Abhängige, dass sie zur Lüge neigten (z. B. an Frauen), mag hier seinen für Männer beschämenden Ursprung haben. Die Wahrheit der Aussage ist also auch über den Kommunikationszusammenhang zu ermitteln. Freilich wäre es bedenklich, Kommunikationsstile an die Stelle der Wirklichkeitsreferenz zu setzen.

Solche Überlegungen bringen die Umstände und die Folgen in die Wahrheitspflichtigkeit hinein. Man kann sich dabei fragen, ob wirklich ein Widerspruch zwischen Teleologen und Deontologen besteht. Ich würde sogar kühn behaupten, dass, wenn man die Sache genau betrachtet, wie wir eben gesehen haben, bei den Deontologen sich ergibt, dass die Norm dort gilt, wo sie gilt, und dass die Teleologen ein Regelvorzugsurteil angesichts einer Reflexion über die Umstände fällen, einer Reflexion, die beim Deontologen auch nicht fehlen darf.

(3) Die bisherigen Überlegungen stammen aus universalistischen Konzeptionen. Als dritte universalistische Theorie kann man die Diskursethik der *Kommunikationstheorie* betrachten. Sie geht davon aus, dass im Kriterium eines gedachten *apriori* der Kommunikationsgemeinschaft die Wahrheitsfähigkeit als eine Voraussetzung des Konsenses und als ein Ausdruck des Konsenses nicht fehlen darf. Ein solcher kommunikationstheoretischer Zugang zum Wahrheitsdiskurs setzt auf der parallelen Ebene der Wahrheitspflichtigkeit die Wahrheit auch als Bedingung gelingender Kommunikation voraus, nicht in der Form einer verdinglichten oder fixierten Wahrheit, aber doch in der Form einer fairen Kommunikation, durch welche die Übereinstimmung, weil sie sittlich richtig ist, auch einen Wahrheitsanspruch hat. Mir scheint hier die Wahrheit einer kommunikativen Gerechtigkeit unterstellt und von ihr abgeleitet zu sein.

Auch der kommunikationstheoretische Zugang ist seinem Sinne nach universal ausgerichtet. Er hat eine universale Reichweite, auch wenn man sich durchaus vorstellen kann, dass Geltungsmodifikationen in bestimmten Kommunikationszusammenhängen möglich sind.

(4) Nun gibt es aber Ethikkonzeptionen, die nicht universalistisch sind und eine andere Reichweite vor Augen haben. Eine *erste* dieser Konzeptionen möchte ich als *Perspektivismus* bezeichnen. Diese Konzeption ließe sich an Nietzsche und seinem Verständnis von der Wahrheitspflichtigkeit verdeutlichen. Ich nehme dafür das Beispiel von Akiro Kurosawa in seinem Film „Rashomon". In der filmischen Sequenz werden vier Formen geschildert, unter denen man ein Geschehnis auffassen kann. Es geht um die Vergewaltigung einer Frau und um die Tötung ihres Mannes, eines Samurai, durch einen Räuber, und dieser Räuber, die Frau, der Samurai sowie ein dazukommender Bauer schildern in vier Versionen den gesamten Ablauf. Das ist filmisch wunderbar umgesetzt und später noch einmal in einer amerikanischen Hollywood-Fassung wiederholt worden, offensichtlich, weil es so eindrücklich diese Konzeption belegt, von der die Rede ist: nach dieser perspektivischen Konzeption ist die Grundnorm der Wahrhaftigkeit als solche nicht universell existent, sondern es gibt nur eine jeweilige Annäherung an Wirklichkeit, die unter der Voraussetzung steht, die subjektiven Einschränkungen und kommunikativen Einschränkungen, ja man kann sagen, auch die objektiven Einschränkungen, in denen jeder Mensch unter bestimmten Bedingungen nur einen Teil der Wirklichkeit als solche wahrnehmen kann, zu gewährleisten. Der Film wirft die Frage auf, ob ein totaler Wahrheitsrelativismus sich durchhalten lässt. Er treibt jedoch einen solchen Relativismus nicht

auf die Spitze, sondern er interpretiert diese verschiedenen Annäherungen an Wahrheit so, dass die „wahre" Wirklichkeit offen bleibt. Die Kriterien der Wahrheit werden in der Schlusssequenz des Films deutlich, in welcher es darum geht, wer sich eines ausgesetzten Kindes annimmt: Lebensförderlichkeit und Menschenfreundlichkeit. Sie entfalten eine Legitimationskraft für den Zugang zur Wahrheit.

Diese Erkenntnis erinnert, und auch dies gehört in den Bereich des Narrativen, an eine Antwort, die Thomas Mann in seinem Essay über Tschechow gegeben hat: einerseits sei nur die Wahrheit lebensfördernd, und andererseits sei nur das Lebensfördernde wahr. Die These „nur das Lebensfördernde ist wahr", führt zu der Frage, die ich eingangs gestellt habe, als ich mich mit der Konkurrenz von Grundprinzipien beschäftigt habe: muss man nicht „Wahrheit" einordnen, gibt es nicht ein anderes Grundprinzip, das einen höheren Rang genießt (z. B. das Leben, die Freiheit oder die Liebe)? Diese Frage stellt sich aus der Sicht des Perspektivismus neu. Die Frage lautet, ob der Perspektivismus tatsächlich partielle Normen vertritt oder ob er nicht bloß im Konkurrenzfalle eine andere universelle Norm vertritt: die Liebe.

(5) Unter den Konzeptionen der Ethik, die auf den ersten Blick als nicht-universell erscheinen, ist *zweitens* der *Kommunitarismus* zu nennen. Der Kommunitarismus geht davon aus, dass Menschen in der Form, in der sie gemeinschaftlich sozialisiert sind, auch die Wirklichkeit wahrnehmen. Die Regeln, in denen Kommunikation stattfindet, sind normbestimmend. Das heißt, was wir als Ausnahmemöglichkeit mit Legitimationspflicht benannt haben, erscheint aus dieser Sicht nicht als Ausnahme, sondern als Kulturvariante, z. B. die Wahrung des Gesichtes in fernöstlichen Regionen, die Gemeinschaftstreue, der Wirklichkeitsgehalte verfremdende Kommunikationsstil. Die Überlegungen über Ausnahmen, die ich eingangs vorgetragen habe, würden dann jeweils zu einer bestimmten Sozialisationsfigur oder zu einer bereichsspezifischen Kommunität gehören. Politiker z. B. kommunizieren eben anders in ihrer Kommunikationsgemeinschaft, als es normale Menschen tun. Ich habe öfters Beispiele davon erlebt, und oft heißt es, wenn man darüber staune, sei man naiv.

Das sind etwas platte Beispiele, aber der kommunitaristische Zugang zur Wahrheitspflichtigkeit rechnet eben damit, dass die geschichtlich gewordene Kommunität Ausprägungen zeitigt für die Art und Weise, wie diese Wahrheitspflichtigkeit als verbindlich interpretiert wird. Dass dies so ist, wird man nicht bestreiten wollen. Gerade auf der Ebene der Beschreibung von tatsächlicher Moral und tatsächlichem Sozialverhalten ist der Kommunitarismus möglicherweise wirklichkeitsgetreuer als universelle Theorien. Aber auf der anderen Seite wird man doch zugestehen müssen, auch auf Seiten der Kommunitaristen, dass gerade die Kennzeichnung dieser Unterschiede als „besonders" ja auch die Betonung der Partialität nicht außer Acht lassen, dass es eine Fragestellung nach der Universalität gibt. Ich nenne das den partiellen Zugang zur Universalität, denn Partialität und Universalität kann man nicht isoliert voneinander, sondern nur in binärer Codierung denken: wer das eine denkt, muss notwendig eine Definition des anderen einschließen.

(6) Schließlich bleibt noch eine *dritte* Konzeption zu erörtern, die sich freilich nicht als andere ausschließend versteht. Ich nenne sie „*Modellethik*". In der Modellethik geht es vor allen Dingen um die Wahrheitspflichtigkeit als sog. Ausdruckshandlung. Gerade im Zusammenhang mit der von Kant besonders pointierten Pflicht gegen sich selbst stellt sich die Grundnorm der Wahrhaftigkeit als Konsequenz der eigenen Person dar. Es kann u.U. sein, dass gerade in der Konsequenz der eigenen Person eine solche Bedeutung liegt, dass bestimmte Folgen, die möglicherweise in einer reinen Güterabwägung problematisch wären, in Kauf genommen werden. Das ist z. B. der Fall bei Märtyrern, um ein in der Geschichte immer wieder vorkommendes Beispiel zu verdeutlichen. Es kann sein, dass eine solche Ausdruckshandlung nicht nur die Lebenskonsequenz der eigenen Person ratifiziert, sondern auch im Sinne einer Negation des Negativen zeichenhaft zu verdeutlichen versucht, dass die übliche Kommunikation im Hinblick auf die Grundnorm der Wahrheitspflichtigkeit oder der Wahrhaftigkeit bereits verdorben ist. Gerade im Kontext eines Kommunikationsstils, in dem die Lüge einander mit dem Antlitz der Wahrheit gesagt werden kann, gehört es zur Ausdruckshandlung, dagegen eine konkrete Negation zu setzen. „Politik wider die Lüge" ist der Titel eines Buches von Herwig Büchele, in dem solche Reflexionen angestellt werden.

Bei dieser Betrachtung der Ethikkonzeptionen und der Reichweite ihrer Überlegungen habe ich zu zeigen versucht, dass auch dort, wo die Reichweite geringer gesehen wird, im Perspektivismus, im Kommunitarismus, in der Ausdruckshandlung oder in der Modellethik, im Grunde die Tendenz zum Universellen nicht aufgegeben wird, so dass ich meine Eingangsthese hier bestätigt sehe oder zumindest mich zu wiederholen getraue, dass sich nämlich in den Begrenzungen von Reichweiten universeller Geltung dennoch die Vorrangstellung universeller Geltung nachweisen lässt, weil diese Begrenzung immer genau als spezifische Partialität beschrieben wird, denn sonst müsste man ja die Universalität des Partiellen vertreten. Die Unmöglichkeit einer solchen Konsequenz ist das stärkste Argument für die universelle Geltung allgemeiner ethischer Prinzipien.

4. Die Sünden gegen das Wahrheitsgebot

Wenn ich die Tendenz zur Universalität zusammenfassen kann, die ich bisher in einer Art Konvergenzargumentation, indem ich die Teilperspektiven auf ihre Reichweite hin untersucht habe, zu behaupten versuchte, dann meine ich doch, dass diese Tendenz zur Universalität sich eher im Negativen als im Positiven ausdrücken lässt. Man kann also die Grundnorm der Wahrhaftigkeit eher so aufrechterhalten, dass man *in extremis* zeigen kann, wo sie völlig außer Kraft gesetzt würde oder in ihrem Bestehen gefährdet wäre. Diese Negativität lässt sich besser sagen als eine umfassende positive Formulierung dieser Grundnorm Für diese Universalität *ex negativo* oder die Sünden gegen die Wahrheitspflichtigkeit bzw. das Wahrheitsgebot möchte ich fünf Beispiele anführen.

Das *erste* ist die *Verheimlichung* bei bestehenden Anspruchsrechten. Diese negative Regel oder dieses Verbot ist ein formales Verbot. Inhaltlich kann man immer noch über die Anspruchsrechte diskutieren. Falls diese Anspruchsrechte aber anerkannt werden, dann wäre es eine universelle konkrete Norm, dass diesbezüglich keine Verheimlichung stattfinden dürfte. Wenn ich z. B. der Meinung bin, nur besonders Kompetente haben einen Anspruch darauf, die gesamte Information und das gesamte Wissen über eine verhandelte Problemfrage zu erhalten, dann habe ich das Anspruchsrecht eingeengt. Aber ich muss einen Grund dann dafür geben, warum ich dieses Anspruchsrecht einenge, und das wird im Allgemeinen unter dem Kriterium der Universalisierung außerordentlich schwer fallen. Nicht einmal die sog. Wahrung des Gesichtes würde als Ausnahme davon ausgehen, dass ein solches Anspruchsrecht hier nicht besteht.

Zweitens: die *Verfälschung* bei Kenntnis des Richtigen. Verfälschung bei Kenntnis des Richtigen ist etwas anderes als die Verheimlichung oder die Verschweigung. Sie stellt nicht eine *passive* Haltung, sondern eine *aktive* Haltung, eine *offensive* Haltung dar, eine offensive Verwandlung der Kenntnis des Richtigen in der Kommunikation in das Unrichtige. Es wäre z. B. bei Propagandavorgängen, die wir aus totalitären Staaten kennen, oder bei Wahlverfälschungen und dergleichen gegeben. So etwas kommt bekanntlich in der medialen Kultur ebenfalls vor.

Drittens: die *Versicherung* bei Unkenntnis oder Teilkenntnis. Unter einer Wahrheitskommunikation, in welcher etwas versichert wird, verstehe ich eine Mitteilungsform, in der man mit empirisch überprüfbaren Wahrheiten rechnet. Bei einer Kommunikationsform, in der man sich Geschichten erzählt, rechnet man mit dieser Art von Wahrheit nicht. Deswegen spreche ich von empirischer Wahrheitskommunikation. In dieser Wahrheitskommunikation besteht seitens der Person, die Mitteilungen macht, Informationen gibt oder die ihre eigene Person als Medium benutzt, die Pflicht, nichts zu versichern, was nicht nach bestem Wissen und Gewissen überprüft ist. Man muss das auch in der nicht-kognitiven oder nicht-verbalen Form sehen, weil Täuschungsmanöver ja auch nicht-verbal sein können. Im Modus der Gewissheit darf ich nicht sagen, was ich im Modus der Gewissheit nicht versichern kann. Im journalistischen Ethos kann dies ein ganz entscheidender Punkt sein, und es kommt dennoch vor, dass gegen dieses Verbot unter dem ständigen Druck beschleunigter Information gesündigt wird.

Viertens: die *Zumutung* bei Abwehr. Es besteht in der Wahrheitskommunikation auch ein Anspruchsrecht darauf, die eigene Intimsphäre, die eigene Schamsphäre unter dem Anspruch der Diskretion zu sehen. Eine solche Überlegung gibt es auch bei Kant, und das Beispiel von Bonhoeffer mit dem Kind, das die Anfrage eines Lehrers abwehrt, ist ja gerade aus diesem Bereich gewählt, d. h. es wäre in der Wahrheitskommunikation dort sittlich falsch, Auskünfte zu erwarten, Anspruchsrechte geltend zu machen, wo sie auf andere Anspruchsrechte der betroffenen Personen stoßen, die von höherem Rang sind. Damit wird aber von vornherein zugestanden, dass man in der Auseinandersetzung zwischen den Grundprinzipien des menschlich Richtigen die Frage nach der Höchstrangigkeit der Wahrheitspflichtigkeit immer wieder neu, Fall für Fall, stellen muss. Sonst würde man diese Pflicht über das viel allgemeinere Kriterium der Menschenwürde stellen.

Fünftens: die *Übertreibung* oder Überinszenierung in der Wahrheitskommunikation durch die Darstellungsform. Gerade in den narrativen Strukturen sind Übertreibungen und Überinszenierungen möglich, und sie sind sogar richtig, aber sie werden auf Grund der besonderen narrativen Kommunikation als solche auch ohne weiteres zugestanden. Dass eine Satire beispielsweise übertreibt, gehört zum Modus ihrer Darstellung. Aber wo Wahrheitskommunikation stattfindet, d. h. wo Menschen miteinander in einem kommunikativen Prozess des Handelns stehen, indem sie sich wahrnehmen als Menschen, die die Wahrheit erwarten dürfen, die Rechte und Pflichten auf diesem Gebiete haben, da ist eine Übertreibung und Überinszenierung ein Täuschungsakt.

Das, was ich hier als Universalität des Negativen herauszuarbeiten versuchte, sind eher schwache Behauptungen. Damit meine ich, sie gelten nicht umständelos. Es handelt sich eher um Faustregeln, die im allgemeinen Gültigkeit beanspruchen, weil, wie wir gesehen haben, die Geltung einer für einen bestimmten Bereich als einschlägig anerkannten Pflicht keineswegs ausschließt, dass diese Pflicht mit anderen Pflichten kollidieren kann.

5. Die Pflichten gegen das Wahrheitsgebot

Die grundsätzlichen Pflichten, die ich vorzuschlagen versuche, sind nicht exklusiv und auch nicht im Sinne starker Behauptungen zu verstehen, sondern eher als ein relativer Ertrag aus den vorhergehenden Überlegungen:

1. Der *Annäherungsprozess* an die Wirklichkeit ist zu steigern. Das entspricht dem Plausibilitätscharakter der Wahrheitstheorie, die in der Wahrheit eine Annäherung an die Wirklichkeit zu fassen versucht.

2. Die *kommunikative Kompetenz* ist zu fördern, d. h. jene Fähigkeit, Wirklichkeit als eine diskursive Wirklichkeit wahrzunehmen, in der die einzelnen Menschen als Kommunikationsteilnehmer bestimmte Anspruchsformen entfalten können.

3. Es besteht eine grundsätzliche Pflicht zur *Balance zwischen Kohärenz und Kontextualität*. Dies ist mir immer wieder an einem kirchlichen Beispiel aufgefallen: an der alleinigen Herrschaft der abstrakten Kohärenztheorie der Wahrheit in einem lehramtlichen Moralsystem, das jede Kontextualität z. B. aus der Kohärenztheorie der Norm der Unauflöslichkeit der Ehe ausklammert. Die Balance zwischen Kohärenz und Kontextualität scheint mir eine Forderung der Lebensförderlichkeit der Wahrheit zu sein.

4. Die *Förderung der Autonomie des moralischen Bewusstseins* bei einzelnen Beteiligten. Die dahinterstehende theoretische Reflexion über kognitive moralische Förderstufen ist bekannt.

5. Die *Konvergenz* aller grundsätzlichen Pflichten. Ich gehe davon aus, dass, wenn wir die Richtigkeit der Wahrheitspflichtigkeit mitein-

ander erörtern, dass wir das immer in einer Konvergenz mit der Selbstbestimmung der Person und ihrer Würde tun müssen, ferner in einer Konvergenz mit der Gerechtigkeit – Gleiches muss gleich, Ungleiches muss ungleich behandelt werden –, und in einer Konvergenz mit der Solidarität mit den Schwachen und Marginalisierten. Das Prinzip der Konvergenz zwischen den grundsätzlichen Pflichten, die ihrerseits zu den Gründen der Norm der Wahrhaftigkeit gehören, setzt eben voraus, dass diese Grundnorm der Wahrhaftigkeit niemals in Selbstisolation vertreten wird, sondern dass sie immer unter der Perspektive steht, mit anderen grundsätzlichen Pflichten in Übereinstimmung oder in Abstimmung über die Einschlägigkeit gebracht zu werden. Dies bedeutet keine Schwächung der Wahrheitspflicht. Die Normen, mit denen die Wahrheitspflicht vom Ansatz her kohärent ist, das Anerkennungsprinzip, der gerechte Diskurs, die lebensförderliche Liebe, können im Kontext der Wirklichkeit nur deshalb den perspektivischen Vorrang beanspruchen, weil sie ihrerseits die Wahrheitspflicht ebenso mitbegründen wie diese Wahrheitsnorm an ihrer Begründung – zumindest als Widerspruchsverbot – mitwirkt.

Anmerkungen und Literatur

Christoph Bultmann, Antje Linkenbach
Einleitung: Religionen übersetzen

1   Ricoeur (1979) interpretiert soziales Handeln nach dem Modell des Textes. Entscheidend ist, dass der Sinn von der Intention des Urhebers (Autors, Sprechers) getrennt ist; ein Text, eine Handlung enthält nicht-ostentative Bezüge, die von Rezipienten, die in anderen Zeiten und Kontexten leben, entsprechend (neu) gedeutet werden können.
2   Die Schwierigkeiten des Verstehens zwischen unterschiedlichen Kulturen wurden in Sozialwissenschaften und Sprachphilosophie in den 1970er Jahren im Kontext der sog. „Rationalitätsdebatte" ausführlich diskutiert (s. z. B. Wilson 1977, Kippenberg und Luchesi 1978); zentral für die Debatte ist Wittgensteins Begriff des „Sprachspiels" und die Frage nach Begrenzung (Barrieren) bzw. Offenheit von Sprachspielen und damit der Möglichkeit gegenseitigen Verstehens (z. B. in dem in beiden Bänden abgedruckten Aufsatz von Peter Winch, *Understanding a primitive society*; auf Deutsch: *Was heißt eine primitive Gesellschaft verstehen?*).
3   In den Kultur- aber auch Sozialwissenschaften wurde Kultur lange im Sinne Edward Taylors (*Primitive Culture* 1871) verstanden, bestehend aus jeweils partikularen und unterschiedlichen Formen des Wissens, Glaubens, Moral- und Rechtsvorstellungen, Sitten und Gebräuchen etc. Kultur ist für Taylor eine geschlossene, abgegrenzte Totalität und überindividuelle Einheit, die den Menschen zwingende Orientierung gibt (*container*-Modell von Kultur). Die Individuen sind Träger einer Kultur, erhalten Identität durch ihre partikulare Kultur. Diese Sichtweise war prägend für kulturrelativistische Konzepte. Im Zuge postkolonialer Kritik und angesichts Pluralität / Pluralisierung von Nationalstaaten, zunehmender Globalisierung und Migration, begann man diesen Kulturbegriff auf den Prüfstand zu stellen. Es entwickelte sich eine neue Idee von Kultur, weniger statisch, weniger essentialistisch und überhöht, eine handlungs- bzw. praxistheoretisch angeleitete Definition. Die Infragestellung des konventionellen Konzepts der Kultur richtet sich vor allem gegen die absolute Unterschiedlichkeit und Getrenntheit von Kulturen; die Homogenität von Kultur; die handlungsdeterminierende Funktion von Kultur; die Statik von Kultur. Zum Kulturbegriff s. Wicker 1997; Appadurai 1996.
4   Es sollte erwähnt werden, dass die Thesen von „Kultur als Übersetzung" auch in der soziologischen Theoriediskussion aufgegriffen (und kontrovers diskutiert) wurde. Joachim Renn sieht angesichts gesellschaftlicher Differenzstrukturen in der Moderne die Pragmatik des Übersetzens als konstitutiv für die Koordination des sozialen Handelns und damit für die gesellschaftliche Integration (Renn 2006, Renn u. a. 2002). Das bedeutet, gesellschaftliche Teilsysteme (Recht, Verwaltung, Wirtschaft), soziale Institutionen, kulturelle Praktiken ebenso wie innergesellschaftliche Diskurse und diskursive Praktiken, die verbunden sein können mit Teilsystemen und Institutionen, sind als Gegenstände, Einheiten und Akteure von Kulturübersetzung einzubeziehen.
5   Die ersten fünf Kategorien hat A. Linkenbach im Kontext ihrer früheren Schulbuchanalysen entwickelt; die Notwendigkeit für die neue Kategorie Konsistenz wird in ihrem Beitrag in diesem Band erläutert.

Literatur

Appadurai, Arjun, *Modernity At Large: Cultural Dimensions of Globalization*, Minneapolis 1996.
Asad, Talal, The concept of cultural translation in British Social Anthropology, in: J. Clifford, G. E. Marcus (Hrsg.), *Writing Culture: The Poetics and Politics of Ethnography*, Berkeley u.a. 1986, 141–164.
Bachmann-Medick, Doris, *Cultural turns: Neuorientierungen in den Kulturwissenschaften*, Reinbek bei Hamburg 2006.
Fuchs, Martin, Reaching out; or, Nobody exists in one context only – Society as Translation, in: *Translation Studies*, 2.1, 2009, 21–40.
–, „Wechselseitige Artikulation: Religionen, soziale Problemlagen und Individualisierungsprozesse an indischen Beispielen". Vortragsmanuskript zum Workshop Übersetzungen vom Eigenen ins Fremde. Auseinandersetzungen und Aushandlungen im kulturellen Kon*takt*, Mainz, 3.-4. September 2012.
Gadamer, Hans-Georg, *Wahrheit und Methode. Grundzüge einer philosophischen Hermeneutik* (1960), Tübingen 1990.
Habermas, Jürgen, *Zur Logik der Sozialwissenschaften. Materialien*, Frankfurt a. M. 1971.
Kippenberg, Hans G.; Luchesi, Brigitte (Hrsg.), *Magie: Die sozialwissenschaftliche Kontroverse über das Verstehen fremden Denkens*, Frankfurt a. M. 1978.
Renn, Joachim, *Übersetzungsverhältnisse: Perspektiven einer pragmatistischen Gesellschaftstheorie*, Göttingen 2006.
Straub, Jürgen; Shimada, Shingo (Hrsg.), *Übersetzung als Medium des Kulturverstehens und sozialer Integration*, Frankfurt a.M. 2002.
Ricoeur, Paul, The model of the text: Meaningful action considered as a text, in: P. Rabinow, W. M. Sullivan (Hrsg.), *Interpretive Social Science: a Reader*, Berkeley 1979, 73–101.
Schaeffler, Richard, Verstehen, in: H. Krings, H. M. Baumgartner, C. Wild (Hrsg.), *Handbuch Philosophischer Grundbegriffe Bd. 6*, München 1974, 1628–1641.
Stenger, Georg, Übersetzen übersetzen: Zur Phänomenologie des Übersetzens, in: J. Renn, J. Straub, S. Shimada (Hrsg.), *Übersetzung als Medium des Kulturverstehens und sozialer Integration*, Frankfurt a.M. 2002, 93–122.
Wicker, Rudolf, From complex culture to cultural complexity, in: P. Werbner, T. Modood (Hrsg.), *Debating Cultural Hybridity: Mult-Cultural Identities and the Politics of Anti-Racism*, London 1997, 29–45.
Wilson, Bryan R. (Hrsg.), *Rationality*, Oxford 1977.

Martin Fuchs, Jörg Rüpke

Religion: Versuch einer Begriffsbestimmung

Asad, Talal, *Genealogies of Religion. Discipline and Reasons of Power in Christianity and Islam*, Baltimore 1993.
Ashford, Sheena; Timms, Neol, *What Europe thinks. A study of Western European values*, Aldershot, Hants. 1992.
Lambek, Michael, Provincializing God? Provocations from an Anthropology of Religion, in: Hent de Vries (Hrsg.), *Religion: Beyond a Concept*, New York 2008, 120–138.
Lassander, Mika T., Post-Materialist Religion. Pagan Identities and Value Change in Modern Europe, in: *Bloomsbury Advances in Religious Studies*, London 2014.

Masuzawa, Tomoko, *The Invention of World Religions, or, How European Universalism Was Preserved in the Language of Pluralism*, Chicago 2005.
Proudfoot, Wayne, *Religious experience*, Berkeley 1985.
Stietencron, Heinrich von, *Hindu Religious Traditions and the Concept of 'Religion'*, Amsterdam 1997.
Taylor, Charles, *Ein säkulares Zeitalter*, Frankfurt a. M. 2009.

Antje Linkenbach
Weltreligion Hinduismus

1 Zum Verhältnis Verstehen und Übersetzen s. die Einleitung zu diesem Band.
2 Religionszugehörigkeit: Hindu (80,5%), Muslime (13,4%), Christen (2,3%), Sikhs (1,9%), Buddhisten (0,8%), Jainas (0,4%), Andere (0,6%; z. B. Parsen, Bahai, sog. Volksreligionen). Sprachen: 122 Sprachen (ohne Dialekte), die 4 Sprachfamilien zugehören (indoarisch, dravidisch, austroasiatisch, tibeto-birmanisch). Amtssprachen sind Hindi und Englisch, weitere 21 Regionalsprachen sind als Amtssprachen anerkannt. (Alle Daten nach dem Census 2001).
3 Für einen Überblick über die indische Geschichte s. Kulke und Rothermund 1998. Für detaillierte Informationen s. u.a. die thematisch spezialisierten Bände der *New Cambridge History of India*. Zu Geschichte, Wirtschaft und Politik s. Indien 1998.
4 Es gibt vier Veden, das sind Rigveda, Samaveda, Atharvaveda und Yajur Veda, mit jeweils vier Textschichten. Die älteste Schicht umfasst jeweils die Samhitas (Hymnen), die nächste Schicht die Brahmanas (Ritualtexte), dann kommen die Aranyakas (sog. Waldtexte; spekulative Texte, verfasst / gelesen von den Wald-Einsiedlern) und zuletzt die Upanishaden (philosophische Lehren).
5 Im *Purusa-Sukta* des Rig Veda ist die soziale Ordnung der Welt – die Aufteilung der Menschen in *varnas* – als Teil des Schöpfungsaktes bereits festgeschrieben. Die Götter schufen die Welt, und sie schufen die Menschen durch die Zerstückelung von *Purusa*, des kosmischen Riesen und ursprünglichen Menschen / Mannes. „His mouth became the Brahmin; his arms were made into the Warrior, his thighs the People, and from his feet the Servants were born." (The Rigveda 1981:31) *Varna* bedeutet „Stand" und unter *varnas* werden die vier Stände oder Statusgruppen der Gesellschaft der Arya gefaßt; außerhalb dieser Stände sind die, die nicht den Arya zugerechnet werden, diese werden abwertend beschrieben. *Varnas* sind nicht mit Kasten zu verwechseln. Kaste leitet sich ab von *casta*, einem portugiesischen Begriff, er bezieht sich auf das Konzept *jati* – Geburtsgruppe. Es gibt unzählige regional und historisch verschiedene *jatis*, sie werden den *varnas* zugeordnet, sind aber nicht dasselbe. Die Statusordnung der Arya erhält eine weitere Fundierung im *Manavadharmasastra* oder „Gesetzbuch des Manu". In diesem Text werden die Pflichten der Menschen (ihr *dharma*) als Mitglieder bestimmter Statusgruppen genau dargelegt (Olivelle 2005; der Begriff *dharma* ist vielschichtig um umfasst Bedeutungen wie Recht, Pflicht, Gesetz). Zur Kastenordnung aus sozialwissenschaftlicher Sicht s. Jürgenmeyer und Rösel 1998.
6 Zur Definition von Weltreligion s. Hutter 2005: 9ff. Er diskutiert die Möglichkeit, das Alter einer Religion als Kriterium hinzuzuziehen.
7 Auf Initiative des Forums Städtesolidarität Bremen-Pune analysierten 1983 Bremer OberstufenschülerInnen deutsche Schulbücher in Hinblick auf das in ihnen vermittelte Indienbild. Das Projekt „Indien in der Schule" wurde 1989 von Patrick Dias

von der Universität Frankfurt (Professor Erziehung und Entwicklungsprozesse in der ‚Dritten Welt') fortgeführt; meine eigene Arbeit an dem Thema begann damals in Kooperation mit Patrick Dias. Es gab ca. zwei Jahre lang vielfältige Aktivitäten. September 1991: Podiumsdiskussion in Darmstadt im Rahmen der Indienfestspiele zum Thema „Indien: Begegnung mit dem Fremden – aber wie?" November 1991: Workshop im Haus der Kulturen der Welt in Berlin zum Thema: „Eine fremde Kultur, am Beispiel Indien, verstehen lernen." Daraus erwuchs ein Berichtsband, der 1992 veröffentlicht wurde. Februar 1992: Die Evangelische Akademie Bad Boll veranstaltete ein Seminar zum Thema: Was heißt hier Indien?, auf dem auch die Problematik des Indienbilds in Schulbüchern diskutiert wurde. Erst 1997 wurde das Schulbuch-Projekt fortgeführt, jetzt ging es um die Erstellung neuer Unterrichtsmaterialien. Zunächst förderte das Georg Eckert Institut für Internationale Schulbuchforschung in Braunschweig die Erarbeitung von Materialien, in denen die Himalaya-Region Yasin in Pakistan für Schüler lebensnah und akteursbezogen aufbereitet wurde. Die Initiative der Deutsch-Indischen Gesellschaft fokussierte dann wieder auf Indien und wurde 1997 zum 50. Jahrestag der indischen Unabhängigkeit gestartet; sie fand Unterstützung durch die Landeszentrale für politische Bildung in Baden-Württemberg und den Klett Perthes Verlag. Sie resultierte in mehreren Tagungen und einem Materialienband „Indien – Wege zum besseren Verstehen", der 2002 veröffentlicht wurde.

8   Meine damalige Auseinandersetzung mit Schulbüchern zu Indien befasste sich mit Materialien für die Fächer Geografie, Religion, Geschichte (s. Linkenbach 1992, Linkenbach 1993).

9   „Der Glaube der Christen und der Glaube in den anderen Weltreligionen", 1986, Materialien für den RU an Gymnasien 2/86. Hg. vom Kath. Schulbuchkommissariat II in Bayern in Zusammenarbeit mit der Gymnasialpädagogischen Materialstelle der Ev.-Luth. Kirche in Bayern.

10 Andere Schulbücher präsentieren dieselbe vereinfachende Struktur von Sozial- und Lebensordnung, erwähnen aber noch die „Unberührbaren" oder „Kastenlosen" als unterstes Stratum der Gesellschaft.

11 Dieses Schulbuch ist in zweiter und dritter Auflage in den Jahren 2003 und 2008 erschienen.

12 „Vielleicht fragen Sie sich, warum Sie sich mit dem Hinduismus beschäftigen sollen, also mit einer Religion, die hauptsächlich in Indien verbreitet ist und die uns schon aus räumlichen Gründen fern steht." (4) „Auf den ersten Blick ist eine intensivere Arbeit mit dem Hinduismus schwerer zu begründen." (4) „Das alles mag Ihnen im ersten Moment noch fremd anmuten." (5)

13 Ein Weg, andere Religionen besser kennen und verstehen zu lernen, führt über Feste. Schulklassen sind immer mehr multikulturell zusammengesetzt und so bietet es sich an, die unterschiedlichen religiösen Feste im Jahreszyklus zu thematisieren oder sogar gemeinsam zu feiern. Entsprechend gibt es eine Reihe von Materialien (auch online) zu religiösen Festen; z. B. Sieg 2003, Religionswissenschaftlicher Medien- und Informationsdienst 1997, für die Schweiz: Bildungsdirektion des Kantons Zürich 1998. Ein anderes in der Schweiz genutztes Schulbuch (Blickpunkt 2013) versucht ebenfalls Religionen aus dem Lebenskontext der Schüler her zu verstehen. Das Buch nähert sich den hinduistischen Traditionen über hinduistische Praktiken in der Schweiz an. Das Buch stellt den religiösen Alltag von Hindus in der Schweiz vor, deren Tempel, deren Rituale, Lebensgeschichten ausgewählter Personen. Weiterhin präsentiert es Diskussionen in den Schweizer Medien zu bestimmten religiösen, oder auch religiös-politischen Themen im Kontext des Hinduismus. Das Buch behandelt Judentum, Islam und Buddhismus auf die gleiche Weise; es wurde von einem Expertenteam erarbeitet.

14 Die Neuausgabe von Trutwins Hinduismus-Buch von 2011 gibt detailliertere und stärker mit Bildern unterlegte Informationen z. B. zu den Heiligen Schriften und Lehren, dem Götterpantheon, dem religiösen Alltag. Als zusätzliche Themen präsentiert der Autor ein Kapitel zur „neuen Rolle der Frau" und stellt Politikerinnen wie Sarojni Naidu, Indira Gandhi vor, und weist auch auf die aktive Frauenbewegung in Indien hin. Weiterhin stellt der Autor wichtige hinduistische „Denker, Mystiker, Reformer" vor (z. B. Shankara, Ramanuja, aber auch Rabindranath Tagore, Sri Ramakrishnan, Vivekananda). Ein Kapitel wird dem Dialog der in Indien existierenden Religionen Hinduismus, Christentum und Islam gewidmet. In vielen Fällen werden Themen und Aussagen mit Äußerungen von Politikern oder Sozialwissenschaftlern (in diesem Fall auch aus Deutschland) untermauert.
15 Dieses Kapitel fällt in der Ausgabe von 2011 weg. Im Anschluss an die Sektion Unberührbarkeit schließt sich direkt der Abschnitt „Reformversuche" an.
16 Auf eine Analyse des Bildmaterials wird hier aus Platzgründen verzichtet. Bilder vor allem in älteren Schulbüchern sind dazu geeignet Orientalismus und Exotismus, aber auch Fixierung auf Religion und Fatalismus zu vermitteln.

Literatur

Dias, Patrick V., Schule als Sozialisationsagentur und das Schulbuch als Lehr- und Lernmittel, in: P. V. Dias und A. Linkenbach (Hrsg.), *Fremde Menschen und Kulturen verstehen lernen: Dokumentation eines politisch-pädagogischen Prozesses*, Frankfurt/Main 1992, 77–84.
Frykenberg, Robert E., The emergence of modern 'Hinduism' as a concept and as an institution: A reappraisal with special reference to South India, in: G. D. Sontheimer, H. Kulke (Hrsg.), *Hinduism Reconsidered*, New Delhi 1989, 29–49.
Hutter, Manfred, Die Weltreligionen, München 2005.
Jürgenmeyer, Clemens; Rösel, Jakob, Das Kastensystem, in: *Indien*. hrsg. von der Landeszentrale für Politische Bildung Baden-Württemberg, 1998, 48.1, 25–32.
Kulke, Hermann; Rothermund, Dietmar, A History of India, 3.ed., London u.a. 1998.
Linkenbach, Antje, Beispiele und kritische Bewertung der Behandlung Indiens in Schulbüchern zu Religion, Geschichte und Geographie, in: P. V. Dias und A. Linkenbach (Hrsg.), *Fremde Menschen und Kulturen verstehen lernen: Dokumentation eines politisch-pädagogischen Prozesses*, Frankfurt/Main 1992, 92–207.
–, Die Konstruktion des Anderen: Facetten des europäischen Indienbildes in deutschen Schulbüchern, in: *Was heißt hier Indien?* Tagung vom 31. Januar bis 2. Februar 1992 in der Evangelischen Akademie Bad Boll, in Zusammenarbeit mit der Indiengruppe Hohenheim, Protokolldienst Evangelische Akademie Bad Boll 9/93, 1993, 23–36.
Murken, Sebastian, *Gandhi und die Kuh: Die Darstellung des Hinduismus in deutschen Religionsbüchern*, Marburg 1988.
Olivelle, Patrick, *Manu's Code of Law: A Critical Edition and Translation of the Manava-Dharmasastra*. With the editorial assistance of Suman Olivelle, New Delhi 2005.
The Rig Veda: An anthology. One hundred and eight hymns, sel., transl. and annotated by Wendy Doniger O'Flaherty, Harmondsworth 1981.
Said, Edward, *Orientalism*, London und Henley 1978.
Shulmann, David, Reconsidering Hinduism: What I might have said (in part) if ..., in: G. D. Sontheimer, H. Kulke (Hrsg.), *Hinduism Reconsidered*, New Delhi 1989, 7–9.
Stietencron, Heinrich von, Hinduism: On the proper use of a deceptive term, in: G. D. Sontheimer, H. Kulke (Hrsg.), *Hinduism Reconsidered*, New Delhi 1989, 11–27.

Schulmaterialien

Baur, A. (Hrsg.) *Mitten unter Euch. Arbeitsbuch für den Religionsunterricht 9. Jahrgangsstufe*, Donauwörth: Verlag Ludwig Auer, 1984.
Bildungsdirektion des Kantons Zürich Pestalozzianum (Hrsg.), *Religionen und ihre Feste: Ein Leitfaden durch das interkulturelle Schuljahr*, Zürich: Verlag Pestalozzianum, 1998.
Blickpunkt: Religion und Kultur. Sekundarstufe I, Inhaltl. Projektleitung Matthias Pfeiffer, Kuno Schmid, Zürich: Lehrmittelverlag, 2013.
Juergenmeyer, Clemens et al. (Hrsg.), *Indien: Wege zum besseren Verstehen: Materialien für den Unterricht*, Gotha und Stuttgart: Klett-Perthes, 2002.
Religionswissenschaftlicher Medien- und Informationsdienst e.V. REMID (Hrsg.), *Religionen feiern: Festtage und Feiertage religiöser Gemeinschaften in Deutschland*, Koordination und Redaktion: Steffen Rink und Martin Baumann, Marburg: Diagonal-Verlag, 1997.
Sieg, Ursula, *Feste der Religionen: Werkbuch für Schulen und Gemeinden. Mit Festkreisen und Freiarbeitsmaterial*, Düsseldorf: Patmos, 2003.
Trutwin, Werner u.a., *Zeichen der Hoffnung – Religion Sekundarstufe I. Unterrichtswerk für den katholischen Religionsunterricht der Jahrgangsstufen 9/10*, Düsseldorf: Patmos, 1978.
Trutwin, Werner, *Hinduismus. Die Weltreligionen: Arbeitsbücher für die Sekundarstufe II, Religion – Philosophie – Ethik*, Düsseldorf: Patmos, 1998.
Trutwin, Werner, *Hinduismus. Weltreligionen: Arbeitsbücher Sekundarstufe II, Religion – Philosophie – Ethik*, Düsseldorf: Patmos, 2011.

Zrinka Štimac

Religiöse Pluralität im Schulbuch

1   Vgl. Pickel 2013, siehe auch Ziebertz 2013, Zulehner 2008; vgl. Müller u.a. 2008.
2   Jackson 2008.
3   Arigatou International: http://ltlt.info/moodle/, CEES, http://www.csee.org/?page =ProfessionalDev(18.08.2014)
4   Eraut 2004: 202: „*Personal Knowledge*": Vorwissen, das eine Person in Situationen mitbringt; das kann sowohl Fachwissen sein als auch Alltagswissen. „For example, it includes not only personalized versions of public codified knowledge but also everyday knowledge of people and situations, know-how in the form of skills and practices, memories of episodes and events, self-knowledge, attitudes and emotions." „*Codified Academic Knowledge*": Wissen, das meist versprachlicht in Textform vorliegt; diese Art von Wissen spielt in Bildungsinstitutionen eine große Rolle. Aber auch an Arbeitsplätzen gibt es z. B. Manuale, Handbücher, Richtlinien etc., die hierzu zählen. „*Cultural Non-codified Knowledge*": Wissen, das über die Teilhabe an sozialer Aktivität erworben wird und eher implizit bleibt.
5   Vgl. Flick 2007: 327.
6   Ebd.
7   Thofern 1998: 21.
8   Ebd., 37.
9   Flick 2007: 410.

10 Dazu gehört z. B. das wissenschaftliche Wissen über die geschichtlichen Fakten der Entstehung einer Religion, ihrer Verbreitung, falls relevant, über den Kultus, über Rituale und über die wichtigsten Schriften einer Religion. Diese Art von Wissen, die stark an das christliche Verständnis dessen, was eine Religion ausmacht, angelehnt ist, mag in den Schulbüchern genügend Information liefern, um eine z. B. abrahamitische Religion darzustellen, niemals aber um „den Hinduismus" als Lehreinheit abzuhandeln.
11 Vgl. Thüringer Ministerium (2010), 12f.
12 Vgl. Sächsisches Staatsministerium (2004), 19.
13 Ebd., 21.
14 Vgl. Sachsen-Anhalt, Kultusministerium (2007), 16.
15 Bayerisches Staatsministerium (2014), 66.
16 Ebd., 71.
17 Ebd., 207ff.
18 Rheinland Pfalz, Ministerium (2012).
19 Ebd., 7f.
20 Ebd., 14.
21 Im Text werden Kurzangaben zu den Büchern gemacht wie z. B. (Buch 1) oder (Buch 2b).
22 Siehe z. B. Knoblauch 1998.
23 Vgl. Monika Wohlrab-Sahr, Uta Karstein, Christine Schaumburg 2005.
24 Ayse träumt von Note 1 (Frans Hermans)
Ich sitze in der Bank / und lerne. / Was treibt die Ayse? / Sie schaut hinaus / und sucht was in der Ferne. // Ich sitze in der Bank / und lese. / Was macht die Ayse? / Sie schlitzt die Augen, / wie ein Chinese! // Der Lehrer fragt: / Wo lebt der Wal? / Schwimmt er in unserem Teich? / Wie viel ist drei mal neun? / Der Heiner weiß es gleich. // Und unsre Ayse? / Sie starrt hinaus ... / Und wo liegt Mainz? / Ayse träumt von Note Eins ...

Curricula

Thüringer Ministerium für Bildung, Wissenschaft und Kultur (2010): Lehrplan für die Grundschule und für die Förderschule mit dem Bildungsgang der Grundschule. Ethik. Erfurt, http://curricula-depot.gei.de/bitstream/handle/11163/96/730730964_2010_A.pdf?sequence=1
Rheinland Pfalz, Ministerium für Bildung, Wissenschaft, Weiterbildung und Kultur (2012): Rahmenplan Grundschule. Teilrahmenplan Ethik. Mainz, http://grundschule.bildung-rp.de/fileadmin/user_upload/grundschule.bildung-rp.de/Downloads/Rahmenplan/Ethik/TRP-Ethik.pdf
Sachsen-Anhalt, Kultusministerium (2007): Fachlehrplan Grundschule. Ethikunterricht. Magdeburg, http://curricula-depot.gei.de/bitstream/handle/11163/606/730627195_2007.pdf?sequence=1
Sächsisches Staatsministerium für Kultus (2004): Lehrplan Grundschule. Ethik. Dresden, http://curricula-depot.gei.de/bitstream/handle/11163/922/729641031_2004_A.pdf?sequence=2
Bayerisches Staatsministerium für Bildung und Kultus, Wissenschaft und Kunst (2014): Lehrplan PLUS Grundschule. Lehrplan für die bayerische Grundschule. München, https://www.lehrplanplus.bayern.de/sixcms/media.php/107/LehrplanPLUS%20Grundschule%20StMBW%20-%20Mai%202014.pdf

Schulbücher

Balasch, Udo, *Ethik. Ein Schulbuch für das 1. und 2. Schuljahr*, Berlin: Cornelsen, 2009.
Balasch, Udo; Poliert, Manfred; Pschichholz, Wolfgang; Trautmann, Thomas; Wegener, Brigitte, *Ethik. Ein Schülerbuch für das 3./4. Schuljahr*, Berlin: Cornelsen, 2009.
Brüning, Barbara, *Ich entdecke die Welt. Ethik. Klasse 1–2*, Leipzig: Militzke, 2009.
Brüning, Barbara, *Gib der Welt ein Gesicht. Klasse 3–4*, Leipzig: Militzke, 2010.
Brüning, Barbara, *Ich, du, wir. Ethik. Klasse 4*, Leipzig: Militzke, 2009.
Eisenschmidt, Helge, *Ich und die Anderen. Ethik. Klasse 3*, Leipzig: Militzke, 2010.
Köhler, Antje, *Ich und meine Welt. Ethik. Klassen 1/2*, Leipzig: Militzke, 2012.
Köhler, Antje, *Ich und meine Welt. Ethik, Klasse 3*, Leipzig: Militzke, 2012.
Köhler, Antje, *Ich und meine Welt. Ethik, Klasse 4*, Leipzig: Militzke, 2013.
Ziegler, Angelika, *Ethik. Ein Schülerbuch für das 3. Schuljahr. Ausgabe Bayern*, Berlin: Cornelsen, 2011.

Literatur

Eraut, M., Transfer of knowledge between education and workplace settings, in: H. Rainbird, A. Fuller, A. Munro (Hrsg.), *Workplace Learning in Context*, London u.a. 2004, 201–221.
Flick, Uwe, *Qualitative Sozialforschung. Eine Einführung*, Reinbek 2007.
Gräsel, Cornelia, Lehren und Lernen mit Schulbüchern – Beispiele aus der Unterrichtsforschung, in: E. Fuchs, J. Kahlert, U. Sandfuchs (Hrsg.), *Schulbuch konkret. Kontexte – Produktion – Unterricht*, Bad Heilbrunn 2010, 137–148.
Höhne, Thomas, *Schulbuchwissen. Umrisse einer Wissens- und Medientheorie des Schulbuchs*, Frankfurt/Main 2003.
Jackson, Robert, Teaching about Religions in the Public Sphere: European Policy Initiatives and the Interpretative Approach, in: *Numen* 55, 2008, 151–182.
Kahlert, Joachim, Das Schulbuch – ein Stiefkind der Erziehungswissenschaft? in: E. Fuchs, J. Kahlert, U. Sandfuchs (Hrsg.), *Schulbuch konkret. Kontexte – Produktion – Unterricht*, Bad Heilbrunn 2010, 41–56.
Knoblauch, Hubert, Transzendenzerfahrung und symbolische Kommunikation. Die phänomenologisch orientierte Soziologie und die kommunikative Konstruktion von Religion, in: H. Tyrell, V. Krech, H. Knoblauch (Hrsg.), *Religion als Kommunikation*, Würzburg 1998, 147–186.
Lässig, Sabine, Wer definiert relevantes Wissen? Schulbücher und ihr gesellschaftlicher Kontext, in: E. Fuchs, J. Kahlert, U. Sandfuchs (Hrsg.), *Schulbuch konkret. Kontexte –Produktion – Unterricht*, Bad Heilbrunn 2010, 199–215.
Müller, Olaf/ Pollack, Detlef, Wie religiös ist Europa? Kirchlichkeit, Religiosität und Spiritualität in West- und Osteuropa, in: Bertelsmann Stiftung, *Religionsmonitor 2008*, Gütersloh 2008, 167–178.
Pickel, Gert, Religionsmonitor. Religiosität im internationalen Vergleich (2013), http://www.religionsmonitor.de/pdf/Religionsmonitor_IntVergleich.pdf (15.09.2014);
Stein, Gerd, Das Schulbuch – Politicum/Informatorium/Paedagogicum oder: von der Unzulänglichkeit eindimensionaler Schulbuchforschung, in: Ders.: *Schulbuchwissen, Politik und Pädagogik. Untersuchungen zu einer praxisbezogenen und theoriegeleiteten Schulbuchforschung*, Kastellaun 1977, 231–241.
Thofern, Detlef, *Darstellungen des Islams in DER SPIEGEL. Eine inhaltsanalytische Untersuchung über Themen und Bilder der Berichterstattung von 1950 bis 1989*, Hamburg 1998.

Wohlrab-Sahr, Monika/ Karstein, Uta/ Schaumburg, Christine, „Ich würd' mir das offenlassen". Agnostische Spiritualität als Annäherung an die ‚große Transzendenz' eines Lebens nach dem Tode, in: *Zeitschrift für Religionswissenschaft* 13, 2005, 153–173.
Ziebertz, Hans-Georg, Gibt es einen Tradierungsbruch? Befunde zur Religiosität der jungen Generation, in: Bertelsmann Stiftung, *Religionsmonitor 2013*, Gütersloh 2013, 44–53.
Zulehner, Paul M., Spirituelle Dynamik in säkularen Kulturen? Deutschland – Österreich – Schweiz, in: Bertelsmann Stiftung, *Religionsmonitor 2008*, 143–157.

Florian Bock

Katholische Kirche und Medien

1   Arnd Brummer, „Medien I", in: H. Wolf, C. Markschies (Hrsg.) unter Mitarbeit von Barbara Schüler, *Erinnerungsorte des Christentums*, München 2010, 614–623, 617.
2   Patrik Schwarz, „Unter Druck", in: *Die Zeit* vom 02.12.2010, 66.
3   Vgl. Hans-Joachim Köhler, Erste Schritte zu einem Meinungsprofil der frühen Neuzeit, in: V. Press, D. Stievermann (Hrsg.), *Martin Luther. Probleme seiner Zeit*, Stuttgart 1986, 244–281, 250f.
4   Hans-Joachim Köhler, Die Flugschriften. Versuch einer Präzisierung eines geläufigen Begriffs, in: H. Raabe, H. Molitor, H.-C. Rublack (Hrsg.), *Festgabe für Walter Zeeden zum 60. Geburtstag*, Münster 1976, 36–61, 50.
5   Vgl. Jürgen Kampe, *Problem „Reformationsdialog". Untersuchungen zu einer Gattung im reformatorischen Medienwettstreit*, Tübingen 1997.
6   Vgl. Thomas Kaufmann, *Das Ende der Reformation. Magdeburgs „Herrgotts Kanzlei" (1548–1551/2)*, Tübingen 2003.
7   Vgl. Ernst Walter Zeeden, „Flugschriften", in: *LThK* 3,1995, 1339.
8   Vgl. Johannes Burkhardt, *Das Reformationsjahrhundert. Deutsche Geschichte zwischen Medienrevolution und Institutionenbildung 1517–1617*, Stuttgart 2002, 96.
9   Vgl. Marshall McLuhan, *Das Medium ist die Botschaft = The medium is the message,* hg. und übers. von M. Baltes, Dresden 2001.
10 Vgl. Rudolf Schlögl, Kommunikation und Vergesellschaftung unter Anwesenden. Formen des Sozialen und ihre Transformation in der Frühen Neuzeit, in: *Geschichte und Gesellschaft* 34, 2008, 155–224.
11 Vgl. ders., *Anwesende und Abwesende. Grundriss für eine Gesellschaftsgeschichte der Frühen Neuzeit*, Konstanz 2014.
12 Klaus Große Kracht, Presse und Kanzel. Päpstliches Medienverständnis und katholische Publizistik in Deutschland (1920er–1970er Jahre), in: U. Daniel, A. Schildt (Hrsg.), *Massenmedien im Europa des 20. Jahrhunderts*, Köln u.a. 2010, 331–356, 334.
13 Vgl. J. Köhler, D. van Melis (Hrsg.), *Siegerin in Trümmern. Die Rolle der katholischen Kirche in der deutschen Nachkriegsgesellschaft*, Stuttgart u.a. 1998.
14 Friedhelm Baukloh, Für und wider das Bistumsblatt. Das Dilemma der katholischen Kirchenpresse, in: N. Greinacher, H. T. Risse (Hrsg.), *Bilanz des deutschen Katholizismus*, Mainz 1966, 219–247, 219f.
15 Ferdinand Oertel, *Der Kirchenzeitungsmann. Erinnerung aus fünfzig Journalistenjahren*, Berlin 2009, 139.
16 Vgl. Peter Henkel, *Anton Betz. Ein Verleger zwischen Weimar und Bonn*, Düsseldorf 2011, 183–188.

17 Vgl. Kardinal Frings, „Geleitwort", in: W. Mogge, G. Graf (Red.): *Zeitschriftendienst Köln* 1, 1958, 1.
18 Ebd., 2.
19 Vgl. Mogge/Graf ebd., 3.
20 Vgl. die Beurteilungen im Zeitschriftendienst 28, 1968, hier 23, 17, 19, 37 und 36.
21 Abgedruckt in: A.-F. Utz, J. F. Groner (Hrsg.), *Aufbau und Entfaltung des gesellschaftlichen Lebens*, Freiburg i. Ü., 1961, 1072–1081, 1073.
22 Wilhelm Damberg, Das Zweite Vatikanische Konzil (1962–1965), Joseph Kardinal Frings und die katholische Kirche in Deutschland, in: *Historisches Jahrbuch* 125, 2005, 473–494, 477.
23 Vgl. Johannes XXIII., „Die Eröffnung des Zweiten Vatikanischen Konzils", in: *Herder-Korrespondenz* 17, 1962/63, 84–109, 84.
24 Vgl. Jan Grootaers, Ebbe und Flut zwischen den Zeiten, in: G. Alberigo, K. Wittstadt (Hrsg.), *Geschichte des Zweiten Vatikanischen Konzils 2: Das Konzil auf dem Weg zu sich selbst*, Mainz 2000, 619–677, 619.
25 Alberto Melloni, Die Journalisten, in: G. Alberigo, K. Wittstadt (Hrsg.), *Geschichte des Zweiten Vatikanischen Konzils 3: Das mündige Konzil*, Mainz 2002, 36f., 36.
26 Zweites Vatikanisches Konzil, „Dekret über die sozialen Kommunikationsmittel *Inter Mirifica*", in: *AAS* 56, 1964, 145–157, 148. Zitiert nach K. Rahner, H. Vorgrimler (Hrsg.), *Kleines Konzilskompendium. Alle Konstitutionen, Dekrete und Erklärungen des Zweiten Vaticanums in der bischöflich genehmigten Übersetzung,* Freiburg ^{25}1994, 95–104, 98.
27 Vgl. Oertel 2009 (s. Anm. 15), 123–126.
28 Vgl. Hans-Joachim Sander, Theologischer Kommentar zum Dekret über die sozialen Kommunikationsmittel ‚Inter Mirifica', in: P. Hünermann, B. J. Hilberath (Hrsg.), *Herders Theologischer Kommentar zum Zweiten Vatikanischen Konzil 2,* Freiburg 2004, 233–261, 238.
29 Vgl. ebd., 246.
30 Große Kracht 2010 (s. Anm. 12), 350.
31 Michael Schmolke, *Die schlechte Presse. Katholiken und Publizistik zwischen „Katholik" und „Publik" 1821–1968*, Münster 1971, 283.
32 Paul VI., „Rede an Journalisten auf der Rückreise von der UNO", in: KNA-Konzilssonderdienst vom 06.10.1965, zitiert nach Giselbert Deussen, *Ethik der Massenkommunikation bei Papst Paul VI.*, München u.a. 1973, 331.
33 Päpstliche Kommission für die Instrumente der sozialen Kommunikation, Pastoralinstruktion Communio et Progressio über die Instrumente der sozialen Kommunikation, veröffentlicht im Auftrag des II. Ökumenischen Vatikanischen Konzils. Von den deutschen Bischöfen approbierte Übersetzung, bearbeitet von Hans Wagner, Trier 1971, 175.
34 Walter Kampe, Die Stellung der Publizistik im deutschen Katholizismus, in: ZdK (Hrsg.), *Arbeitstagung Münster 18. bis 21.03.1964,* Paderborn 1964, 256–266.
35 Ebd., 258 und 261.
36 Vgl. Karl Gabriel, Zwischen Aufbruch und Absturz in die Moderne. Die katholische Kirche in den 60er Jahren, in: A. Schildt, D. Siegfried, K. C. Lammers (Hrsg.), *Dynamische Zeiten. Die 60er Jahre in den beiden deutschen Staaten*, Hamburg 2000, 528–543, 529.
37 Vgl. zur Geschichte der Wochenzeitung demnächst Florian Bock, *Der Fall „Publik". Katholische Presse in der Bundesrepublik Deutschland um 1968*, Paderborn u.a. 2015.
38 Vgl. Hermann-Josef Große Kracht, *Kirche in ziviler Gesellschaft. Studien zur Konfliktgeschichte von katholischer Kirche und demokratischer Öffentlichkeit*, Paderborn 1997, 228–242, bes. 239.

39 Zweites Vatikanisches Konzil, Pastorale Konstitution über die Kirche in der Welt von heute *Gaudium et Spes*, in: *AAS* 58, 1966, 1025–1115. Deutsche Übersetzung in: Rahner/Vorgrimler (s. Anm. 26), 449–552, 482f.
40 Vgl. ebd., 494f.
41 Vgl. Karl Rahner, Zur theologischen Problematik einer ‚Pastoralkonstitution', in: Ders., *Schriften zur Theologie VIII*, Zürich 1967, 613–636.
42 Vgl. Hans-Joachim Sander, *Nicht ausweichen. Die prekäre Lage der Kirche*, Würzburg 2002, 11–27, 14.

Sebastian Rimestad

Der Präsident und der Patriarch

1 slc/AFP, „Orthodoxer Patriarch will Frauen nur am Herd sehen", FOCUS-Online, 13.04.2013, URL: http://www.focus.de/panorama/welt/dann-bricht-das-vaterland-zusammen-orthodoxer-patriarch-kritisiert-modernes-frauenbild_aid_957313.html [Abrufdatum 02.05.2014].
2 Diana Laarz, „Gefährliche Freunde", *Die Zeit*, Nummer 34, 16.08.2012, S. 9. Online verfügbar unter http://www.zeit.de/2012/34/Putin-Orthodoxe-Kirche [Abrufdatum 09.05.2014].
3 Joachim Willems, *Pussy Riots Punk-Gebet. Religion, Recht und Politik in Russland*, Berlin 2013, 29–32.
4 Siehe http://www.youtube.com/watch?v=GcasuaAczKY [Abrufdatum 09.05.2014].
5 Willems (s. Anm. 3), 52.
6 Ebd., 54.
7 Siehe z. B. EPD/sara, „Pussy Riot bei Luther-Preis-Jury durchgefallen", *Die Welt*, 10.11.2012, URL: http://www.welt.de/politik/deutschland/article110892560/Pussy-Riot-bei-Luther-Preis-Jury-durchgefallen.html [Abrufdatum 09.05.2014].
8 Vgl. Endre von Ivánka, „Die Sakralität des Kaisertums und die Konkretisierung der Idee des Gottesvolkes (Exkurs)" in Wilhelm Nyssen, Hans-Joachim Schulz und Paul Wiertz (Hrsg.), *Handbuch der Ostkirchenkunde, Band I*, Düsseldorf 1984, 82–94, bes. 86f.
9 Filofej von Pskov in einem Sendschreiben von ca. 1510. Zitiert nach Peter Hauptmann und Gerd Stricker (Hrsg.), *Die Orthodoxe Kirche in Rußland. Dokumente ihrer Geschichte (860–1980)*, Göttingen 1988, 253.
10 Igor Smolitsch, *Geschichte der Russischen Kirche 1700–1917, Erster Band*, Leiden 1964, 118–120.
11 Peter Plank, Die Geschichtliche Entwicklung der orthodoxen Kirchen im Südosten und Osten Europas, in: Nyssen/Schulz/Wiertz (s. Anm. 8), 133–208, 178–181.
12 Ebd., 185–190.
13 Ebd., 190–194; Thomas Bremer, Die orthodoxe Kirche als gesellschaftlicher Faktor in Russland, in: Heiko Pleines und Hans-Henning Schröder (Hrsg.), *Länderbericht Russland*, Bonn 2010, 441–456, 444–446.
14 Kathrin Behrens, *Die Russische Orthodoxe Kirche: Segen für die „neuen Zaren"?*, Paderborn 2002, 70–104.
15 Ebd., 81–82.
16 Siehe ebd., 281–307; Gerd Stricker, Das neue Religionsgesetz in Russland – Vorgeschichte, Inhalt, Probleme, Befürchtungen, in: *Osteuropa*, 48/7, 1998, 689–709.

17 Siehe Łukasz Fajfer und Sebastian Rimestad, The Patriarchates of Constantinople and Moscow in a global age: a comparison, in: *International Journal for the Study of the Christian Church*, 10/2–3, 2010, 211–227, 219–220. Für das Dokument, siehe Rudolf Uertz und Lars Peter Schmidt (Hrsg.), *Beginn einer neuen Ära? Die Sozialdoktrin der Russisch-Orthodoxen Kirche vom August 2000 im interkulturellen Dialog*, Moskau: KAS, 2004.
18 Bremer (s. Anm. 13), 454.
19 Willems (s. Anm. 3), 122.
20 Bremer (s. Anm. 13), 455.
21 Vsevolod Chaplin zu RIA Novosti, „V RPC nadeiutsia, čto Pussy Riot ne popytaiutsia povtorit' akciiu v chrame" [In der Russischen Orthodoxen Kirche hofft man, dass Pussy Riot nicht versucht, die Aktion in der Kirche zu wiederholen], *RIA Novosti*, 25.12.2013, URL: http://ria.ru/society/20131225/986443514.html [Abrufdatum: 10.06.2014].

Peter Zschunke

In der Stereotypenfalle

1 Lippmann, Walter, *Public Opinion*, New York 1922, 49.
2 Svartvik, Jesper, *Introduction: For Six Strange Weeks They Had Acted As If They Were Friends*, in: J. Svartvik / J. Wirén (Hrsg.), *Religious Stereotyping and Interreligious Relations*, New York 2013, 3.
3 Lippmann 1922, 53.
4 Festinger, Leon, *A Theory of Cognitive Dissonance*, Evanston 1957.
5 Lippmann 1922, 65.
6 Svartvik 2013, 6.
7 Ehmann, Johannes, *Reformation und religiöse „Toleranz"*, in: epd Dokumentation 31/2013, 8.
8 Ebd., 10.
9 Zitiert nach Soonckindt-Chauchard, Sabrina, *Les médias, vecteurs d'une image négative et stéréotypée des musulmans: mythe ou réalité?* Ecole de journalisme et de communication (Blagnac, Haute Garonne), 2011.
10 Kumar, Priya, *Shrinking Foreign Coverage*, in: *American Journalism Review* 2011.
11 World Savvy, *Global Competency Research*, 2012.
12 Soonckindt-Chauchard 2011.
13 Lehrman, Sally, *Unconscious stereotypes slow newsroom diversity*, in: Society of Professional Journalists (SPJ), Reading Room (2006).
14 Wright, Stuart, *Media coverage of unconventional religion: Any „good news" for minority faiths?*, in: *Review of Religious Research* 1997, 101.
15 Ebd., 102.
16 Gunter Dueck, *Aufruf zum metakulturellen Diskurs*, https://www.youtube.com/watch?v=uPU1y9V3jL4

Liriam Sponholz
Religion als medialer Konfliktstoff

1 Als publizistischer Erfolg wird hier nicht nur die Themensetzung in den Medien durch einen Medienakteur (Thematisierung), sondern auch die Auslösung einer Debatte (Problematisierung) verstanden.
2 http://www.media-control.de/thilo-sarrazin-sprengt-alle-rekorde.html.
3 Die Grundgesamtheit (n=462) bildeten alle Texte aus den Periodika Frankfurter Rundschau, Die Welt, Frankfurter Allgemeine Zeitung (FAZ), Tageszeitung (taz), Süddeutsche Zeitung, Die Zeit, Focus und Der Spiegel über die Polemik um das Interview, die zwischen dem 1. Oktober 2009 und dem 20. August 2010 veröffentlicht worden sind. Sonntagsausgaben und Internetangebote wurden nicht berücksichtigt. Alle Artikel, in denen Sarrazin und/oder seine Aussagen aus seinem Interviews in Lette International zum Thema geworden waren, wurden in die Analyse mit einbezogen.

Literatur

Albersmeyer-Bingen, Helga, *Common Sense. Ein Beitrag zur Wissenssoziologie*, Berlin 1986.
Allen, Christopher, Justifying Islamophobia: A Post-9/11 Consideration of the European Union and British Contexts, in: *The American Journal of Social Sciences* 21(3), 2004, 1–25. Verfügbar über < http://i-epistemology.net/v1/attachments/847_Ajiss21–3%20-%20Allen%20-%20Justifying%20Islamophobia.pdf>
Allievi, Stefano, How the Immigrant has become Muslim. Public debates on Islam in Europe, in: *Revue européenne des migrations internationals*, 21(2), 2005, 135–163.
Ateş, Şeref, Das Islambild in den Medien nach dem 11. September 2001, in: C. Butterwegge, G. Hentges (Hrsg.), *Massenmedien, Migration und Integration. Herausforderungen für Journalismus und politische Bildung*, Wiesbaden 2006, 153–172.
Bialasiewicz, Luiza, "The Death of the West": Samuel Huntington, Oriana Fallaci and a New "Moral" Geopolitics of Births and Bodies, in: *Geopolitics* 11, 2006, 701–724.
Brown, Malcolm, Comparative Analysis of Mainstream Discourses, Media Narratives and Representations of Islam in Britain and France prior to 9/11, in: *Journal of Muslim Minority Affairs*, 26(3), 2006, 297–312.
Cousin, Bruno; Vitale, Tomaso, Italian Intellectuals and the Promotion of Islamophobia after 9/11, in: G. Morgan, S. Poyting (Hrsg.), *Global Islamophobia: Muslims and moral panic in the West*, Ashgate 2012, 47–66.
Fallaci, Oriana, La rabbia e l'orgoglio, *Corriere della Sera*, 29 September 2001. Verfügbar über: <http://archiviostorico.corriere.it/>, Zugang am 08.12.2014.
Farrokhzad, Schahrzad, Exotin, Unterdrückte und Fundamentalistin. Konstruktionen der „fremden Frau" in deutschen Medien, in: C. Butterwegge, G. Hentges (Hrsg.), *Massenmedien, Migration und Integration. Herausforderungen für Journalismus und politische Bildung*, Wiesbaden 2006, 55–88.
Flick, Uwe, Alltagswissen in der Sozialpsychologie, in: Ders. (Hrsg.), *Psychologie des Sozialen. Repräsentationen in Wissen und Sprache*, Hamburg 1995, 55–77.
Friedrich, Sebastian (Hrsg.), *Rassismus in der Leistungsgesellschaft. Analysen und kritische Perspektiven zu den rassistischen Normalisierungsprozessen der „Sarrazindebatte"*, Münster 2011.
Genro Filho, Adelmo, *O segredo da pirâmide. Por uma teoria marxista do jornalismo*, Porto Alegre 1988.

Gerhards, Jürgen; Neidhardt, Friedhelm (1993): Strukturen und Funktionen moderner Öffentlichkeit. Fragestellungen und Ansätze, in: W. R. Langenbucher (Hrsg.), *Politische Kommunikation. Grundlagen, Strukturen, Prozesse*, Wien 1993, 52–88.
Groth, Otto, *Die unerkannte Kulturmacht. Das Wesen des Werkes*, Bd. 1, Berlin 1964.
Habermas, Jürgen, *Theorie des kommunikativen Handelns. Handlungsrationalität und gesellschaftliche Rationalisierung*, Bd. 1, Frankfurt a. M. 1981 (1981a).
Habermas, Jürgen, *Theorie des kommunikativen Handelns. Zur Kritik der funktionalistischen Vernunft*, Bd. 2, Frankfurt a. M. 1981 (1981b).
Habermas, Jürgen, *Strukturwandel der Öffentlichkeit: Untersuchungen zu einer Kategorie der bürgerlichen Gesellschaft*, Frankfurt a. M. 1990.
Hafez, Farid, Islamophobe Weltverschwörungstheorien. ...und wie Obama vom Muslim zum Muslimbruder wurde, in: Journal für Psychologie 21 (1), 2013. Verfügbar über: <http://www.journal-fuer-psychologie.de/index.php/jfp/article/view/263/302>, Zugang am 08.12.2014.
Hafez, Kai; Richter, Carola, Das Islambild von ARD und ZDF, in: *Aus Politik und Zeitgeschichte* 57, 2007, Heft 26/27, 40–46.
Hafez, Kai, *Die politische Dimension der Auslandsberichterstattung. Das Nahost- und Islambild der deutschen überregionalen Presse*, Bd. 2, Baden-Baden 2002.
Heitmeyer, Wilhelm, *Deutsche Zustände*, Berlin 2012.
Holthoon, Fritz van; Olson, David R., Common sense: an Introduction, in: Dies. (Hrsg.), *Common Sense. The foundations for social science*, Boston 1987, 1–14.
Karis, Tim, *Mediendiskurs Islam. Narrative in der Berichterstattung der Tagesthemen 1979–2010*, Wiesbaden 2013.
Kepplinger, Hans Mathias, *Realitätskonstruktionen*, Opladen 2011.
Koselleck, Reinhard, *Vergangene Zukunft. Zur Semantik geschichtlicher Zeiten*, Frankfurt a. M. 1979 u.ö.
Lewis, Bernard, *Islam and the West*, Oxford 1994.
Lindenberg, Siegwart, Common Sense and Social Structure: A Sociological View, in: F. van Holthoon, D. R. Olson (Hrsg), *Common Sense. The foundations for social science*, Boston 1987, 198–213.
Marková, Ivana, *Dialogicality and Social Representations. The Dynamics of Mind*, Cambridge 2003.
Meditsch, Eduardo, *O conhecimento do Jornalismo*, Florianópolis 1992.
Moñivas Lázaro, Agustín, Epistemología y representaciones sociales: concepto y teoría, in: *Psicología General y Aplicada*, 47(4), 1994, 409–417.
Moscovici, Serge, Geschichte und Aktualität sozialer Repräsentationen, in: U. Flick (Hrsg.), *Psychologie des Sozialen. Repräsentationen in Wissen und Sprache*, Hamburg 1995, 266–314.
Moscovici, Serge. The phenomenon of social representations, in: Ders. (Hrsg.), *Social Representations. Explorations in Social Psychology*, New York 2000, 18–77.
Muscati, Sina Ali, Reconstructing 'Evil': A critical assessment of post-September 11 political discourse, in: *Journal of Muslim Minority Affairs* 23(2), 2010, 249–269.
Navarro, Laura, Islamophobia and sexism: Muslim women in the Western Mass Media. Human Architecture, in: *Journal of the Sociology of Self-Knowledge*, 8(2), 2010, 95–114.
Neuberger, Christoph, *Journalismus als Problembearbeitung. Objektivität und Relevanz in der öffentlichen Kommunikation*, Konstanz 1996.
Park, Robert, *News as a Form of Knowledge. On social control and collective Behavior*, Chicago 1967.
Popper, Karl R., *Objektive Erkenntnis*, Hamburg 1984.

Popper, Karl R., *Logik der Forschung*, Tübingen 1994.
Paulus, Stanislawa, Riskante Positionierungen. Mediale Bilder von MuslimInnen im Zusammenspiel orientalistischer Projektionen und neoliberaler Subjektanrufungen, in: I. Dölling u.a. (Hrsg.), *Transformationen von Wissen, Mensch, Geschlecht: Transdisziplinäre Interventionen*, Königstein/Ts. 2007, 207–223.
Raudsepp, Maaris, Why is it so difficult to understand the theory of social representations? in: *Culture Psychology*, 11(4), 2005, 455–468.
Santaella, Lucia, *Comunicação e pesquisa: projetos para mestrado e doutorado*, São Paulo 2001.
Schütz, Alfred; Luckmann, Thomas, *Strukturen der Lebenswelt*, Frankfurt a. M. 1979.
Sommer, Carlo Michael, Soziale Repräsentation und Medienkommunikation, in: U. Flick (Hrsg.), *Psychologie des Sozialen. Repräsentationen in Wissen und Sprache*, Hamburg 1995, 240–250.
Sponholz, Liriam, *Die Möglichkeit journalistischer Erkenntnis. Objektivität zwischen Recherche und Rekonstruktion der Realität*, Marburg 2009.
Statistisches Bundesamt, *Bevölkerung und Erwerbstätigkeit. Bevölkerung mit Migrationshintergrund. Ergebnisse des Mikrozensus 2010*, Fachserie 1, Reihe 2.2, Wiesbaden 2011. Verfügbar über: <https://www.destatis.de/DE/Publikationen/Thematisch/Bevoelkerung/MigrationIntegration/Migrationshintergrund2010220107004.pdf?__blob=publicationFile>, Zugang am 08.12.2014
Talbot, Margaret, The Agitator. Oriana Fallaci directs her fury toward Islam, in: *The New Yorker*, June 5, 2006. Verfügbar über: <http://www.newyorker.com/magazine/2006/06/05/the-agitator>, Zugang, am 08.12.2014.

Horst Pöttker
„Sei doch kein Muselman"

1 Vgl. Christoph Bultmann (Hrsg.), *Gut gefälscht. Berichtigung einer Zitatfälschung im Nachrichtenmagazin DER SPIEGEL. Ein Vademecum* für den Deutschen Presserat. Erfurt, 2013 (2., erw. Aufl. 2014). Die Fundstellen zur Auseinandersetzung um das gefälschte Gülen-Zitat sind dort nachgewiesen.
2 Deren Artikel 18 lautet in deutscher Übersetzung: „Jeder hat das Recht auf Gedanken-, Gewissens- und Religionsfreiheit; dieses Recht schließt die Freiheit ein, seine Religion oder seine Weltanschauung zu wechseln, sowie die Freiheit, seine Religion oder seine Weltanschauung allein oder in Gemeinschaft mit anderen, öffentlich oder privat durch Lehre, Ausübung, Gottesdienst und Kulthandlungen zu bekennen."
3 Vgl. Horst Pöttker, Soziale Integration. Ein Schlüsselbegriff für die Forschung über Medien und ethnische Minderheiten, in: R. Geißler, H. Pöttker (Hrsg.), *Massenmedien und die Integration ethnischer Minderheiten in Deutschland. Problemaufriss – Forschungssand – Bibliographie*, Bielefeld 2005, 25–43.
4 Vgl. http://de.wikipedia.org/wiki/Religionen_in_Deutschland, Zugriff 18.07.2014.
5 Vgl. Horst Pöttker, Integration durch Journalismus contra gesellschaftliche Pluralität? Emile Durkheim revisited, in: K. Imhof, O. Jarren, R. Blum (Hrsg.), *Integration und Medien*, Wiesbaden 2002, 323–335. Ob zu diesen Werten auch die abstrakte Gottesvorstellung der monotheistischen Religionen gehört, erscheint fraglich, weil das zumindest Atheisten, bewusst Ungläubige, von diesem integrativen Mechanismus ausschlösse.
6 Vgl. Lewis A. Coser, *Theorie sozialer Konflikte*, Neuwied 1965.

7   Vgl. Max Weber, *Wirtschaft und Gesellschaft*, 5., rev. Aufl. bes. v. J. Winckelmann, Tübingen 1972, 80.
8   Zusätzlich berücksichtige ich eigene Erfahrungen aus öffentlichen Diskussionen mit Muslimen und Vertretern muslimischer Organisationen.
9   Vor allem: Annemarie Schimmel, *Und Muhammad ist sein Prophet. Die Verehrung des Propheten in der islamischen Frömmigkeit*, Düsseldorf u.a. 1981; dies., Einleitung, in: *Der Koran*. Aus dem Arabischen übers. v. Max Henning, Stuttgart 1991, 7–26.
10 Michael Cook, *Der Koran. Eine kleine Einführung*, Aus dem Engl. übers. v. Matthias Jendis, Stuttgart 2009.
11 Wenn im Folgenden von Gott oder Allah die Rede ist, ist damit stets die Gottesvorstellung gemeint, wie sie aus den Heiligen Schriften der jeweiligen Religion (Koran, Bibel oder Thora) und der Tradition ihrer Auslegung hervorgeht und von ihren Gläubigen gepflegt wird.
12 Cook (s. Anm. 10), 33.
13 Cook ebd., 27.
14 Annemarie Schimmel, Vorwort, in: *Der Koran*. (s. Anm. 9)5f., 5.
15 Schimmel ebd., 25.
16 Schimmel ebd., 25.
17 Cook (s. Anm. 10), 108.
18 Der Koran (s. Anm. 9), 27.
19 Dieser Unterschied mag historisch dadurch begründet sein, dass der Prophet Mohammed stärker auf die Androhung zukünftiger Strafen angewiesen war, um wohlhabende Juden und Christen in Mekka von einer notwendigen Reform ihrer Glaubensvorstellungen und ihres Alltagshandelns überzeugen zu können, als Jesus, der das in der Situation der römischen Fremdherrschaft über Judäa mithilfe sozialer Wohltätigkeit und schließlich des eigenen Opfers erreichen konnte. – Vgl. aber auch im christlichen rituellen Gebet des Vaterunser die Bitte um Schutz vor „Versuchung" und Errettung von „dem Bösen" (Matthäus 6,13).
20 In Frankreich ist sie seit Anfang des 20. Jahrhunderts weit vorangeschritten; in Deutschland, wo der Staat immer noch für die beiden christlichen und die jüdische Religionsgemeinschaft Steuern einzieht und wo das Kruzifix in öffentlichen Räumen sich behauptet, bleibt hier noch einiges zu tun.
21 Vgl. Mouhanad Khorchide, *Scharia – der missverstandene Gott. Der Weg zu einer modernen islamischen Ethik*, Freiburg 2014.
22 Der Koordinationsrat der Muslime (KRM) hat Ende 2013 seine Abberufung als Leiter des Zentrums für islamische Theologie an der Westfälischen Wilhelms-Universität Münster gefordert, weil seine Äußerungen mit der Selbstverpflichtung zur bekenntnisgebundenen Theologie nicht übereinstimmten. Die Universität Münster hat darauf mit dem Hinweis auf die Zustimmung des KRM zur Berufung Khorchides und auf die Wissenschaftsfreiheit reagiert. Vgl. FAZ, Nr. 295, 19.12.2013, 4.
23 Vgl. Leo Brux, *Islamverbände contra Khorchide. Die zweite Runde*. 18.12.2013, http://blog.initiativgruppe.de/2013/12/18/islamverbande-contra-khorchide-die-zweite-runde/, Zugriff: 05.01.2014.
24 Cook (s. Anm. 10), 48. Im Folgenden beziehen sich die Seitenzahlen im Text auf dieses Buch.
25 Der Koran (s. Anm. 9), 184.
26 Ebd., 184.
27 Ebd., 61.
28 Ebd., 95f.
29 Vgl. C. Bultmann, B. Siwczyk (Hrsg.), *Tolerant mit Lessing. Ein Lesebuch zur Ringparabel*, Leipzig 2013.

30 Vgl. Montesquieu, Charles-Louis de Secondat, Baron de la Brède et de, *Persische Briefe*. Übers. u. hg. v. Peter Schunck, Stuttgart, 2004. Im Folgenden beziehen sich die Seitenzahlen im Text auf dieses Buch.
31 Sie waren in Ansätzen bereits seit dem Mittelalter vorhanden. Vgl. Ahmet Kilic, *Vom Feind Christi zur Spottfigur Europas. Das mitteleuropäische Türkenbild im historischen Wandel*, Dortmund, Diss. phil., 2013, 28–96.
32 Vgl. Sabine Schiffer, *Die Darstellung des Islams in der Presse. Sprache, Bilder, Suggestionen. Eine Auswahl von Techniken und Beispielen*, Würzburg 2005. Im Folgenden beziehen sich die Seitenzahlen im Text auf dieses Buch. Weitere, großenteils quantitative Untersuchungen, die ein negatives Bild vom Islam in deutschen Massenmedien auch repräsentativ belegen, sind für das öffentlich-rechtliche Fernsehen: Kai Hafez, Carola Richter, Das Islambild von ARD und ZDF, in: *Aus Politik und Zeitgeschichte*, H. 26/27, 2007, 40–46; für die überregionale Presse: Parisa Javadian Namin, Die Darstellung des Islam in den deutschen Printmedien am Beispiel von „Spiegel" und „Bild", in: R. Geißler, H. Pöttker (Hrsg.), *Massenmedien und die Integration ethnischer Minderheiten in Deutschland. Bd. 2: Forschungsbefunde*, Bielefeld 2009, 271–296. Vgl. zur Darstellung des Orients in westlichen Massenmedien auch Kai Hafez (Hrsg.), *Islam and the West in the Mass Media*, Crescill, N.J. 2000, sowie Kenneth Starck, Wie Vorurteile aufrechterhalten werden. Die Darstellung von Arabern und Amerikanern arabischer Herkunft in den Medien, in: R. Geißler, H. Pöttker (Hrsg.), *Medien und Integration in Nordamerika. Erfahrungen aus den Einwanderungsländern Kanada und USA*. Bielefeld 2000, 133–164.
33 Vgl. Ahmet Kilic 2013 (s. Anm. 31), 146f.
34 Vgl. Josef T. Klapper, *The Effects of Mass Communication*, Glencoe, Ill. 1960.
35 Vgl. Leon Festinger, *Theorie der kognitiven Dissonanz*, hg. v. M. Irle, Bern 1978 (zuerst engl. 1957).
36 Vgl. Walter Lippmann, *Die öffentliche Meinung*, Bochum 1990 (zuerst engl. 1922).
37 Laut IVW im 4. Quartal 2013 eine Verbreitung von 554.305 und eine Druckauflage von 648.908 bei steigender Tendenz.
38 Vgl. Martin Spiewak, „So kleinlich kann Gott nicht sein", in: *Die Zeit*, Nr. 41, 02.10.2013, 83.
39 Vgl. Khorchide 2014 (s. Anm. 21).
40 Markus Hattstein, *Islam. Geschichte – Lehre – Glaube – Weltbild*, Bath u.a., o.J. (c. 2009), 93.
41 Vgl. Horst Pöttker, Öffentlichkeit kann wichtiger sein als religiöses Empfinden. Zehn Thesen zum Karikaturen-Streit aus berufsethischer Sicht, in: B. Debatin (Hrsg.), *Der Karikaturen-Streit und die Pressefreiheit. Wert- und Normenkonflikte in der globalen Medienkultur. The Cartoon Debate and the Freedom oft the Press. Conflicting Norms and Values in the Global Media Culture*, Berlin 2007, 73–84; dort die Karikaturen S. 77 bzw. S. 78. Im Internet sind die Karikaturen z. B. unter http://www.perlentaucher.de/link-des-tages/im-bild-die-mohammed-karikaturen-aus-jyllands-posten.html (vom 02.02.2006; letzter Zugriff 16.03.2015) dokumentiert.
42 Christine Schirrmacher, Christen im Urteil von Muslimen. Kritische Positionen aus der Frühzeit des Islam und aus der Sicht heutiger Theologen, in: U. Spuler-Stegemann (Hrsg.), *Feindbild Christentum im Islam. Eine Bestandsaufnahme*, Bonn 2006, 2–34, 14.
43 Rita Breuer, „Wie du mir so ich dir? Die Freiheit des Glaubens zwischen Christentum und Islam", in: U. Spuler-Stegemann (Hg.), *Feindbild Christentum im Islam. Eine Bestandsaufnahme*. Bonn, 2006, 35–53. Im Folgenden beziehen sich die Seitenzahlen im Text auf diesen Beitrag.
44 Vgl. Ruth Ayaß, *Das Wort zum Sonntag. Fallstudie einer kirchlichen Sendereihe*, Stuttgart u.a. 1997. Im Folgenden beziehen sich die Seitenzahlen im Text auf dieses Buch.

Christoph Bultmann
„Wörtlich nehmen"

1 Neue Zürcher Zeitung. Internationale Ausgabe, 04.11.2013, Nr. 256, S. 21. Art. „›Der Text ist, was der Leser aus ihm macht‹. Der große Lyriker Adonis spricht über die Lyrik, das Verhältnis der Kulturen und die arabischen Revolten" (Interview: Angela Schader).
2 Hinzuweisen ist inzwischen auch auf einen Beitrag von Katajun Amirpur in der Neuen Zürcher Zeitung vom 12.11.2014, Nr. 263, S. 25 (Feuilleton), Art. „Auch der Koran bedarf der Auslegung. Was islamische Theologie in der Debatte um Gewalt und Terror zu sagen hätte", der einer Analyse des prominenten Briefes „http://lettertobaghdadi.com/" gewidmet ist. Trotz wichtiger weiterführender Einwände hält Amirpur hier fest: „Dennoch aber setzen auch die Briefschreiber einen Bezug von Offenbarung und Geschichte voraus und bestehen auf der Notwendigkeit, selbst scheinbar klare Verse einer detaillierten sprachlichen und historischen Interpretation im Horizont des Gesamtkontextes zu unterziehen, statt sie einfach wörtlich zu verstehen."
3 Frankfurter Allgemeine Zeitung, 26.04.1999, Nr. 96, S. 55 (Neue Sachbücher). Art. „Das offene Kunstwerk. Hartmut Bobzin und Navid Kermani lesen den Koran" (Friedrich Niewöhner).
4 In der Übersetzung von Bobzin heißt Sure 3.7: „Er ist es, der auf dich das Buch herabgesandt hat. / Einige seiner Verse sind klar zu deuten – / sie sind der Kern des Buches, / andere sind mehrfach deutbar. / Doch die, in deren Herzen Verirrung ist, / die folgen dem, was darin mehrfach deutbar ist, / um Zweifel zu erwecken und um es auszudeuten. / Doch nur Gott kennt dessen Deutung. / Und die im Wissen fest gegründet sind, die sagen: / ›Wir glauben daran. Alles kommt von unserem Herrn.‹ / Doch nur die Einsichtsvollen lassen sich ermahnen."
5 Süddeutsche Zeitung, 16.07.1999, S. 14 (Feuilleton: Buchkritik). Art. „Ist Gott schön? In Ohnmacht fallen vor Entzücken: Navid Kermani erklärt in seinem neuen Buch, warum der Koran ein offenes Kunstwerk ist" (Ludwig Ammann).
6 Für Einleitungsfragen der Text- und Interpretationstheorie vgl. z. B. Jürgen Schutte, *Einführung in die Literaturinterpretation*, Stuttgart 1997. Für eine Anknüpfung an Roman Jakobson in der biblischen Hermeneutik vgl. Beat Weber, Entwurf einer Poetologie der Psalmen, in: H. Utzschneider, E. Blum (Hrsg.), *Lesarten der Bibel. Untersuchungen zu einer Theorie der Exegese des Alten Testaments*, Stuttgart 2006, 127–154, bes. 128–139.
7 Süddeutsche Zeitung, 28.10.2013, S. 11 (Feuilleton). Art. „Trage vor, im Namen deines Herrn. Weniger ein heiliger Text ist der Koran als vielmehr eine heilige Rede" (Navid Kermani).
8 Süddeutsche Zeitung, 04.02.2003, S. 15 (Feuilleton). Art. „Eine Schrift zwischen zwei Buchdeckeln. Plädoyer für ein Ende des Surenpingpong: Der Koran ist – wie die Bibel – nur in der Gesamtheit seiner Aussagen zu begreifen" (Navid Kermani). Auf den Artikel antwortete seinerzeit kritisch Rainer Brunner mit einem Beitrag „Reden über Religion. Der Koran ist nur so friedlich wie seine Anhänger", in: Süddeutsche Zeitung, 17.02.2003, S. 12 (Feuilleton). Kermanis Artikel ist in revidierter Gestalt unter dem Titel „Und tötet sie, wo immer ihr sie findet.' Zur Missachtung des textuellen und historischen Kontexts bei der Verwendung von Koranzitaten" auch in den Band T. G. Schneiders (Hrsg.), *Islamfeindlichkeit. Wenn die Grenzen der Kritik verschwimmen*, 2. Aufl., Wiesbaden 2010, 207–213, aufgenommen worden (vgl. das Zitat ebd., 211).

9   Frankfurter Allgemeine Sonntagszeitung, 06.01.2013, Nr. 1, S. 9. Art. „›Man darf den Koran nicht wortwörtlich nehmen‹. Der Religionspädagoge Mouhanad Khorchide über sein Buch „Islam ist Barmherzigkeit", über Paradies und Krankenversicherungen" (Interview: Lydia Rosenfelder).
10 Vgl. für die Frage der Proportionen auch die „Anzahl (allgemein akzeptiert: 500) von Versen mit juristischem Gehalt" mit einer Einteilung in Familienrecht (70), Zivilrecht (70), Strafrecht (30), Prozessrecht (13), Völkerrecht (25), Staats- und Verfassungsrecht (10) und Wirtschaftsrecht (10) bei Birgit Schäbler, Exegetische Kultur, Alltagspraxis und das Prinzip der Beratung im (politischen) Islam: Der Koran als Text und Praxis, in: W. Reinhard (Hrsg.), *Sakrale Texte. Hermeneutik und Lebenspraxis in den Schriftkulturen*, München 2009, 120–152 (317–325), 318 Anm. 3 (mit Bezug auf B. Krawietz, Hierarchie der Rechtsquellen im sunnitischen Islam, Berlin 2002, 113f.). Neben der Frage der Proportion steht natürlich mit größtem Gewicht die Frage der Hermeneutik.
11 Vgl. den Band C. Bultmann, C.-P. März, V. N. Makrides (Hrsg.), *Heilige Schriften. Ursprung, Geltung und Gebrauch*, Münster 2005. Für einführende Informationen können z. B. die *Einleitung in das Alte Testament*, hg. v. E. Zenger u.a., 8. Aufl. hg. v. C. Frevel, Stuttgart 2012, bzw. die *Einleitung in das Neue Testament*, hg. v. M. Ebner und S. Schreiber, Stuttgart 2008, und zahlreiche verwandte Werke genannt werden.
12 Vgl. dazu jetzt die interessanten „Gesprächsprotokolle" einer interreligiösen Arbeitsgruppe in dem Band S. Heine, Ö. Özsoy, C. Schwöbel, A. Takim (Hrsg.), *Christen und Muslime im Gespräch. Eine Verständigung über Kernthemen der Theologie*, Gütersloh 2014, dort Kap. 1 „Urkunden des Glaubens: Bibel und Koran", 21–53 (hier sind leider die Abschnitte über die Auslegung der Bibel nicht von exegetischer Seite gegengelesen worden); ferner H. Schmid, A. Renz, B. Ucar (Hrsg.), *„Nahe ist dir das Wort ...". Schriftauslegung in Christentum und Islam*, Regensburg 2010.
13 Vgl. auch den in Anm. 6 genannten Band *Lesarten der Bibel* (2006). Ein didaktisches Anliegen verfolgt detailliert die Studieneinführung K. Erlemann, T. Wagner (Hrsg.), *Leitfaden Exegese*, Tübingen 2013.
14 Süddeutsche Zeitung, 25.09.2010, S. 14. Art. „Liebe deinen Nächsten – auch mit der Rute! Kindererziehung mit dem Rohrstock hat in fundamentalchristlichen Kreisen Konjunktur – schließlich steht das so in der Bibel" (Florian Götz/Oliver Das Gupta). Vgl. zum Thema selbst z. B. eine Stellungnahme der Evangelischen Allianz in Deutschland vom 22.12.2011 unter: http://www.ead.de/nachrichten/nachrichten/einzelansicht/article/erziehung-mit-der-rute.html (13.02.2015).
15 Vgl. neben der in Anm. 11 genannten Einleitung (hg. v. Frevel) auch die Charakterisierung der „Sprüche" durch Hans-Peter Mathys in: *Die Entstehung des Alten Testaments*, hg. v. W. Dietrich u.a., Stuttgart 2014, 524–539, bes. 537f. Als Kommentare vgl. William McKane, *Proverbs. A new approach*, London 1970 (zu 13,24: 457); Arndt Meinhold, *Die Sprüche*, Zürich 1991 (zu 13,24: 228). – Die Bibelzitate im Folgenden nach der Zürcher Bibel von 2007; die Zitate im Artikel der Süddeutschen Zeitung folgen der Luther-Übersetzung (Revisionsgestalt für das AT 1964), jedoch heißt es dort in Sprüche 29,15 nicht „Rute und Strafe", sondern „Rute und Tadel" (Zürcher Bibel: „Stock und Ermahnung").
16 Süddeutsche Zeitung, 12.09.2013, Teil Bayern. Art. „Glaubensgemeinschaften in Bayern. Propheten und Missionare" (Sabine Pusch und Charlotte Theile).
17 Süddeutsche Zeitung, 17.11.2011, S. 6. Art. „Im Land der vielen Götter. Die Religion ist bunt geworden: Papst Benedikt XVI. besucht einen Staat, der sich schwertut mit dem strengen Christentum und seinen Vertretern" (Matthias Drobinski).
18 Für eine fachwissenschaftliche Medienanalyse zum Thema Islam mit demokratietheoretischem und gesellschaftspolitischem Anliegen vgl. Kai Hafez, *Freiheit, Gleich-*

heit und Intoleranz. Der Islam in der liberalen Gesellschaft Deutschlands und Europas, Bielefeld 2013, bes. 205–233, auch ders., Mediengesellschaft – Wissensgesellschaft? Gesellschaftliche Entstehungsbedingungen des Islambildes deutscher Medien, in: Schneiders (s. Anm. 8), 101–119; für eine noch breiter angelegte Diskursanalyse vgl. Heiner Bielefeldt, Das Islambild in Deutschland. Zum öffentlichen Umgang mit der Angst vor dem Islam, in: Schneiders (s. Anm. 8), 173–206, dort bes. 186 (mit Anm. 16) und 202 zum Thema Koran in diesem Diskurs.
19 Vgl. z. B. in der Frankfurter Allgemeinen Zeitung einen Kastentext zum Stichwort „Salafismus" in einem Artikel vom 15.06.2012, Nr. 137, S. 43 („Der Koran wird wortwörtlich verstanden, der Islam gilt ihnen als die beste Gesellschaftsordnung."); einen Artikel vom 09.09.2013, Nr. 209, S. 35 („Angesichts der Tatsache, dass Salafisten als ideologische Vertreter der ›frommen Altvordern‹ den Koran wörtlich auslegen [...]"); in einem Artikel vom 20.06.2014, Nr. 140, S. 48 („Salafisten fordern, den Koran wörtlich auszulegen, und verlangen eine Abkehr von der freiheitlich-demokratischen Grundordnung."); in der Süddeutschen Zeitung eine Reportage vom 19.12.2012, S. 3 („Salafisten sind ultrakonservative Islamisten mit Dreivierthose und weitem Gewand, die [...] den Koran wörtlich nehmen."). Vgl. auch den Hinweis auf die Formel „wörtlich nehmen" in der Selbstbeschreibung der Advokaten für eine „Islamisierung der Moderne" bei Schäbler (s. Anm. 10), 145–152, hier 146. Ömer Özsoy, Erneuerungsprobleme zeitgenössischer Muslime und der Koran [1997], in: *Alter Text – neuer Kontext. Koranhermeneutik in der Türkei heute*, übers., komm. und hg. v. F. Körner, Freiburg 2006, 15–28, charakterisiert eine entsprechende Haltung durch das Postulat: „Um jeden Preis müsse man zum Koran zurückkehren, das heißt, die heutigen Bedingungen wieder in eine korangemäße Struktur bringen, in der man die koranischen Normen anwenden kann." (20); vgl. auch ders., Die Geschichtlichkeit der koranischen Rede und das Problem der ursprünglichen Bedeutung von geschichtlicher Rede [1996, rev. 2004], in: ebd., 77–98; Özsoy verwendet hier den Begriff „wörtlich" in einem philologischen Sinn (94), während das in die Formel „wörtlich nehmen" gefasste Problem in seiner Kritik an „Vertreter[n] einer übergeschichtlichen Lesart" zu greifen ist (97).
20 Vgl. Andrew Rippin, *Muslims. Their religious beliefs and practices*, 4th ed., London 2012, 170–173, 282–286.
21 Zur Einführung in den Koran vgl. Hartmut Bobzin, *Der Koran. Eine Einführung*, München 1999 u.ö. (s.o. bei Anm. 3); Jane Dammen McAuliffe (Hrsg.), *The Cambridge Companion to the Qurʾān*, Cambridge 2006 (dort zum folgenden Aspekt der Deutung von Sure 4.34 bes. der Beitrag von Asma Barlas, Women's readings of the Qurʾān, 255–271).
22 Süddeutsche Zeitung, 10.05.2010, S. 8. Art. „Schleierfahndung. Frankreich will die Burka in der Öffentlichkeit verbieten [...]" (Stefan Ulrich).
23 Vgl. für eine umsichtige Diskussion des Themas mit besonderem Bezug auf Sure 33, Vers 35, Muna Tatari, Geschlechtergerechtigkeit und Gender-Ğihād. Möglichkeiten und Grenzen frauenbefreiender Koraninterpretationen, in: Schmid/Renz/Ucar (Hrsg.) (s. Anm. 12), 129–143 (mit Hinweis auf Sure 4, Vers 123–125, in Anm. 10).
24 Süddeutsche Zeitung, 23.02.2012, S. 2. Art. „Verwundbare Nation. Die organisierten Al-Qaida-Gruppen sind weitgehend zerschlagen, jetzt hat es die Polizei vor allem mit Einzelkämpfern zu tun" (N.N.).
25 Vgl. für die Seite des Korans z. B. die in Anm. 19 genannten Aufsätze von Özsoy; für die Seite der Bibel z. B. die abschließende „Zusammenschau" der Herausgeberin Friederike Nüssel in: *Schriftauslegung*, hg. v. F. Nüssel, Tübingen 2014, 239–254.
26 Vgl. Christoph Bultmann, Hermeneutische Kompetenz als religiöse Bildung. Impulse für die Bibelauslegung aus der reformatorischen Tradition, in: B. Kranemann, V. N.

Makrides, A. Schulte (Hrsg.), Religion – Kultur – Bildung. Religiöse Kulturen im Spannungsfeld von Ideen und Prozessen der Bildung, Münster 2008, 45–62 (231–238), bes. 47–50.
27 Fethullah Gülen, *Perlen der Weisheit*, Mörfelden-Walldorf 2005, 7; auch zitiert in Christoph Bultmann, Leitbegriffe religiöser Orientierung bei G. E. Lessing und Fethullah Gülen im Vergleich, in: U. Boos-Nünning, C. Bultmann, B. Ucar (Hrsg.), *Die Gülen-Bewegung zwischen Predigt und Praxis*, Münster 2011, 319–328 (321, Anm. 4). Die Frage der Koranhermeneutik gehört zweifellos zu den Themen, die im Zentrum stehen müssen, wenn von der Offenheit des Islam für Auslegungen „in der Zeit" die Rede ist (*Idschtihad*), vgl. dazu Gülen in einem Interview mit dem Journalisten Rainer Hermann auf FAZ.NET vom 05.12.2012 („Prediger Fethullah Gülen im F.A.Z.-Gespräch. ›Islam und Moderne stehen nicht im Widerspruch‹"; Kurzfassung in der FAZ vom 06.12.2012), das Interview jetzt auch in Fethullah Gülen, *Was ich denke, was ich glaube*, Freiburg 2014, 28–53 (hier bes. 34).

Florian Baab
Das Religionsbild zeitgenössischer Religionskritiker

1 Der Erfurter Altbischof Joachim Wanke hat in diesem Sinne Martin Luther zu Recht als einen „Reformkatholik" bezeichnet. Vgl. Joachim Wanke, War Luther ein Reformkatholik? Nach-Gedanken zu Werk und Wirkung Martin Luthers aus heutiger Perspektive, in: Hans Medick, Peer Schmidt (Hrsg.), *Luther zwischen den Kulturen*, Göttingen 2004, 517–522, 518.
2 So formuliert Franziskus z. B. wörtlich in Bezug auf das Papstamt: „Ich glaube auch nicht, dass man vom päpstlichen Lehramt eine endgültige oder vollständige Aussage zu allen Fragen erwarten muss, welche die Kirche und die Welt betreffen. Es ist nicht angebracht, dass der Papst die örtlichen Bischöfe in der Bewertung aller Problemkreise ersetzt, die in ihren Gebieten auftauchen. In diesem Sinn spüre ich die Notwendigkeit, in einer heilsamen ‚Dezentralisierung' voranzuschreiten." Papst Franziskus, *Die Freude des Evangeliums. Das Apostolische Schreiben ‚Evangelii gaudium' über die Verkündigung des Evangeliums in der Welt von heute*, Freiburg 2013, 60.
3 Allerdings wird man nach einer substantiell zufriedenstellenden „allgemeinen" Religionskritik vergeblich suchen, da auch solche Kritik sich beinahe immer gegen einzelne Religionen richtet. Das hat seinen guten Grund: Religionswissenschaftler haben sich bisher vergeblich darum bemüht, eine allgemein anerkannte Definition von „Religion" zu finden – zu weit ist das Spektrum des damit Gemeinten in Theorie und Praxis. Es liegt auf der Hand, dass schon deshalb eine allgemeingültige Religionskritik in diesem Sinne ebenfalls nicht möglich sein kann.
4 Xenophanes, Frg. B 16. Hier zitiert nach: Hermann Diels, *Die Fragmente der Vorsokratiker* (hg. v. Walther Kranz), Bd. 1, Zürich ⁶1951, 133.
5 Für Feuerbach und Marx, die beide dem Kreis der Linkshegelianer zugerechnet werden können, gilt dies in jedem Fall; die Einflüsse, unter denen Nietzsche seine Religionskritik formulierte, sind weitläufiger – zu ihnen zählen u. A. auch die antihegelianischen Denker Arthur Schopenhauer (1788–1860) und Max Stirner (1806–1856).
6 Vgl. Richard Dawkins, *Der Gotteswahn*, Berlin ³2007. Aus dieser Auflage stammen alle nachfolgenden Zitate. Das Original erschien als *The God Delusion*, London 2006.

7   Neben Dawkins wären als inzwischen prominente Beispiele zu nennen: Sam Harris, *The End Of Faith. Religion, Terror and the Future of Reason*, London 2005 (deutsche Übers.: *Das Ende des Glaubens. Religion, Terror und das Licht der Vernunft*, Winterthur 2007); Daniel Dennett, *Breaking the Spell. Religion as a Natural Phenomenon*, New York u.a. 2006 (deutsche Übers.: *Den Bann brechen. Religion als natürliches Phänomen*, Frankfurt a. M. 2008); Christopher Hitchens, *God Is Not Great. How Religion Poisons Everything*, New York u.a. 2007 (deutsche Übers.: *Der Herr ist kein Hirte. Wie Religion die Welt vergiftet*, München 2007); Victor J. Stenger, *God: The Failed Hypothesis. How Science Shows that God Does Not Exist*, Amherst, New York 2007.
8   Dieser Impuls, die Auflehnung gegen ein als zu dominant wahrgenommenes Christentum, ist allerdings in den USA noch weitaus stärker als hierzulande wahrzunehmen, weil dort (im Gegensatz zur Situation in Europa) das Christentum in spezieller Ausprägung eine gesellschaftspolitische Größe mit starkem Einfluss ist.
9   Hier und im Folgenden verweisen die Seitenzahlen auf Dawkins, Gotteswahn (wie Anm. 6).
10 C.S. Lewis beschreibt aus der Perspektive des Theologen sehr schön den Denkfehler, auf dem ein solches „Gebetsexperiment" beruht: Ausgehend vom Gedanken eines entsprechenden Versuchsaufbaus – für die Patienten von „Spital A" werde gebetet, für die von „Spital B" nicht – kommt er zu folgendem Schluss: „Gebete sprechen heißt noch nicht beten; sonst würde eine Gruppe entsprechend gedrillter Papageien in unserem Experiment den gleichen Dienst wie Menschen tun. Man kann nicht um die Genesung Kranker beten, ohne als Ziel deren Genesung im Auge zu haben. Es gibt aber keinen Beweggrund, die Genesung aller Patienten des einen Spitals zu wünschen und keiner eines anderen. Dergleichen geschieht nicht, um die Kranken von ihrem Leiden zu erlösen; es geschieht, um herauszufinden, was dabei herauskommt." Die Frage „Ist beten wirksam?" beruhe letztlich auf einem mechanistischen Verständnis Gottes, das diesen zum Vollstrecker menschlicher Wünsche mache, vorausgesetzt, man gebe sich genügend Mühe: „‚Wirksam' – als ob es sich um Magie oder eine Maschine handelte – um etwas, das automatisch funktionierte!" C.S. Lewis, Von der Wirksamkeit des Betens, in: ders., *Christliche Dimension. Eine Auswahl aus seinen Werken*, hg. v. Elisabeth Antkowiak, Leipzig 1976, 205–212, 207f., 209f.
11 Richard Swinburne z. B. glaubt, auf genau diesem Weg zum Nachweis einer sehr hohen Wahrscheinlichkeit der Existenz Gottes kommen zu können: Vgl. R. Swinburne, Der Gottesbeweis mittels Feinabstimmung. Eine Neubewertung, in: Joachim Bromand, Guido Kreis (Hrsg.), *Gottesbeweise von Anselm bis Gödel*, Berlin 2011, 536–563.
12 Die grundsätzliche Gefahr einer kriterienlosen Selektion von Texten und / oder einer wortwörtlichen Hinnahme des ganzen Textkorpus ist natürlich dennoch in jeder Schriftreligion gegeben.
13 Im Anschluss an Dtn 6 bzw. Lev 19.
14 De doctrina christiana 1,40.
15 Zitiert nach: Hervé Faye, *Sur l'origine du monde. Théories cosmogoniques des anciens et des modernes*, Paris 1884, 110 (Übersetzung: FB).
16 „Inter creatorem et creaturam non potest tanta similitudo notari, quin inter eos maior sit dissimilitudo notanda. " Heinrich Denziger, *Kompendium der Glaubensbekenntnisse und kirchlichen Lehrentscheidungen* (hg. v. Peter Hünermann), Freiburg ^{43}2010, 337 (= DH 806).
17 Auskunft über die Auflagenhöhe durch den Alibri-Verlag am 17.03.2014.
18 Vgl. hierzu insbes. Andreas Fincke, Klein – aber einflussreich. Anspruch und Wirklichkeit kirchenkritischer Organisationen, in: *Herder Korrespondenz* 2/2011, 77–82.

19 Michael Schmidt-Salomon, *Manifest des evolutionären Humanismus. Plädoyer für eine zeitgemäße Leitkultur*, Aschaffenburg ²2006, 7. Hier und im Folgenden verweisen die Seitenzahlen im Text auf dieses Buch. Die dort sehr häufig verwendete Kursivschreibung wurde in allen Zitaten aufgehoben.
20 Ebd., Klappentext.
21 Dieses Argument ähnelt dem „Beiprodukt-Effekt" bei Richard Dawkins. – Was den etwas missverständlichen Begriff der „Traditionsblindheit" angeht (Blindheit nicht *gegenüber der* Tradition, sondern *durch die* Tradition), verweist Schmidt-Salomon auf Friedrich von Hayek, Die überschätzte Vernunft, in: R. J. Riedl, F. Kreuzer (Hrsg.), *Evolution und Menschenbild*, Hamburg 1983, 164–192. Bei einem näheren Blick fällt schnell auf, dass diese Referenz völlig ungerechtfertigt ist: Die Quelle, die Schmidt-Salomon nennt, findet sich (wohlgemerkt!) in einem Sammelband zum Dialog zwischen Darwinismus und theologischer Schöpfungslehre. Hayek betont in seinem Beitrag, dass ein Gefüge von Traditionen unabdingbare Grundtatsache sozialen Lebens und menschlicher Vernunft sei: Die „allmähliche Verdrängung der angeborenen, genetisch bestimmten Reaktionen durch erlernte Verhaltensregeln" sei „der Prozess, der den Menschen immer mehr von anderen Tieren" unterschieden habe (a.a.O., 167); deshalb habe „die kulturelle Entwicklung das gebildet, was wir heute Vernunft nennen, und nicht die Vernunft die kulturelle Entwicklung gelenkt" (ebd., 181). Unter „Tradition" versteht Hayek daher „die Grundlage der ausgedehnten oder Makrogesellschaft, die die Grenzen organisierter Staaten überschreitet", ihr verdanke man alles „was wirklich sozial genannt werden kann, Sprache und Moral, Recht und Familie, Markt und Geld" (ebd., 184). Hayek, der sich selbst als „Agnostiker" versteht, kommt daher zu der Feststellung, „dass wir die Entwicklung der Kultur ausschließlich [!] religiösem Glauben verdanken"; sie sei dem Menschen nur aufgrund der Tatsache möglich gewesen, „dass er glaubt, was er nicht beweisen kann". Die „moderne Krise" hingegen sei erst „dem Entstehen eines Rationalismus zu verdanken", der „im Wesentlichen von René Descartes herkommt: Glaube nichts, was du nicht verstehen und begründen kannst" (ebd., 187). Das Wort „Traditionsblindheit" verwendet Hayek an keiner Stelle.
22 Eine noch ausführlichere Darstellung und Kritik des „Manifest" findet sich in: Florian Baab, *Was ist Humanismus? Geschichte des Begriffes, Gegenkonzepte, säkulare Humanismen heute*, Regensburg 2013; dort insbes. 189–211.
23 Vgl. Historische Messe: Papst präsentiert erstmals Petrus-Gebeine, in: Spiegel Online, 24.11.2013, Online-Quelle: http://www.spiegel.de/panorama/papst-praesentiert-petrus-gebeine-auf-dem-petersplatz-a-935371.html; Online-Quelle der Forumsdiskussion: http://forum.spiegel.de/f22/historische-messe-papst-google-page-rankingaesentiert-petrus-gebeine-106829.html (Stand: 08.12.2013).
24 Durch einige geschickt kaschierte Sprachunschärfen wird dieses Zerrbild noch verschärft, beispielsweise durch die Gleichsetzung von „glauben" als „etwas für wahr halten" mit „sich des Geglaubten über alle Maßen sicher sein". (36)
25 Hieraus ergibt sich freilich zwangsläufig die Frage, wie viel Raum eigentlich Schmidt-Salomons Weltdeutung anderen Weltdeutungsmustern lässt.
26 Diese „neue Religion", die im „Manifest des evolutionären Humanismus" allenfalls implizit angedeutet wird, konkretisiert Schmidt-Salomon in seinem jüngsten Buch noch einmal deutlich: Ein alternatives „Glaubensbekenntnis", das dort seine Überlegungen beschließt, gipfelt in den Worten: „Ich glaube an den Menschen / Der die Hoffnung der Erde ist / Nicht in alle Ewigkeit / Doch für Jahrmillionen"; es endet mit einem in Klammern gesetzten „Amen". Michael Schmidt-Salomon, *Hoffnung Mensch. Eine bessere Welt ist möglich*, München 2014, 330.

27 Eine mögliche Folge solch einer vieldimensionalen wissenschaftlichen Untersuchung von Religion kann natürlich eine Revision überkommener Weltbilder sein, die oft eng mit den Religionen einhergehen – eine solche Revision hat sich, das muss man offen zugeben, nicht immer als einfach erwiesen, weil Religion ihrem Wesen nach ein konservatives, d. h. ein das Alte bewahrendes Phänomen ist.
28 John Gray, Religionskritik. Was führen die Atheisten im Schilde?, in: Frankfurter Allgemeine Zeitung (29.03.2008), Z1.
29 Als neueres Beispiel einer überzeugenden Kritik des materialistischen Neodarwinismus wäre z. B. das jüngste Werk des US-amerikanischen Wissenschaftstheoretikers Thomas Nagel zu nennen: Ders., *Geist und Kosmos. Warum die materialistische neodarwinistische Konzeption der Natur so gut wie sicher falsch ist*, Berlin 2013.
30 Wie Anm. 30.
31 Karl Rahner, Wissenschaft als „Konfession"?, in: ders., *Schriften zur Theologie III: Zur Theologie des geistlichen Lebens*, Einsiedeln 1967, 455–472, 460. Die folgenden Zitate dort 462, 466, 467.

Dietmar Mieth

Die Grundnorm der Wahrhaftigkeit

* *Vorbemerkung der Herausgeber*: Der folgende Beitrag beruht auf einem Vortrag bei einer Tagung „Grundprinzipien der Kommunikationsethik", die im Oktober 1994 vom Institut für Kommunikationsforschung und Medienarbeit (IKM) an der Hochschule für Philosophie in München veranstaltet worden war. Der Beitrag erschien zuerst in dem Tagungsband *Grundfragen der Kommunikationsethik*, hg. v. Rüdiger Funiok, Konstanz 1996, 15–40, und in englischer Übersetzung in dem Band *Communication Ethics and Universal Values*, hg. v. Clifford Christians und Michael Traber, Thousand Oaks/London/New Delhi 1997, 87–104; ein Nachdruck unter dem Titel „Wahrhaftig sein – warum? Die Grundnorm der Wahrhaftigkeit, ihre ethische Begründbarkeit und ihre Universalität" erschien in dem Band *Wahrheit als Medienqualität*, hg. v. Wolfgang Wunden, Münster 1996, ²2005, 85–101. Zur Einordnung dieses Beitrages in das Verhältnis von Ethik und Religion vgl. Monika Bobbert, Dietmar Mieth, Das Proprium Christianum in der Ethik, im Druck, erscheint im Exodus Verlag, Luzern 2015.
1 Dietrich Bonhoeffer, *Ethik*, hg. v. E. Bethge, 385–395; vgl. dazu Dietmar Mieth, Wahrhaftigkeit – Aufrichtigkeit – Glaubwürdigkeit, in: ders., *Die neuen Tugenden*, 154–169 (orientiert an D. Bonhoeffer).
2 Jean-Claude Wolf, Kant und Schopenhauer über die Lüge, in: *Zeitschrift für Didaktik der Philosophie* 10, 1988, 69–80 (Eine Bemühung um Versöhnung zwischen Kants „Rigorismus" und Schopenhauers „Laxismus"; zugleich ein guter Verweis auf die Basis der Argumentation Kants bei Augustinus).
3 Jean-Claude Wolf, Wahrheit und Lüge (unveröffentlichtes Manuskript 1993; daraus der Hinweis auf das Kantzitat über die Lüge als „Gegenwehr" im Falle der gewalttätigen Nötigung zum Geständnis, vgl. I. Kant, *Eine Vorlesung über Ethik*, hg. v. G. Gerhardt, 244).

Literatur

Ahrendt, Hannah, *Wahrheit und Lüge in der Politik*, München/Zürich 1967.
Augustinus, Aurelius, *Die Lüge und Gegen die Lüge*, Würzburg 1953.
Bien, Günter, Art. Lüge, in: *Historisches* Wörterbuch der Philosophie, hg. v. J. Ritter und K. Gründer, Bd. 5, Basel 1980, 533–544.
Bok, Sissela, *Lügen. Vom täglichen Zwang zur Unaufrichtigkeit*, Hamburg 1980.
Bonhoeffer, Dietrich, *Ethik*, hg. v. E. Bethge, München ³1977, 385–395.
Büchele, Herwig, *Politik wider die Lüge. Zur Ethik der Öffentlichkeit*, Wien 1982.
Craemer, Otto, *Die christliche Wahrhaftigkeitsforderung und die Frage ihrer Begründung und Begrenzung*, Dresden 1933.
Eggensberger, Thomas / Engel, Ulrich (Hg.), *Wahrheit Eine Recherche zwischen Hochscholastik und Postmoderne* (Walberberger Studien: Philosophische Reihe, Bd. 9), Mainz 1995.
Falkenberg, Gabriel, *Lügen. Grundzüge einer Theorie sprachlicher Täuschung*, Tübingen 1982.
Gasiet, Seev, *Eine Theorie der Bedürfnisse*, Frankfurt a.M. 1980.
Geismann, Georg / Oberer, Hariulf (Hg.), *Kant und das Recht der Lüge*, Würzburg 1986.
Kant, Immanuel, *Die Metaphysik der Sitten*, hg. v. K. Vorländer, Hamburg 1968.
–, Über ein vermeintes Recht, aus Menschenliebe zu lügen (1797), in: Schriften zur Ethik und Religionsphilosophie, 2. Teil, hg. v. W. Weischedel, Darmstadt 1956 u.ö., 635–643.
–, *Eine Vorlesung über Ethik*, hg. v. G. Gerhardt, Frankfurt a.M. 1990.
Kramer, Hans, *Integrative Ethik*, Frankfurt a.M. 1992.
Mann, Thomas, Versuch über Tschechow (1954), in: *Essays*, hg. v. H. Kurzke und S. Stachorski, Bd. 6, 1997, 254–280.
Mieth, Dietmar, Wahrhaftigkeit – Aufrichtigkeit – Glaubwürdigkeit. Die Idee einer ethischen Kultur der Politik (1980), in: ders., *Die neuen Tugenden. Ein ethischer Entwurf*, Düsseldorf 1984, 154–169.
–, Warum das Lügen so schön ist: Eine Anleitung zu den feineren Formen der Unmoral, in: *Orientierung* 53, 1989, 73–75.
Müller, Gregor, *Die Wahrhaftigkeitspflicht und die Problematik der Lüge*, Freiburg/Basel/Wien 1962.
Steigleder, Klaus, *Die Begründung moralischen Sollens* (Ethik in den Wissenschaften, Bd. 5), Tübingen 1992.
Über die Lüge, *Manuskripte. Zeitschrift für Literatur* 86 (Dezember 1984), Graz 1984.
Wolf, Jean-Claude, Kant und Schopenhauer über die Lüge, in: *Zeitschrift für Didaktik der Philosophie* 10, 1988, 69–80.
–, Wahrheit und Lüge (unveröffentlichtes Manuskript 1993).

Die Autorinnen und Autoren

Dr. Florian Baab, Wissenschaftlicher Mitarbeiter am Lehrstuhl für Philosophie, Katholisch-Theologische Fakultät der Universität Erfurt (2009–2013); Akademischer Rat am Seminar für Fundamentaltheologie und Religionsphilosophie, Katholisch-Theologische Fakultät der Westfälischen Wilhelms-Universität Münster
Dr. Florian Bock, Post-Doc im DFG-Graduiertenkolleg 1662 „Religiöses Wissen" an der Eberhard Karls Universität Tübingen
Prof. Dr. Christoph Bultmann, Professor für Bibelwissenschaften, Erziehungswissenschaftliche Fakultät der Universität Erfurt
Prof. Dr. Martin Fuchs, Professor für Religionsgeschichte Indiens, Max-Weber-Kolleg, Universität Erfurt
PD Dr. Antje Linkenbach, Fellow im Rahmen der DFG-Kollegforschergruppe „Religiöse Individualisierung in historischer Perspektive" am Max-Weber-Kolleg, Universität Erfurt
Prof. Dr. Dietmar Mieth, em. Professor für Theologische Ethik/Sozialethik, Katholisch-Theologische Fakultät der Eberhard Karls Universität Tübingen und Fellow im Rahmen der DFG-Kollegforschergruppe „Religiöse Individualisierung in historischer Perspektive" am Max-Weber-Kolleg, Universität Erfurt
Prof. Dr. Horst Pöttker, em. Professor für Theorie und Praxis des Journalismus an der Technischen Universität Dortmund, Lehrbeauftragter an den Universitäten Hamburg und Wien
Dr. Sebastian Rimestad, Wissenschaftlicher Mitarbeiter am Lehrstuhl für Orthodoxes Christentum, Philosophische Fakultät der Universität Erfurt
Prof. Dr. Jörg Rüpke, Professor für Vergleichende Religionswissenschaft, Philosophische Fakultät der Universität Erfurt, Fellow und Sprecher der DFG-Kollegforschergruppe „Religiöse Individualisierung in historischer Perspektive" am Max-Weber-Kolleg, Universität Erfurt
Dr. Liriam Sponholz, Wissenschaftliche Projektmitarbeiterin am Lehrstuhl für Kommunikationswissenschaft mit Schwerpunkt für Vergleichende Analyse von Mediensystemen/Kommunikationskulturen, Philosophische Fakultät der Universität Erfurt
Dr. Zrinka Štimac, Wissenschaftliche Mitarbeiterin beim Georg-Eckert-Institut (Leibniz-Institut für Internationale Schulbuchforschung) in Braunschweig mit dem Forschungsschwerpunkt Religion und religiöse Diversität in den Bildungsmedien
Dr. Peter Zschunke, Agenturjournalist bei AP und dpa, Chef vom Dienst der Zentralredaktion des Evangelischen Pressedienstes epd (2013)

Interdisziplinäres Forum Religion der Universität Erfurt

Das Interdisziplinäre Forum Religion (IFR) ist ein Fakultäten übergreifender informeller Zusammenschluss von Wissenschaftlern und Wissenschaftlerinnen an der Universität Erfurt, die Forschungen zu religionsbezogenen Fragen betreiben. Katholische Theologen der Katholisch-Theologischen Fakultät, evangelische Theologen des Martin-Luther-Instituts in der Erziehungswissenschaftlichen Fakultät, Religionswissenschaftler in der Philosophischen Fakultät, Fellows am Max-Weber-Kolleg und Vertreter verschiedener weiterer Fachdisziplinen teilen ihre Forschungsinteressen, entwickeln kooperative Forschungsvorhaben und setzen sich für die Förderung junger Wissenschaftler ein. Im Rahmen des Studium Fundamentale als Teil der BA-Studienprogramme an der Universität Erfurt ermöglicht das IFR Studierenden aller Fachrichtungen durch eine Ringvorlesung den Erwerb grundlegender Kenntnisse und die Diskussion jeweils spezifischer Fragestellungen in dem weiten Feld religionsbezogener Forschung. Diese regelmäßige Ringvorlesung, die stets auch eine Beteiligung einschlägiger Gastsprecher einschließt, wird durch die Reihe „Vorlesungen des Interdisziplinären Forums Religion" (VIFR) einer weiteren Leserschaft zugänglich gemacht.

Die bisherigen Bände der Reihe

Band 1
Religion, Gewalt, Gewaltlosigkeit
Probleme – Positionen – Perspektiven
Herausgegeben von Christoph Bultmann, Benedikt Kranemann und Jörg Rüpke.
2004, Aschendorff Paperbacks, 303 Seiten
ISBN 978-3-402-03434-7, 14,80 EUR

Band 2
Heilige Schriften
Ursprung, Geltung und Gebrauch
Herausgegeben von Christoph Bultmann, Claus-Peter März und Vasilios N. Makrides.
2005, Aschendorff Paperbacks, 255 Seiten
ISBN 978-3-402-03415-6, 14,80 EUR

Band 3
Mahnung und Warnung
Die Lehre der Religionen über das rechte Leben
Herausgegeben von Christoph Bultmann, Claus-Peter März und Jamal Malik.
2006, 254 Seiten
ISBN 978-3-402-00400-5, 14,80 EUR

Band 4
Religion und Medien
Vom Kultbild zum Internetritual
Herausgegeben von Benedikt Kranemann, Vasilios N. Makrides und Andrea Schulte.
2007, 254 Seiten
ISBN 978-3-402-00441-8, 14,80 EUR

Band 5
Religion – Kultur – Bildung
Religiöse Kulturen im Spannungsfeld von Ideen und Prozessen der Bildung
Herausgegeben von Benedikt Kranemann, Vasilios N. Makrides und Andrea Schulte.
2008, 254 Seiten
ISBN 978-3-402-15845-6, 14,80 EUR

Band 6
Religionsproduktivität in Europa
Markierungen im religiösen Feld
Herausgegeben von Jamal Malik und Jürgen Manemann.
2009, 259 Seiten
ISBN 978-3-402-15846-3, 14,80 EUR

Band 7
Religion und Migration
Frömmigkeitsformen und kulturelle Deutungssysteme auf Wanderschaft
Herausgegeben von Claudia Kraft und Eberhard Tiefensee.
2011, 209 Seiten
ISBN 978-3-402-15847-0, 14,80 EUR

Band 8
Religionen in Nachbarschaft
Pluralismus als Markenzeichen der europäischen Religionsgeschichte
Herausgegeben von Christoph Bultmann, Jörg Rüpke und Sabine Schmolinsky.
2012, 280 Seiten
ISBN 978-3-402-15848-7, 14,80 EUR

Band 9
Die Religion des Individuums
Herausgegeben von Bärbel Kracke, René Roux und Jörg Rüpke.
2013, 207 Seiten
ISBN 978-3-402-15850-0, 14,80 EUR

Band 10
Religion und Recht
Herausgegeben von Benedikt Kranemann, Christof Mandry und Hans-Friedrich Müller.
2014, 238 Seiten
ISBN 978-3-402-15849-4, 14,80 EUR